우리는 투기의 민족입니다

찐내 나게 벌어 부내 나게 살았던
500년 전 조선 개미들의 인생 역전 분투기

이한 지음

위즈덤하우스

머리말

아, 500년 전에 살걸

우리는 늘 생각한다.

그때 땅을 살걸.
그때 아파트를 살걸.
그때 가상화폐를 살걸.

뭐, 언제나 '그때'는 그럴 돈이 없었지만 말이다.

한번 상상해보자. 만약 우리가 어떤 이유로든, 그러니까 난데없이 트럭에 치이든, 타임머신을 타든, 시간 이동의 마법에 걸리든, 하여간 그래서 과거로 돌아간다면? 과연 인생 대역전에 성공해 부자가 될 수 있을까.

좀 더 구체적으로 상황을 설정해보자. 눈 떠보니 16세기 조선의 수도 한양에 도착한 당신. 이제 부자가 되려면 과연 무슨 일을 어떻게 해야 할까. (굳이 콕 짚어 한양인 것은 그곳과 관련된 사료가 가장 많기 때문이므로, '지방러'들에게 양해 바란다.)

막상 생각해보니 사실 좀 막막하다. 일단 옷부터 조선 사람들과 너무나 달라 환영받기는커녕 수상한 사람으로 몰려 잡혀갈 가능성이 크다. 좋다. 까짓것 난이도를 낮춰보자. 자, 이제 당신은 16세기에 통할 번듯한 신분에 넉넉한 재산까지 가지게 되었다. 너무 편한 설정 아니냐고? 어차피 '조국과 민족의 무궁한 영광' 같은 거창한 목표가 있는 것도 아니고, 겨우 개인의 부귀영달만을 좇는 상황이니, 쉽게 쉽게 가보자.

이렇게 준비를 마쳤으니 다시 처음으로 돌아가서, 이제 어떻게 하면 부자가 될 수 있을까. 또 열심히 쌓은 부가 21세기까지 이어지게 하려면 어떻게 해야 할까. 전기가 없었던 시대이니, 가상화폐 따위가 있을 리 만무하고, 갑자기 과거로 이동한 탓에 로또 번호조차 기억나지 않는다면?

그렇다면 역시나 불패의 강남땅을 사두는 건 어떨까. 먼 훗날 가장 비싼 땅값을 자랑할 서초구, 강남구, 송파구의 땅을 이곳저곳 사둔다면? 후손들이 땅문서들을 잘 보존하기만 한다면 대한민국 최고의 땅부자 가문이 될지 모른다.

하지만 좀 더 자세히 살펴보면 생각보다 장애물이 많다. 우선 그때는 강남이 없었다. 서울 지도를 펼쳐놓고 남대문과 동대문, 서대문과 북악산을 작은 동그라미로 이어보자. 딱 이만큼이 그 옛날의 한양이었다. 지금의 서울 면적에 비하면 형편없을 정도로 비좁지 않은가. 따라서 한강을 건너 남쪽으로 가려면 한양을 벗어나야 했다. 그러려면 남산을 넘어야 하는데, 터널도 없었으니 등산밖에 답이 없다. 남산 정도야 금방 넘지 않겠냐고? 농담 같겠지만, 고종 때만 해도 북악산에 호랑이가 살았다. 남산이라고 얼마나 달랐을까.

호랑이와 늑대를 피해 어찌어찌 남산을 넘는다고 해도 문제는 또 있었다. 용산의 널따란 모래톱에 서서 연신 좌우를 둘러봐도 다리를 찾을 수 없다는 것! 그렇다. 16세기 조선에는 한강 다리가 없었다. 실제로 정조는 오늘날의 강남구 삼성동에 있는 선릉과 정릉에 성묘하러 가기 위해 한강에 배다리를 설치해야 했다. 1900년 처음으로 한강철교가 들어서기 전까지 한강은 나룻배를 타야만 오갈 수 있는 거대한 강이었다. 그런고로 당시에는 강남이란 개념조차 없었다. 다시 한번 말하지만 한강 이남은 한양이 아니었으니까. 실제로 고려 이후 행정구역상 경기도에 속해 있었고, 과천, 시흥, 광주 등으로 불렸을 따름이다.

여하튼 말 그대로 산 넘고 물 건너 강남에 도착한 당신의 눈앞에 펼쳐진 것은 끝없이 펼쳐진 들판이다. 수천 년간 한강 변을 따라 쌓이고 쌓인 퇴적물이 만들어낸 광대한 땅. 오늘날의 압구정동에는 갈매기가 날아와 노닐었고, 청담동에는 맑은 물淸潭 빼고는 아무것도 없었다. 송파구에는 뱃나루와 시장이 있었고, 잠실동에는 누에를 키우는 방蠶室이 가득했다. 석촌호수는 그냥 섬이었다. 생각과 너무나 다른 모습에 적잖이 당황스럽기도 하지만, 지금까지 고생한 것이 있고, 또 미래를 훤히 아는 마당에 무엇이 문제랴! 이제 이 땅을 사자! 하지만 어떻게?

당시에도 땅문서는 있었지만, 지금처럼 친절하지 않았다. 지금은 인터넷에 접속해 토지대장을 살펴보면 지도와 곧바로 연동되고, 부동산을 찾아가면 어디서부터 어디까지가 누구 땅인지 비교적 정확히 알 수 있지만, 옛날에는 그렇지 않았다. 일단 땅도 물도 기본적으로 모두 나라의 것이었고, 그러니 누구의 땅인지는 세금이나 거둘 정도로만 느슨히 파악해도 되었으니까. 그나마 논밭이 가꾸어져 있다면 다행이었달까. 농사짓는 사람을 찾아 누구 땅인지 확인할 수 있었으니 말이다. 하지만 아무것도 없는 황무지라면? 여기서 잠깐. 옛날에는 측량 기술과 제도가 지금처럼 세련되지 않았고, 땅의 사용 목적은 대개 농사였다. 그래서 당시 재산 분배에 관한 문서인 분재기分財記를 봐도 뙈기가 단위로 기재되어 있다. 다시 말해 16세기 조선에서 땅을 사려면 기본적으로 논밭이어야 했다. 그러니 강남땅을 사려면 도장 찍는 일보다 먼저 '뻘밭'을 열심히 개간해 논밭으로 만들어야 한다는 것! 부자 되기가 이리도 힘들 줄이야.

다시 한번 힘을 내 생각지도 못한 농사까지 지어가며 어떻게든 강남땅을 샀다고 해도 여전히 무수한 고비가 남아 있다. 강남땅이 정말 돈이 되려면 400년 이상을 푹 묵혀둬야 하는데, 그러려면 후손들이 땅문서를 잘 관리해야 한다. 누군가가 도박에 빠지거나 과거 공부한답시고 밑 빠진 독에 물 붓듯이 야금야금 써버리면 말짱 도루묵이다. 또는 높으신 분들께서 땅을 내놓으라고 행패를 부려 빼앗을 수도 있다. 무엇보다 일본이 1910년부터 1918년까지 진행한 토지조사사업에서 실수가 없어야 한다. 서류라도 잘못 내면 그 많은 강남땅을 몽땅 잃게 될 테니까.

아무리 생각해도 강남땅을 사서 부자가 되는 일은 힘들 것 같다. 차라리 고전적인 방법으로 금을 잔뜩 사 금괴로 만든 다음 몰래 묻어두면 어떨까. 실제로 비슷한 일을 한 사람이 있기는 했다. 앨런 튜링이라고, 컴퓨터와 인공지능 분야에 지대한 공헌을 한 영국의 수학자다. '그렇게나 똑똑한 사람이라니, 분명 부자가 되었겠지' 하고 생각한다면 천만의 말씀이다. 제2차 세계대전 당시 독일군의 폭격으로 숨겨둔 재산이 몽땅 날아갔다.

여기까지 읽은 독자 중 몇몇은 이렇게 생각할지 모르겠다. '그래서 뭐, 어쩌라고?' 실망하게 해서 미안하지만, 미래를 다 알고서도 부자 되는 일은 몹시 힘들다는, 어쩌면 뻔한 이야기다. 그렇다면 심지어 미래에서 오지조차 않은 우리가 오늘날 부자가 된다는 것은 거의 불가능에 가까운 일이 아닐까.

그러나, 그렇지만, 사람들은 부자가 되기를 언제나 꿈꾸어왔다. 옛날에도 그랬고 지금도 그렇다. 누구나 마음 한편에서는 돈에 쪼들릴 걱정 없이 살고, 그 이상 사치를 부리며, 남들에게 잘난 척도 하고 싶어 한다.

호기롭게 벼슬을 버리고 안빈낙도를 외치며 시골로 내려갔던 조선의 선비들조차 한편으로는 집안 살림을 걱정하고 돈을 벌기 위해 치열하게 짱구를 굴렸다. 물가에 빠삭했고, 돈 되는 농작물을 골라 키웠으며, 몇몇은 노골적으로 더 넓은 집과 더 많은 돈을 원했다. 하다못해 부모님 제사라도 그럴듯하게 치러 일가친척에게 생색냈다. 그러려면 어떻게든 돈을 벌어야 했다. 남들보다 더 많이, 더욱 요령 있게. 하지만 그때도 지금처럼 돈 벌기는 힘들었고, 오히려 실패해 나락으로 떨어지는 일이 많았다. 그렇지만 포기할 수 없었다. 누구나 원하지만 아무나 이룰 수 없었던 부자의 꿈을!

출렁거리는 욕망 위에 힘겹게 하루하루를 버텨나가던, 지금 우리와 그렇게 다를 것 없던 조선 사람들의 이야기에 빠져보자.

2022년 6월
이한

차 례

1장
한양 집값 앞에 장사 없다

오늘날 우리에게 '서울 자가'가 그러하듯, 조선 사람들도 '한양 자가'를 꿈꿨다. 하지만 그때에도 수도의 집값은 무시무시했으니, 증여받아 인생을 즐기는 금수 저들과 입신양명해 단칸방이라도 구해보려는 흙수저들, 전세 사기나 불법 건축 등으로 저들의 뒤통수를 노리는 악당들이 뒤엉켜 소란이 끊이지 않았다. 바로 어제 일이라 해도 믿을 만한 500년 전 부동산 희비극의 막이 열리니, 기대하시라!

2장
돈 앞에 양반, 상놈이 따로 없다

흔히 조선은 사농공상의 질서가 지배하는 사회였다고 하지만, 천만의 말씀! 사
실 조선 사람들의 돈 버는 방법은 매우 복잡다단했다. 평생 경전만 읊었을 듯한
양반들은 농장 경영과 대부업에 뛰어들었고, 중인인 역관들은 외국어 실력을 살
려 인삼을 밀수했다. 상인들은 물가를 조작했고, 농민들은 소출을 늘리고자 금
지된 농법을 도입했다. 한마디로 조선은 임금부터 천민까지 애써 부자 되려 한
나라이니, 이 가장 점잖은 속물들의 이야기가 펼쳐진다. 개봉 박두!

3장
야수의 시대, 야수의 심장

일제강점기가 시작되었다고 해서 모든 사람이 태극기를 들고 "대한 독립 만세!"
를 외친 것은 아니었다. 특히 주식부터 만주 개발까지 근대 들어 새로 등장한 돈
버는 방법들이 많은 사람의 눈길을 사로잡았다. 이로써 이전과는 비교도 할 수
없을 만큼 막대한 돈이 돌게 되었으니, 곧 벌어질 아수라장의 시작이렷다!

1장

한양 집값 앞에 장사 없다

1

정약용도 목맨
'인-한양'의 꿈

사람들은 좋은 곳에서 살고 싶어 한다. 누구나 그렇다.

대한민국을 '서울공화국'이라고 부르는 사람들이 있다. 조선 시대부터 수도였던 서울은 대한민국이 들어선 이래 계속해서 거대해졌다. 수많은 사람이 기회를 찾아 서울로 밀려들었기 때문이다.

어쩌다가 서울의 나라가 되었을까. 가끔은 불공평하다는 생각도 든다. 국민 다섯 명 중 한 명이 서울에서 산다지만, 여전히 나머지는 다른 곳에서 살고 있다. 지방에서 오래 살았던 사람으로서 작금의 상황이 달갑지만은 않다. 하지만 개인적인 소회와는 별개로 서울은 아주 먼 옛날부터, 대략 조선 시대부터 선망의 땅이었다.

나라에서 가장 높은 사람인 임금이 살고 있었고, 경제와 문화의 중심지였던 덕분인데, 요즘 식으로 말하면 온갖 인프라가 차고 넘치던 곳이었다. 그것은 지금도 그러하고 앞으로도 그럴 것이다.

그러니 조선 사람들도 너나 할 것 없이 한양에서 참 살고 싶어 했다. 많은 기회가 있는 땅이었고, 출세하면 가장 먼저 집을 구하고 싶은 땅이었다. 뭐, 일단 과거 중에서 가장 중요한 시험인 대과를 한양에서 보기도 했고.

말은 제주도로
사람은 한양으로

선조 때 임진왜란이 발발하자 요즘으로 치면 국방부 장관인 병조판서兵曹判書로 활약하고, 광해군 때 영의정을 지낸 이항복은 말솜씨가 좋기로 유명했다. 우리가 흔히 쓰는 '말은 제주도로 보내고 사람은 서울로 보내라'라는 속담의 저작권자가 바로 그였다.

당시 제주도는 말의 주요 산지였다. 고려 때부터 제주도에서 말을 키웠는데, 조선 최고의 명마들이 그곳에서 나고 자랐다. 당연히 제주도에는 명마를 길러내는 훌륭한 조련사와 시설이 있었을 것이다. 하여 저 속담은, (말과 제주도의 관계처럼) 사람도 서울에서 살며 경쟁력을 갈고닦아야, 다시 말해 '인-서울 대학교'에서 공부하고, '인-서울 자가'에서 살아야 훌륭해진다는 뜻으로 줄곧 쓰여왔다.

그런데 이항복이 정말 저런 뜻으로 말했던 것은 아니다. 실학자 이익이 쓴 《성호사설》에 따르면, 이항복은 "말과 소의 새끼는 시골로 내려가야 하고, 사람의 자식은 한양으로 올라가야 한다"라고 말했다. 즉 제주도만 콕 짚어서 말한 게 아니었다. 사실 이게 상식적이다. 말뿐 아니라 소도 건강하게 지내려면 시골이 제일 좋다. 시골에 살며 이름난 말과 소가 되라는 게 아니라, 그 환경이 말과 소에게 잘 어울린 다는 것이다. 그렇다면 사람은? 당시로서는 예의범절이 곧게 선 한양 이 제격일 터였다. (물론 사람이 시골에서만 살면 상식이 부족해져 조정에 서 벼슬할 때 허둥대며 쩔쩔매리라는 것도 이유였다.) 하여 이항복의 말이 인재 성장에 환경이 미치는 영향을 강조한 것은 맞지만, 오늘날 쓰이 는 뜻과는 약간 달랐다고 보아야 한다.

이처럼 우리가 생각하는 것보다 그 뜻이 훨씬 '순한 맛'이었는데 도, 당시 선비들은 이 말을 몹시 못마땅하게 여겼다. 특히 이익이 그 러했다. 그는 '한양으로 보내라'라는 부분을 문제 삼았다. 어째서 한 양이 문제였을까. 한양에 많은 것, 즉 이利(이익) 때문이었다. 이익이 많으면 사람의 마음이 흔들리고, 그렇게 되면 사람의 지혜가 빛을 잃 는다는 것이다.

역시 《성호사설》에서 이익은 "한양의 귀족은 모두 용모를 예쁘게 해서 임금의 마음에 들려고만 하고 근본이 되는 일에는 소홀하다"라 고 지적했다. 한마디로 한양은 인재를 양성할 만한 곳이 아니라는 것 이다. 만약 그가 되살아나 온갖 욕망으로 들끓는 지금의 서울을 본다 면 몹시 기막혀할지 모른다.

원시사회 탈출과 한양살이의 꿈

이익의 '바른' 생각과는 다르게, 사실 당시에도 많은 선비가 자식을 한양으로 유학 보내고 싶어 했다. 가장 대표적인 인물로는 실학자 정약용을 꼽을 수 있다. 그는 자식들에게 반드시 한양에서 살라고 했다. 애민 정신의 대변자 정약용이 한양 불패를 외쳤다니! 놀란 가슴을 가라앉히고 1810년 그가 두 아들 정학연丁學淵과 정학유丁學游에게 보낸 편지를 살펴보자.

—

조선은 (중국에 비해) 문명이 뒤떨어져서 한양에서 몇십 리만 멀어져도 원시사회다. 그러니 벼슬에 올라 권세를 날릴 때는 그리 좋지 않은 셋집을 구해 초연하게 살아야 하지만, 벼슬에서 쫓겨난 다음에는 어떻게든 한양 근처에 살면서 문화文華의 안목을 잃지 말아야 한다.

—

한양과 좀 떨어져 있다고 원시사회라니 너무한다 싶겠지만, 당시로서는 틀림없이 옳은 말이었다. 정약용이 살던 때는 조선 후기였지만, 한양과 지방의 격차가 여전했고, 특히 각종 정보와 재화, 문화의 전파 속도가 너무나 형편없었다. 인터넷은 물론이고 전화도 없으며 잡지나 신문조차 기대할 수 없던 시기, 지하철이나 자동차는 꿈도 꿀 수 없고 우마가 다닐 도로마저 제대로 닦여 있지 않던 시기의 '느림'이란 우리가 상상하기 불가능할 정도로 엄청난 수준이었다.

일본의 조선 전문가 혼마 규스케本間九介가 1894년 출간한 《조선잡기》를 보면, 당시 시골에 살며 새로운 소식이나 유행을 접할 방법이라고는 멀리서 찾아온 사람들을 만나 이야기를 듣는 것뿐이었다. 시장도 딱 정해진 날에만 열렸고, 거래는 대부분 물물교환이었다. 화폐를 사용해야 할 만큼 물건이 많지도 않았고, 있는 물건들도 가치가 그리 크지 않았기 때문이다. 온종일 쏘다녀도 들을 수 있는 소식이라고 해봐야, "앞집의 병아리가 삵에게 물려 갔다더라" 하는 게 전부일 정도로 시골은 심심한 곳이었다. 이렇게 세상 돌아가는 일에 멀어질수록 지식과 생각이 자라지 못하고, 결국 고루한 사람이 된다. 시대에 뒤떨어질 수밖에 없는 것이다. 그나마 한양이라면 "누가 새로운 책을 썼다더라", "외국에서 새로운 그림이 들어왔다더라", "이번에 어느 정승이 무슨 비리를 저질렀다더라" 따위의 돌고 도는 여러 이야기를 듣고, 또 나름의 의견을 제시하며 생각의 벼리를 세울 수 있었다. 그러니 옛날에는 한양살이가 꽤 간절한 일이었다.

정약용, 너는 다 계획이 있구나

다시 정약용의 편지로 돌아가보자.

—

지금 내가 죄인이 되어 아직은 너희를 시골에 숨어 살게 하고 있다만, 앞으로의 계획인즉 한양에서 10리 안에 살게 하겠다.

—

어찌 보면 자식들에게 반드시 한양에서 살라고 했다기보다는, 끝내 출세하지 못한 회한을 담아 언젠가 집안을 일으켜 세우겠다고 스스로 굳게 맹세하는 듯하다.

　그래서 정약용은 과연 한양 입성에 성공했을까. 아니다! 그는 귀양에서 풀려난 후 경기도 광주 마현馬峴에서 살았다. 오늘날의 경기도 남양주시 조안면 능내리로, 요즘에는 정약용 관련 유적지가 잘 가꾸어져 있다. 지금이야 서울에서 한두 시간 거리지만, 옛날에는 벽지에 불과했다. 당시 한양의 동쪽 끝인 동대문부터 마현까지는, 한강을 건너지 않는 길을 택하면 대략 30킬로미터 거리였다. 조선 시대의 10리가 4~5킬로미터임을 감안하면, 정약용은 한양에서 10리 안에 살게 하겠다는 약속을 지키지 못했던 셈이다.

—

　　만약 한양 한복판으로 깊이 들어갈 수 없다면, 잠시 근교에 살
　　면서 과일과 채소를 심어 생활을 유지하다가 재산을 불린 후
　　에 들어가도 늦지 않다.

—

　과연 정약용이다. 한양 입성 계획이 실패했을 경우 어찌해야 할지까지 미리 밝혔으니 말이다. 그 본인과 형제(및 매형)들은 모두 역사에 이름을 남긴 희대의 인재들이었지만, 정치의 된서리를 직통으로 맞았다. 셋째 형 정약전丁若銓은 흑산도로 귀양을 갔고, 둘째 형 정약종丁若鍾은 처형당했으며, 정약용 본인도 18년간 귀양을 살았다. 당연히 자식들은 제대로 교육받지 못했고, 버슬도 하지 못했다. 실제로 둘째 아들 정학유는 양반이건만 공부에 몰두하는 대신 닭치고 농사지으며 먹고사느라 바빴다. 그래도 붓을 놓지 말라는 아버지의 응원

덕분에, 그는 농사 생활에 실학 정신을 버무린 노래 〈농가월령가農家月令歌〉를 지어냈다.

이후 정약용 가문은 별다른 업적을 남기지 못했다. 손자 정대림丁大林이 소위 사또라 불리는 현감을 지냈을 뿐이다. 정치적으로든 학문적으로든 집안이 서지 못했으므로, 한양에서 산다는 계획은 결국 성공하지 못했다. 그렇다고 그들이 실패했다는 것은 아니다. 우리나라 사람 중 정약용 모르는 이가 없고, 전통 민속을 연구할 때 가장 먼저 찾아보는 자료가 〈농가월령가〉이며, 이 책조차 그들의 이야기로 시작되고 있는 것이 그 증거다.

정약용이 되살아나 온라인 부동산 카페마다 자신의 편지를 공유하는 모습을 본다면 이렇게 외치지 않을까. "나도 한양에서 살아보지 못했거늘!" 그렇다면 이제 궁금해진다. 과연 그때 한양에는 누가 살았을까.

2

공급난이 끌어올린
한양 집값

조선 시대 때 가장 땅값, 집값 비싼 곳은 어디였을까. 당연히 수도, 한
양이었다.

　한양은 조선이 건국된 1392년부터 한반도에서 가장 말도 많고 탈
도 많으며, 결정적으로 가장 비싼 땅이 되었다. 좀 더 정확히는 건국 2년
뒤인 1394년부터인데, 그때 태조가 여러 번의 시행착오 끝에 새 나
라의 수도로 한양을 점찍었기 때문이다. 눈여겨볼 점은 한양이 철저
한 계획도시였다는 것이다. 조선의 설계자로 평가받는 정도전이 그
작업을 직접 이끌었으니, 그는 한양을 동서남북 및 중앙의 5부部로,
다시 52방坊으로 나누었고, 모든 방에 유교의 이상과 꿈을 담은 이름
을 붙였다. 가령 가르침을 숭앙한다는 뜻의 숭교방崇敎坊, 생명을 키
운다는 뜻의 양생방養生坊, 뛰어나고 빼어나다는 뜻의 준수방俊秀坊
등이 있었다. 그렇지만 입에 착 붙는 이름이 아니어서인지 방은 차츰

흐지부지해졌고, 동洞이 그 자리를 대신하게 되었다. 그래서 이제는 서울의 어디가 무슨 방이었는지 정확히 알 수 없다.

이렇게 방이 사라진 데는 행정구역이 제대로 관리되지 못한 탓도 있겠지만, 무엇보다 한양이 자꾸 커졌기 때문이다. 사람들은 한양으로 꾸역꾸역 몰려들었다. 《조선왕조실록》에는 1428년(세종 10년) 한양의 인구가 10만 9372명이라고 기록되어 있다. 이후 1783년(정조 7년)이 되면 20만 7265명까지 늘어난다. 이미 세종 때 한양 주변을 성저십리城底十里라고 불렀는데, 요즘 말로 하면 수도권 신도시 정도가 될 것이다. 이처럼 인구가 늘면서 한양은 자꾸자꾸 커졌다. 정조 때는 새로 세 개의 방을 설치했을 정도다. 사대문 안은 언제나 사람들로 바글거렸고, 사대문 밖에는 한양 인구의 절반이 살고 있었다.

사람들을 끌어들인 욕망의 수도

한양이 처음부터 순탄하게 조선의 수도로 자리 잡았던 것은 아니다. 한양이 수도로 정해지고 얼마 안 되어 제1차 왕자의 난이 일어났다. 이로써 태조는 정치적인 권한을 잃고 실각했으며 정도전은 목숨을 잃었다. 태조와 동생 이방원 대신 임금이 된 정종은 피비린내 나는 한양을 떠나 개경으로 돌아갔다. 그렇게 한양은 5년 만에 버려졌다. 조상들을 모신 종묘는 남겨졌기에 아주 내처진 도시는 아니었지만, 시장이나 거리는 몹시 쓸쓸해졌다고 한다. 태종(이방원)의 통치가 시작된 이후로도 한양은 한동안 버림받은 대로였다. 그러다가 태조의 환심을 사고 싶었던 태종이 1405년 조선의 수도를 다시 한양으로 되돌렸다. 이렇게 권력자들의 사정으로 나라의 수도가 축구공처럼 여기저기 옮겨지는 동안 얼마나 많은 사람이 고생했을까. 여하튼 쓸쓸했던 거리가 다시 사람들로 북적거리고, 자연스레 집값이 크게 올랐을 것이다! 분명 그때도 '아! 한양에 땅 좀 사둘걸!' 하고 후회한 사람이 꽤 있었을 테다, 틀림없이.

이후 500년간 한양은 조선의 수도로서 온갖 부침과 환란을 겪었다. 전쟁의 포화로 불타거나, 내란에 휩쓸리는 등 수많은 사건 사고가 벌어졌다. 그러면서도 수도의 지위는 한 번도 흔들리지 않았으니, 그만큼 무수한 영광과 혜택도 누렸다.

그래서 조선 사람들은 한양에서 살고 싶어 했다. 한양에는 나라에서 가장 높은 사람인 임금과 그를 보좌하는 관리들이 살았다. 즉 행정의 중심지였다. 상업도 발달했고, 문화 수준도 높았다. 그러니 살기 편했고, 일자리도 많았다. 양반들은 과거에 급제해 한양에서 일하는 관리가 되고 싶어 했고, 일반 백성은 벌이가 더 좋은 일거리를 찾아 한양으로 상경했다.

그렇게 한양으로 온 이들은 대개 허름한 곳에 셋집을 마련했는데, 돈도 없었고, 설사 돈이 있었다고 한들 집 구하기가 매우 어려웠기 때문이다. 한양이 너무나 작았던 탓으로, 땅은 좁고 사방은 성벽으로 둘러쳐져 있었다. 그렇다고 고층 건물이나 아파트를 세워 용적률을 높일 수 있는 시대도 아니었다. 당연히 주택난이 심각했고, 많은 사람이 남의 집에서 방 한 칸 빌려 살 수밖에 없었다. 하여튼 열악하기 그지없었다.

고작 10억으로
한양에서?

이러한 상황은 왕족이라고 해도 피해 갈 수 없었다.《조선왕조실록》의 1533년(중종 28년) 7월 14일 기록에 따르면, 임금이 세자빈의 어머니가 가난해 여기저기 이사 다니며 세 들어 사는 게 너무 안쓰럽다며 집 사라고 국고를 털어 면포 10동同을 보내줬다. (지금이라면 명백한 배임이지만, 조선은 임금이 다스리는 전근대국가임을 잊지 말자.) 이때 세자빈이 바로 인종의 아내인 인성왕후仁聖王后였다. 그녀의 아버지 박용朴墉은 딸이 세자빈에 책봉된 직후 병으로 세상을 떠났는데, 비록 당대의 권문세족인 반남박씨潘南朴氏 가문이었지만, 한양에 집을 살 만큼 부자는 아니었던 모양이다. 무엇보다 과거에 급제하지 못한 변변찮은 인물이었다. 그래서 그의 아내이자 세자빈의 어머니가 셋집살이를 전전했던 것인데, 갑자기 사돈인 중종이 도움의 손길을 건네었으니, 얼마나 성은이 망극했을까! 한 동은 50필로, 10동은 무려 500필이다. 조선 시대의 물가가 오락가락해서 이게 오늘날 딱 얼마라고 단언하기는 어렵지만, 대략 10억 원 정도다. 당시 영의정 연봉의 2.5배로, 평범한 백성 100명의 1년 치 생활비였다. 그러니까 이 정도는 되어야 한양에서 고래 등만 하지는 않더라도 준수한 집을 살 수 있었다는 말이다. (놀랍게도 오늘날 시세와도 얼추 비슷하다.)

세자빈의 어머니는 하루아침에 집이 생겼지만, 모두가 이렇게 엄청난 '백'을 누릴 수 있는 것은 아니었다. 지방에서 살다가 과거에 급제해 관직을 받아 한양으로 올라온 양반들은 대부분 집을 사지 못하고 남의 집에 세 들었다. 그중에는 1000원권 지폐의 주인공인 이황도 있었다. 물론 그는 경상도 안동에 집이 있기는 했지만, 그곳에서 출퇴근할 수는 없기에 오늘날의 서울시립미술관 근처에 셋집을 구해 살았다. 그는 한양에 머무는 동안 여러 벼슬을 지냈는데, 그중 가장 번듯한 것이 바로 성균관 대사성大司成이었다. 성균관은 나라에서 세운 당시 최고의 교육기관이므로, 대사성이라 하면 오늘날의 서울대학교 총장 정도 되겠다. (물론 이것이 딱 들어맞는 비유는 아니다.) 그런 사람조차 셋집살이를 했으니, 그보다 가난한 양반들의 처지야 말해 무엇하랴.

특히 학생들의 사정이 매우 딱했다. 성균관에서 공부하는 유생들은 기숙사에서 생활하는 게 원칙이었다. 하지만 불편하다는 이유로 근처 반촌泮村(오늘날의 종로구 혜화동)에서 하숙했다. 그런데 하숙집 꼴 또한 말이 아니었다! 조선 후기의 학자 황윤석黃胤錫이《이재난고頤齋亂藁》에 쓰기를, 방 두 칸인 작은 집에 유생 네 명이 주인집 가족 두 명과 함께 지냈단다. 과연 잠이나 제대로 잤을까. 방마다 두 명씩 옹송그리고 잠을 잤고, 주인집 가족들은 부엌에서 잤다. 요즘 고시생들이 창문 하나 없는 고시원이나, 방을 조각조각 나눈 '테트리스 하우스'에서 산다고 하는데, 조선 시대에도 상황이 크게 다르지 않았다.

10칸에서 30칸으로
집이 커지는 마법

상황이 이렇다 보니 한양에 작은 집을 사서 잔뜩 쪼갠 다음 세를 놓는 악당들이 생겨났다. 《조선왕조실록》《승정원일기承政院日記》와 더불

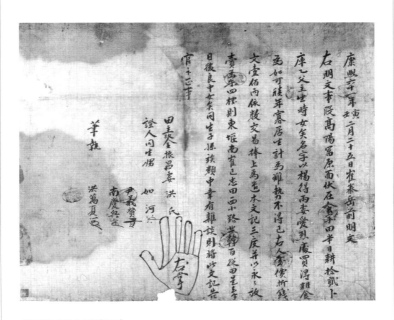

1722년 작성된 명문(明文).

명문은 조선 시대의 부동산 매매 계약서로, 토지나 집 등을 거래할 때 작성했다. 그 내용이 굉장히 자세해 거래자들의 인적 사항은 물론이고, 부동산의 주소와 크기, 거래 이유, 거래 종류, 거래 이력, 거래 가격, 거래 일시 등을 알 수 있다. 위 명문에는, 과부가 되어 생계가 곤란해진 홍씨(洪氏)가 예전에 양득우(楊得雨)의 아내 애열(愛烈)에게 산 경기도 수원의 밭을 100냥을 받고 최태악(崔泰岳)에게 판다는 내용이 기록되어 있다.

명문들을 살펴보면 노비의 이름이 적힌 것이 많은데, 실제 노비 간의 거래였을 수도 있고, 자기 이름 쓰기를 꺼린 양반들이 종의 이름을 대신 적은 것일 수도 있다. 이때 글을 모르는 이들은 자기 손바닥의 테두리를 그려 넣었다. 위 명문의 손바닥 그림은 홍씨의 것이다.

어 조선을 대표하는 연대기이자 정조의 일기장인 《일성록日省綠》에 그 전형이라 할 만한 사건이 실려 있다. 1781년(정조 15년) 7월 28일의 기록을 보면, 어떤 이가 방이 10칸 남짓 되는 집을 사서(정확히 말하면 빼앗아서) "아침에 10칸을 늘리고 저녁에 10칸을 늘렸다." 원래 10칸이었던 집을 30칸으로, 그것도 하루 만에 (쪼개어) 늘렸으니, 공사가 제대로 되었을 리 만무하다. 그렇지만 당장 살 곳이 급한 사람들은 그런 방 한 칸이라도 감지덕지하게 여겼다. 이토록 파렴치한 짓을 저질렀던 사람은 임금을 보위하는 어영청御營廳의 대장 윤태연尹泰淵이었다. 그 정도로 높은 자리까지 올랐건만 욕심을 부리다니, 있는 놈이 더하다는 말 그대로였다! 다행히 정의는 실현되어 윤태연은 처벌받았다. 그뿐 아니라 정조의 정적 편에 서는 바람에 목숨까지 시원하게 날렸다. 이후로도 오랫동안 그의 이름은 백성을 수탈한 악덕 부동산업자의 대명사로 사람들 입에 오르내렸다.

물론 한양의 비싼 집값에 가장 큰 피해를 본 이들은 신분이 낮고 가난한 사람들이었다. 주택난은 가난한 동네일수록 심했다. 당시 지방에서 일자리를 찾아 한양으로 올라온 사람들이 모여 만든 '달동네'가 곳곳에 생겨났다. 가장 대표적인 곳이 뜻마저 '새로운 동네新村'인 신촌이었다. 지금의 그 신촌이 맞다! 신촌은 한강과 가까웠기에 뱃나루에서 짐 나르는 험한 일을 하기 위해 몸뚱이 하나만 가지고 상경한 가난한 사람들이 살았다. 지금이야 대학교부터 술집과 음식점, 백화점까지 없는 게 없는 번화한 곳이지만, 옛날에는 그야말로 빈촌이었다. 주민 대부분이 '하루 벌어 사흘 먹고사는' 사람들이었으니, 땅값 비싼 한양에서 제대로 된 집을 짓고 살 리 없었다. 터를 잘 닦아 튼튼한 기둥을 세우고 비바람을 완벽히 막아내는 두꺼운 벽과 지붕을 놓은 번듯한 집이 아니라, 땅을 대충 파고 세운 움집이나 판자 따위를 얼기설기 엮은 가건물이 전부였다. 이런 집들은 윤태연의 예처럼 보통 큰 집을 자잘하게 쪼개서 만들었기에 제대로 된 집이 아니었을뿐더러 툭하면 철거 대상이 되었다. 유독 한강이나 청계천 같은 하천가에 이런 집들이 많이 들어섰다. 조선 시대에도 이런 집들은 불법 건축물이었지만, 가난한 사람들이 한양에서 살려면 이 방법밖에 없었다.

띠풀과 가시나무로
지은 집

계속해서 사람들이 한양으로 몰려들자, 이런 허름한 집들은 그나마 남은 공간이었던 길까지 야금야금 먹어 들어갔다. 원래 한양은 길이 몹시 좁아 교통 체증이 심한 편이었다. 일례로 정종은 상왕으로 물러난 뒤 오늘날의 사직공원과 경희궁 근처에 집을 짓고 살았는데,《조선왕조실록》의 1418년(세종 즉위년) 8월 17일 기록을 보면, 그 앞길이 자주 막히는 것으로 유명했다고 한다. 상왕이 살던 곳마저 그럴진대 다른 곳은 어떠했겠는가. 때로는 조정에서도 여러 이유로 가건물을 세우곤 했다. 재해로 살 곳을 잃고 한양으로 몰려든 백성이 임시로 머물 곳이라든지, 사신을 맞이하는 행사장이라든지, 관리나 군인의 숙직 시설이라든지, 궁궐의 창고라든지 등등. 그러지 않아도 좁아터진 한양에 건물을 더 세우려면? 멀쩡한 길을 좁히는 수밖에 없었다.

　이에 정조 때인 1797년 여론을 살피고 임금에게 직언하는 사간원 司諫院의 사간 심규로沈奎魯가 백성이 더는 가건물을 짓지 못하게 하자고 건의했다. 그러자 정조는 이렇게 답했다.

—

"거리 앞에 집 짓는 것을 금지하는 일은 모두 구례舊例이다.
한꺼번에 아울러 거행한다면 백성을 소란스럽게 하는 데 가
깝지 않겠는가."

《정조실록》, 1797년(정조 21년) 5월 26일.

—

가건물을 못 짓게 하는 것이 구례, 즉 이미 오래된 법이라는 말이
다. 백성은 오래전부터 길에다가 가건물을 지어댔고, 조정에서도 오
래전부터 이를 막았으나 효과가 없었음을 에둘러 지적한 것이다.

이런저런 사정 때문에 길이 좁아진 거야 어쩔 수 없다고 치자. 하지
만 대충대충 날림으로 세운 가건물들이 어떻게 사람이 사는 집일 수
있겠는가. 이런 가건물들은 모자茅茨로 지었다는데, 한자 뜻을 그대
로 풀면 띠풀과 가시나무다. 어느 것이건 제대로 된 건축용 자재가 아
니다. 설령 어떻게든 집 꼴을 만들어놨다고 해도 생활에 필요한 각종
설비가 제대로 갖추어졌을 리 없었다. 상수와 하수 설비는 꿈도 꿀 수
없었고, 다 떠나서 방이 너무나 좁았다. 온돌은 차치하고, 바람이나
막아주면 다행이랄까. 이런 형편없는 집에 사는 빈민들에게는, 방에
누우면 천장에 하늘의 별이 보이고, 기지개를 켜면 팔다리가 방 바깥
으로 튀어나온다는 흥부네 이야기가 남의 일이 아니었을 것이다.

난개발이 빚은
화재 참사

무엇보다 이런 불법 건축물의 난립은 지금까지 거론한 모든 문제, 그러니까 교통의 불편함과 생활의 곤란함, 위생의 불결함을 모두 넘어서는 심각한 문제를 일으켰다. 바로 대화재였다. 세종 때 벌어진 한양 대화재가 그 역사적인 실례라고 하겠다. 세종 즉위 초인 1426년 한양에서 갑작스레 화재가 발생해 2000호가량의 집이 불타고 수십 명이 죽었다. 하필 세종과 왕세자 문종이 군사 훈련을 나가 한양을 비운 탓에, 배 속에 금성대군錦城大君을 품은 만삭의 소헌왕후昭憲王后가 화재 진압을 지휘해야 했다.

이 일을 뒤늦게 전해 들은 세종은 주변의 신료들에게 벌컥 짜증부터 냈다고 한다. 한마디로 "그러니까! 내가! 나오지 말자고 했잖아!"라는 일갈이었는데, 《조선왕조실록》의 기록을 그대로 옮겨본다.

—

"이번 길은 본시 내가 오고 싶지 않은 것을 경 등이 굳이 나에게 가자고 청하였고, 또 어제 길에서 폭풍이 심히 불고, 몸이 불편하여 나는 궁으로 돌아가고 싶었는데, 경 등이 또 청하므로 돌아가지 아니하였으나, 나는 이번 길이 천심天心에 합당하지 아니하여 재변이 이렇게 생긴 것인 줄로 생각하고 깊이 후회하는 바이다."

_《세종실록》, 1426년(세종 8년) 2월 16일.

—

이 일은 흔히 성군으로 알려진 세종이 공개적으로 신경질을 부린 희귀한 경우였고, 병조판서 조말생趙末生 등은 그 화를 그대로 받아줄 수밖에 없었다. 세종은 소식을 들은 바로 다음 날 모든 예식을 생략하고 한양으로 돌아와 사고 수습에 골몰했다. 잔불을 끄고 집을 새로 지으며 이재민에게 음식과 약을 내리는 것은 당연한 일이었고, 무엇보다 두 번 다시 똑같은 비극이 발생하지 않도록 문제의 원인을 철저히 밝히고 뿌리 뽑으려 했다!

한양대화재는 (발화의 원인이 무엇이든) 난개발로 가건물들이 다닥다닥 붙어 있는 상황에서 하필 바람까지 거세게 불어 불씨가 걷잡을 수 없게 번진 결과였다. 이에 세종은 한양 곳곳에 방화벽을 세우고 길을 넓히며 너무 바짝 붙어 있는 가건물들은 철거해 공간을 넓히라고 명했다. 모두의 안전을 위해서는 필요한 조치였지만, 하루아침에 집을 잃고 나앉게 된 이들의 애타는 마음은 누가 알아줬을까. 이후 한양대화재 같은 커다란 화재는 다시 발생하지 않았지만, 한양의 주택난은 심해지면 심해졌지 절대로 해결되지 않았다. 그래서 정조 즈음이 되면 한양의 길은 다시금 가난한 백성의 초라한 '띠풀집'으로 채워지게 되었다. 한양은 자꾸만 조선의 인구를 빨아들이는데, 땅은 넓어질 리 없으니까.

집이 없으면
집을 뺏자

아무리 열악한 환경이라도 한양에 살고자 한 것은 결국 욕망 때문이지 않았을까. 나도 한양에 살고 싶다는, 좋은 곳에 살면서 돈을 많이 벌고 싶다는 욕망.

그게 뭐 나쁜가. 그런 욕망은 누구나 품을 수 있다. 그걸 원동력 삼아 열심히 산다면 이 또한 좋은 일이다. 양반은 더 높은 관직을 찾아, 가난한 백성은 농사보다 더 벌이가 좋은 일거리를 찾아 한양으로 향했고, 그곳의 허름한 집에 살면서도 밝은 미래를 꿈꿨다.

문제는 그다음이다. 꿈을 이루기 위해 수많은 사람이 노력하고 애썼다. 그중에는 운 좋게 꿈을 이룬 사람들도 있었지만, 크게 망하고 나락으로 떨어진 사람들도 아주 많았다. 또한 자기 욕심을 위해 남의 것을 빼앗는 악당들도 있었는데, 이들이 가장 큰 문제였다. 호주머니를 털거나 먹을 것을 훔치는 수준이 아니라, 집을 빼앗았으니까! '한양에 남는 집이 없다고? 그럼 남의 집을 빼앗으면 되지!' 그들은 사고방식 자체가 우리와 달랐다. 이러한 범죄를 여가탈입閭家奪入이라고 했는데, 《조선왕조실록》에도 여러 번 기록될 정도로 심각한 사회문제였다. 이 일이 처음 공론화된 것은 현종 때였지만, 권세 있는 자가 그렇지 못한 사람의 집을 빼앗는 일은 그 전부터 빈번했을 테다.

여가탈입의 방식은 꽤 다양했는데, 한결같이 상상을 초월할 만큼 뻔뻔했다. 셋방살이하는 세입자가 집주인에게 방을 못 빼겠다고 어깃장을 부리고, 끝내 집까지 빼앗는 경우는 그나마 '순한 맛'이었다. 《조선왕조실록》의 1663년(현종 4년) 5월 22일 기록을 보면, 어떤 관리가 여장한 채 가마에 타고 평소 눈여겨본 상민의 집에 들어가서 "내 집이다!" 주장하며 그대로 빼앗았다고 한다. 대낮에 남의 집을 빼앗은 이 일은 선을 넘어도 심하게 넘은지라 현종에게까지 보고되었고, 임금은 "집주인이 빌려주지도 않았는데 뺏어서 들어간 자를 한성

부가 적발하게 하고 엄금토록 하라!"라고 엄하게 명했다.

여가탈입은 대체로 양반들, 그중에서도 권세 있는 자들이 자기보다 신분이 낮은 양민들을 상대로 벌이곤 했다. 《조선왕조실록》의 1615년(광해군 7년) 8월 2일 기록을 보면, 지방 출신의 양반이 한양에 올라와 궁궐에서 허드렛일하는 나인의 집에 세 들어 살다가 빼앗은 일도 있었다. 그 집에는 노비 소유의 재산도 있었는데, 이것까지 모두 꿀꺽했다. 양반인데 노비의 재산 정도는 가질 수 있지 않냐고? 절대 아니다. 노비의 재산은 엄연히 노비의 것이지 양반이 제멋대로할 수 없다는 게 '국률', 곧 조선의 법이었다. 이처럼 여가탈입은 빈번하게 벌어졌으니, 모두 한양의 주택난 탓이었다.

애먼 사람 잡는
부동산 정책

당연히 조정은 여가탈입을 근절하기 위해 애썼다. 영조는 여가탈입을 벌인 사람을 색출해 관직을 빼앗고 머나먼 바닷가로 귀양 보내다 못해, 관원록에서 이름을 지워버리고 심지어 과거 급제 자체를 취소하는 초강수까지 두었다. 그래도 여가탈입은 계속 벌어졌고, 1754년에는 무려 20여 명이 처벌당했다. 게다가 여가탈입을 막기 위해 도입한 대응책이 생각지도 못한 부작용을 낳았다. 정작 집이 필요한데도 셋집을 못 얻는 사람들이 나오게 되었으니, 요즘 말로 하면 실수요자들이 피해를 본 꼴이었다. 특히 힘도 없고 가난한 양반들이나 말단의 군인들이 한양에서 일하게 되었을 때 문제가 발생했다. 정말 살 집이 필요해 셋집을 얻었을 뿐인데, "너 남의 집 뺏을 거지?"라는 오해를 샀던 것이다. 심지어 정조 때가 되면 남의 행랑채에 하숙하는 것도 어명으로 불가능해졌다. 왜냐고? 세 들어 살던 사람이 집주인의 부인과 바람나는 일이 벌어졌기 때문이다! 이런 황당한 이유로도 셋집살이가 불가능해지는 게 유교의 나라 조선이었다.

관련해서 《조선왕조실록》에 흥미로운 일화가 기록되어 있다. 영조 때의 좌의정 조태억趙泰億은 집이 한양 바깥에 있어 출퇴근을 힘들어했다. 게다가 지병까지 있었기에 한양 안에 셋집을 구하려고 했지만, 여가탈입을 금지한 법 때문에 그럴 수 없었다. 보다 못한 영의정 이광좌李光佐와 우의정 유봉휘柳鳳輝가 나서서 좌의정의 편의를 봐달라고 영조에게 말했지만, 당시 33세였던 젊은 임금은 쇠심줄 같은 고집을 꺾지 않았다. 엄연히 법이 있는데, 대신이라고 봐줄 수 없다는 이유에서였다. 임금이 도저히 안 들어주니, 방법이 있겠는가. 그냥 납작 엎드리는 수밖에.

—

"조가에서 법을 지키는데 존귀한 자와 근시近侍로부터 시작이 된다면, 어찌 국가를 다스리는 도리에 이익이 있지 않겠습니까. 신이 기쁘고 다행스럽기 그지없습니다."

_《영조실록》, 1727년(영조 3년) 12월 3일.

—

결국 좌의정은 머나먼 출퇴근길을 계속해서 견뎌내야 했다. 아마 그는 사는 곳이 곧 직장이라 출퇴근할 필요가 없는 임금을 몹시 부러

위했을 것이다. 아무튼 상황이 이렇다 보니 나라의 정무를 담당하는 관리들조차 제대로 된 집이 아니라 남산 기슭의 움막이나 한강 근처의 초막에서 궁상맞게 사는 경우가 많았다. 여가탈입은 분명 뿌리 뽑아야 할 범죄였지만, 이렇게 죄 없는 사람들까지 멀쩡한 집에서 살지 못하는 것 또한 곤란한 일이었다. 하지만 조정은 이 문제를 애써 해결하지 않았다. 지방에서 올라온 사람들만 특별히 셋집 사는 것을 허락하는 정도의 미봉책만 내놨을 뿐이다. 그러다가 법이 허술해지면 또다시 여가탈입이 벌어졌으니, 사태는 나아지지 않았다.

구중궁궐에 틀어박힌
임금님의 눈높이

하여간 문제가 있으면 해결책을 찾고자 애쓰는 대신 그냥 없애버리는 행태가 조선 시대라고 크게 다르지 않았던 듯싶다. 게다가 한양에 방이 여럿 딸린 집(궁궐)이 있는 임금으로서는 신하나 백성의 힘든 처지가 눈에 잘 들어오지 않았을 것이다. 실제로 《조선왕조실록》의 1791년(정조 15년) 7월 28일 기록에 따르면, 정조는 "대체로 몇 푼어치 안 되는 가난한 마을의 민가는 본디 국정 속에 포함되지 않는다"라고 말할 정도였으니까! 하기야 조선의 제22대 임금으로서 평생을 궁궐 구들장 위에서만 살았던 사람이 가난한 백성의 처절한 사정을 어찌 이해하겠는가. 그런 점에서는 정조가 몹시도 싫어했던 윤태연이야말로 한양의 주택난 해결에 이바지했던 인물이었을지 모른다. 10칸의 집을 30칸으로 뻥튀기해 더 많은 사람을 한양에 살 수 있게 해줬으니까! (물론 그 와중에 온갖 불법을 자행하고, 막대한 이익을 챙긴 게 치명적인 문제였지만.)

아무튼 조선 시대 한양의 주택난은 이처럼 힘없고 가난한 사람들만 갈아버렸고, 점점 더 심각해졌다. 이렇게 많은 문제가 벌어졌는데도 사람들은 한양 살기의 꿈을 버리지 못했다. 그들을 보고 어리석다고 할 수 있는가. 더 좋은 곳에서 살고 싶은 마음은 예나 지금이나 다를 바가 없다.

3

노력해도,
노오력해도 안 되는 것

그렇다면 조선 사람들은 어째서 그렇게나 한양살이에 목맸을까. 그들은 왜 아득바득 한양으로 향했을까. '한양은 조선의 수도로서 각종 인프라가 잘 갖추어져 있었다'라는 설명은, 머리로는 이해되어도 가슴에 와닿지 않는다. 그러니 한 양반의 일생을 따라 한양에 살고자 한 조선 사람들의 절박함을 느껴보자.

자, 여기 김참봉이라는 사람이 있다. '참봉' 하면 조선의 관직 18품계 중 최하위 벼슬. 요즘으로 치면 9급 공무원이랄까. 하지만 지금 말하는 참봉은 어느 양반의 엄연한 이름이었으니, 우두커니 설 '참站' 자에 봉황 '봉鳳' 자를 써 그 뜻이 훌륭했다. 특별히 뛰어난 재주는 없었지만, 타고 태어난 신분이 양반인지라 그도 큰 꿈을 품었다. '과거에 급제해 관리가 되어서 출세할 테야!', '임금님을 모시고 나라에 충성하겠어!' 그래 뭐, 여기까지는 괜찮았다. 이제부터 그 꿈을 이루고

자 평생 노력하고, 또 고생한 김참봉의 일대기 되시겠다. 미리 이야기 해두자면 이 이야기는 해피엔딩이다. 아마도?

영수증을 모으고
가계부를 쓰는 양반

우선 김참봉은 한양 사람이 아니었다. 경상도 선산善山(오늘날의 경상 북도 구미시)에서 태어나 지역 토박이로 살았다. 그의 할아버지는 과 거에 급제해 한양에서 벼슬하다가 은퇴 후 고향으로 돌아와 여생을 보냈다. 자식 복도 많아 자손이 꽤 되었으니, 한마디로 모든 것을 이 룬 인물이었다. 그는 번성한 후손들을 둘러보며 천수를 누린 뒤 고향 땅에 묻혔다. 이제 남은 일은 후손들이 선조의 빛나는 업적을 이어받 는 것뿐인데, 그게 잘 안 되었다.

김참봉의 아버지는 과거에 여러 차례 도전했지만, 끝내 급제하지 못했다. 삼촌들도 마찬가지였다. 그러면서 가세가 크게 기울었다. 김 참봉이 어렸을 적, 그러니까 할아버지가 살아계셨을 때는 지방 관리 들이 문지방이 닳도록 드나들었지만, 언제부터인가 그들의 방문도 뜸해졌고, 선물도 부실해졌다. 동네 사람들은 여전히 "아, 누구누구 어르신!" 하며 알아주지만, 딱 그뿐이었다. 더 몰락하지 않으려면 할 아버지가 물려준 논밭이 어느 정도 남아 있을 때 가족 중 누군가가 과 거에 급제해야만 했다.

하지만 비극이 끊이지 않았다. 집안의 장손인 김참봉의 형이 원인 모를 병으로 시름시름 앓다가 형수와 어린 조카들만 남긴 채 요절했다. 이 일로 크게 충격받은 아버지는 그나마 하던 일마저 때려치웠다. 무슨 일이었냐고? 그야 가계 경영이었다. 김참봉의 집안은 대가족이었다. 아버지와 어머니, 김참봉과 그에게 딸린 가족들, 죽은 형의 가족들, 동생들과 그들의 가족들 그리고 아버지의 첩과 그 사이에서 태어난 이복형제들까지! 여기에 농사짓고 집안일 하는 노비들을 더하면 50명 가까이 되었다. (아버지의 형제들과 그 가족들도 있었지만, 일단 여기서는 제외하자.) 집안의 가장으로서 이 사람들의 먹고사는 일을 책임지는 동시에 과거에도 급제해야 한다! 그야말로 난이도 높은 삶이었다.

물론 양반인 김참봉이 직접 씨를 뿌리거나 벼를 벤 것은 아니었다. (급할 때는 그럴 수도 있었겠지만.) 그는 농사일을 지휘하며 가족들의 입으로 들어갈 논밭의 소출을 관리했다. 이는 절대 쉬운 일이 아니었다. 할아버지에게 물려받은 땅은 커다란 농장처럼 어디 한곳에 모여있지 않았다. 대신 이 동네 논 이만큼, 저 동네 밭 저만큼 하는 식으로 나뉘어 있었다. 그 논밭들에서 농사가 제대로 지어지려면 적절한 계획이 필요했다. '올해에는 무슨 곡식을 심을까', '쌀을 심을까 콩을 심을까 비싼 값에 팔린다는 목화를 심을까', '언제 씨를 뿌리고 언제 김매며 언제 수확할까', '수확하는 사람들은 어디서 구하고 일당은 얼마를 줄까' 등등 신경 쓸 것이 너무나 많았다. 게다가 어찌어찌 농사를 잘 지었다고 끝이 아니었다. 유교의 나라 조선에 사는 양반으로서 각종 의례를 잘 치러야 했다. '제사 물품과 제수는 어떻게 준비하고 비용은 얼마나 들여야 할까', '가족 중에서 결혼하는 사람이 나오면 혼수로 무엇을 준비해야 할까' 등등 고민은 끝이 없었다. 김참봉도 아버지가 어째서 가계 경영을 그만뒀는지 이해했으리라.

그래도 다행인지 불행인지 김참봉은 책임감이 강한 인물이었다. 막막했지만, 더는 무너질 수 없었다. 김씨 가문의 명예를 위해, 가족들의 안락함을 위해 성공해야 했다. 흔들리는 마음을 다잡아가며 김참봉이 가장으로서 한 발 내디디려는 순간, 하늘도 무심하시지, 아내가 덜컥 세상을 떠났다. 아직 젊은 나이였고 별다른 병치레도 하지 않을 만큼 건강한 사람이었다. 그러나 이런 사람의 목숨마저 하루아침에 앗아가는 게 바로 출산이었다. 셋째 아이를 낳던 중 아내는 눈을 감았다. 의학이 발달하지 않은 전근대사회에서 이런 일은 몹시 흔했고, 그러다 보니 많은 부부에게 백년해로는 꿈도 못 꿀 일이었다. 김참봉도 애써 눈물을 삼키며 아내와 셋째 아이를 함께 땅에 묻었다. 가족을 잃은 슬픔은 물론이거니와 집안을 함께 경영해야 할 동료의 죽음 앞에서 김참봉은 큰 부담감을 느꼈다. 앞으로 그의 일이 대폭 늘어날 터였다.

'지방러' 고시생은
펑펑 웁니다

이런 상황에서도 김참봉은 인생의 가장 큰 목표를 포기하지 않았다. 바로 입신양명, 곧 과거 급제였다. 하지만 과거 공부는 지금의 고시 공부처럼 모든 것을 걸어야 할 수 있는 일이었다. 그렇다면 연로한 부모님과 죽은 형의 가족들 그리고 자기 가족들은 누가 돌볼 것이고, 제사부터 결혼까지 집안 행사는 누가 맡을 것이며, 기타 집안의 이런저런 일을 두고 친척들과 조율은 누가 할 것인가. 막막하기 그지없는 상황이었지만, 하늘이 무너져도 솟아날 구멍은 있는 법! 김참봉에게는 다행히 도와줄 사람이 있었으니, 바로 다섯 살 아래의 동생이었다.

물론 동생도 과거 준비를 했지만, 그래도 김참봉이 형이었기에 우선권이 있었다. 이전 맏형이 살아 있었을 때 김참봉이 밀려났던 것처럼 말이다. 김참봉은 집안일을 건사하는 중에라도 과거가 열린다는 소식을 들으면 곧장 한양으로 올라가 시험을 치렀다. 과거는 여러 단계를 거쳐 진행되었는데, 첫 번째 시험인 소과의 초시는 지방에서도 시행되었지만, 그 이상의 시험들은 모두 한양에서만 치러졌다. 오로지 한양에서만!

하여 지방에 살았던 김참봉은 과거를 보기 위해 한양까지 먼 길을 가야만 했고, 이는 굉장히 불편하면서 돈까지 많이 드는 일이었다. 제일 먼저 겪는 불편함부터 상상 초월이었으니, 과거가 치러지느냐 아니냐 하는 정보를 얻는 일조차 쉽지 않았다. 도대체 무슨 소리냐고?

원칙적으로 과거는 3년에 한 번씩 치러졌다. 이것을 식년시式年試라고 했다. 그런데 예고 없이 갑자기 열리는 과거도 있었다. 그 이유라는 게 참 별일 아니었는데, 임금이 자식을 얻었다고, 왕비의 생일이라고, 심지어 임금이 술 한잔하다가 기분이 좋아졌다고 과거를 개최했다. 그리고 이런 정보는 당연하게도 궁궐 근처에 살아야 빨리 얻을 수 있었다. 과거가 급히 열리면 한양까지 오는 데만 며칠에서 몇 주가 걸리는 지방 사람들은 아예 도전조차 할 수 없었다. 애초에 기회를 보장받지 못한 셈이다.

실제로 《조선왕조실록》의 1480년(성종 11년) 2월 7일 기록을 보면, 성종이 성균관에 행차해 성현들에게 제사를 올린 뒤 신하들에게 폭탄선언을 했다. 과거를 치르라는 것! 전통적으로 임금이 성균관에

한시각(韓時覺), 〈북새선은도(北塞宣恩圖)〉(부분), 1664, 국립중앙박물관.

현종 때인 1664년 함경도 길주에서 치러진 과거 장면을 생생히 담아냈다. 함경도는 변방으로 오랫동안 홀대받았는데, 조정에서 민심을 달래고자 이때 최초로 과거를 열어, 문과 3인, 무과 300인을 뽑았다.

조선의 과거는 문과, 무과, 잡과로 나뉘었다. 이 중 요직으로 가는 관문인 문과는 총 다섯 단계였는데, 크게 소과(小科)와 대과(大科)로 나뉘었고, 소과는 초시(初試)와 복시(複試)로, 대과는 초시와 복시와 전시(殿試)로 다시 나뉘었다. 이때 소과는 일종의 예비 고사로, 여기에 급제해야 제대로 양반 대접을 받고 성균관에 입학할 수 있었는데, 생원시(生員試)와 진사시(進士試) 두 종류가 있었다. 무과는 단일과였고, 잡과는 초시와 복시로 나뉘었다.

오면 반드시 인재를 뽑았으니, 자기도 그렇게 하겠다는 이유에서였다. 임금의 느닷없는 명에 영의정 정창손鄭昌孫이 정기적으로 열리는 과거가 얼마 안 남았다고 말렸지만, 성종은 고집을 꺾지 않았고, 결국 '게릴라' 과거가 치러졌다. 오히려 이왕 하는 김에 무과도 보자고 했으니, 이를 듣고 급히 모여든 사람들 때문에 시험장이 북새통을 이루었다고 한다. 뭐, 급하게 치르든 아니든 과거는 과거인지라 합격하면 출셋길이 열리는 것은 마찬가지. 이 과거에서는 어느 서얼이 장원 급제해 일대 파란을 일으켰다.

반대로 과거가 갑자기 취소되는 경우도 있었다. 영조 때인 1771년 2월 사도세자의 서자들인 은언군恩彦君과 은신군恩信君이 큰 빚을 지는 등 사고를 친 게 발각되었다. 화가 머리끝까지 난 영조는 관련자들의 목을 (물리적으로) 날리는 것으로 모자라, 손자들을 제주도로 귀양 보냈다. 임금의 심기가 이렇다 보니 그달에 예정되었던 과거까지 취소되었다. 1776년에도 비슷한 일이 있었는데, 원래 그해 3월 과거가 치러질 예정이었으나, 3월 5일 영조가 승하하는 바람에 취소되었다. 이런 일은 부푼 꿈을 안고 과거에 도전하는 사람들, 특히 지방에 살아서 과거를 보기 위해 한양까지 먼 길을 달려오는 사람들에게 재앙 그 자체였다.

임금님 변덕에
하늘이 무너지다

김참봉도 비슷한 일을 겪었다. 과거를 보려고 한양에 와 있었는데, 일정이 갑자기 연기되어 한 달 뒤에나 치러진다는 것 아닌가! 어쩔 수 없이 김참봉은 한 달간 한양에 머물기로 했다. 오가는 데 여비도 많이 들고, 무엇보다 공부할 시간을 뺏길 수 없었기 때문이다. 물론 한양에 '한달살이' 하는 것도 돈이 꽤 필요했고, 여기저기 빚을 내야 했다. 그렇게 겨우겨우 버티며 과거를 치르려는데, 아뿔싸 천붕했다는, 즉 임금이 세상을 떠났다는 소식이 들려왔다. 그렇게 과거가 또 미루어졌으니, 말 그대로 하늘이 무너지는天崩 일이었으리라.

그래도 김참봉이 누구더냐. 불굴의 의지를 품고 일단 한양에 계속 머물며 어서 과거가 열리기만을 바라고 있는데, 죽은 임금이 끝까지 그의 발목을 붙잡았다. 세상을 떠나며 "과거 공부가 힘드니, 어려운 과목은 빼라"라는 '자애로운' 유언을 남겼던 것이다. 선왕의 유언을 따라 조정은 시험 과목을 하나 줄였다. 그런데 그게 하필 김참봉이 가장 자신 있어 한 과목이었다! 이 정도면 '멘붕'에 헛웃음만 나올 텐데도, 김참봉은 누추한 하숙집 구석에 웅크린 채 부랴부랴 다른 과목들을 공부하기 시작했다. 밤을 새워가며 열심히 읽고 또 읽었다. 하지만 '똑' 소리 나게 떨어졌다. 벼락공부의 기적은 일어나지 않았다.

이런 불합리한 일을 겪고도 김참봉은 임금을 원망하지 않았다. 정말 원망스럽지 않은 건 아니었겠지만, 대놓고 원망했다가는 역모죄가 되니 어쩔 수 없었으리라. 누군가는 '나라의 인재를 뽑는 중차대한 일인데, 정책 결정권자의 즉흥적인 판단만으로 오락가락하다니, 어쩌면 이렇게 비합리적이고 전근대적일 수 있는가!' 하고 분노하겠지만, 전근대니까 그랬다. 민주주의를 찬양하라! 수많은 문제점이 있어도 오늘날의 시험 제도는 정말 많이 공정해진 것이다.

하여간 이런 일들이 거듭되다 보니, 한양에 사는 게 과거를 치르는

데도 매우 유리했다. 과거가 열린다는 소식이 들리면 말을 타든 걸어가든 곧장 가서 보면 되고, 취소되더라도 그냥 집에 가면 되었으니 말이다. 그러나 지방에 사는 사람들은 큰일이었다. 고속철도는커녕 고속도로도 없었고, 가끔 호랑이나 늑대가 출몰하는 비포장도로가 고작이었던 시기, 한양으로 가는 길은 멀고도 험하며 비쌌다. 김참봉의 고향에서 한양까지 가려면 대략 일주일은 걸렸다. 왕복이 아니라 편도로만 말이다. 또 양반 체면이 있으니, 걸어갈 수야 있나! (물론 너무 급할 때는 걸었다.) 그러니 말을 타야 했는데, 집에 말이 없으면 누군가에게 빌려야 했고, 이때 말을 끌어주는 종도 필요했다. 그러면 김참봉 본인에 종 한 명, 말 한 마리까지 총 입이 셋이다. 한양까지 간 뒤 머물며 먹고 자는 데도 돈이 꽤 들 수밖에 없었다. 아는 사람의 집에 잠시 신세 질 수도 있었겠지만, 눈칫밥 먹는 일이 어디 쉬우랴. 실제로 양반이 집주인인 노비에게 괄시당하는 일도 있었다.

이렇게 해서 한 번 과거를 볼 때마다 30~40냥이 그냥 깨졌다. 이는 당시 4인 가족의 1년 치 생활비에 맞먹는 비용이었다. 돈은 돈대로 쓰고 합격도 못 했으니, 김참봉의 상황은 말이 아니었다. 핑계를 대자면 여독이 남은 몸으로 과거를 치른 탓이었으리라. 또한 오늘날의 입시가 그러하듯이, 과거에도 전략이 필요했다. '어느 책에서 문제가 나온다더라', '언제 치른다더라' 같은 정보들은, 설사 그것이 뜬소문일지라도 한양에 살아야 빨리 접할 수 있었다. '한양에 집이 있었더라면 좋았을 텐데!' 김참봉의 마음에 서러움이 짙게 남았다.

그렇게 낙방이 이어졌다. 처음에는 그러려니 했다. 그러나 2년이 되고 3년이 되고, 마침내 5년을 넘어 10년이 되도록 김참봉은 떨어지고 또 떨어졌다. 그래도 포기할 수 없었다! 결국 그는 과거에 필요한 이런저런 비용을 마련하기 위해 할아버지가 물려준 재산, 곧 땅을 팔기 시작했다. 물론 한꺼번에 다 팔아버리면 온 가족이 굶게 되니, 돈이 필요할 때마다 땅을 조금씩 잘라 팔았다. 10년 동안 과거에 도전하면서 논 아홉 마지기와 밭 90마지기를 팔고, 돈 50냥을 썼다. 이는 김참봉 집안의 재산 대부분이었다. 해가 갈수록 집안은 점점 더 가난해졌고, 가족들은 때때로 밥을 굶기까지 했다. 하루, 아니 한시라도 빨리 과거에 합격해야만 했다. 안 그러면 정말 쫄딱 망할 지경이었다.

늘어나는 양반
줄어드는 TO

결국 김참봉은 과거에 합격했다. 과거에 도전한 지 10년째, 그의 나이 36세 때의 일이었다. 비록 장원 급제도 아니었고 우등인 갑과에 들 만한 좋은 성적도 아니었지만, 그래도 '김참봉' 이름 석 자는 과거 급제자 명단이 적힌 방문에 당당히 적혀 있었다. 위에서 열두 번째였으니, 선방했다고 하겠다.

자신의 이름을 확인한 순간, 김참봉은 하염없이 눈물을 흘렸다. 하지만 슬퍼서 운 것은 아니었다. 마침내 꿈을 이뤘다는 행복감이 더 컸다. 그간 얼마나 많은 일이 있었던가. 지난 10년간 아버지는 돌아가셨고, 몸이 약한 둘째 조카가 세상을 떠났으며, 어느새 부쩍 자란 아들을 장가보냈다. 참 많은 일이 있었다.

김참봉은 과거 급제 사실을 급히 고향집에 알리고, 축하연을 준비하게 했다. 그리고 돌아가는 길에 할아버지와 아버지, 그 외 조상님들의 묘소에 들러 좋은 소식을 직접 고했다. 집안의 친척들을 두루두루 만나기도 했다. 고향에 도착해서는 아무 고민 없이 축하연을 즐겼다. 물론 집안이 몹시 가난해진 탓에 이 또한 돈을 빌려 열어야 했지만 말이다.

뭐, 아무럼 어떠냐, 이제부터 입신양명할 일만 남았는데! 하지만 일은 그렇게 쉽게 풀리지 않았다. 과거에 급제하면 곧바로 관직을 받을 줄 알았는데, 전혀 그렇지 않았다. 조선 후기로 갈수록 관직의 수는 거의 그대로인데, 양반은 많아지고 과거 응시자도 늘어났기 때문이다. 원래 과거 급제자는 갑과(1등급) 세 명, 을과(2등급) 일곱 명, 병과(3등급) 23명으로, 총 33명만 뽑게 되어 있었다. 하지만 조선 후기가 되면 과거 한 번에 1000명이 넘게 몰렸다. 그중에서 33명만 뽑으면 너무나 많은 사람이 떨어지게 되니, 100명 넘게 뽑는 일이 생겼다. 당연히 정말 특출하지 않고서는 관직을 받기가 쉽지 않았다. 요즘 말로 하면 TO가 안 났다. 이로써 임용되기 전까지 유예 기간이 몹시 길어졌다.

상황이 이렇게 되자 김참봉은 과거에 급제하고서도 한양에 뻔질나게 드나들어야 했다. 이번에도 정보를 얻기 위해서였다. 한양의 유력자들에게 선물을 갖다 바치며 좋은 인상을 심으려고도 했다. 그러자 정말로 김참봉이 곧 관직을 받으리라는 소문이 들려왔다. 이에 또다시 서둘러 한양을 찾았지만, 그때마다 고배를 마셨다. 참 억울한 상황이었다. 과거까지 급제했는데 가난은 더욱 심해지고 있었으니까. '이건 다 한양에서 살지 않았기 때문이다! 과거 공부를 했을 때는 여력이 없었다지만, 급제한 이후부터라도 한양에 살았더라면 모든 것이 쉽게 풀리지 않았을까.' 분하고 억울한 마음으로 4년을 흘려보내고, 40줄에 접어든 김참봉. 결국 종9품의 말단 관직인 참봉에 오르게 되니, 마침내 녹을 먹는 사람이 되었다. 참봉 하면 나라의 모든 벼슬 중 가장 끝자락인 미관말직이지만 무슨 상관인가. 이름난 많은 인물의 경력도 바로 참봉에서 시작했거늘!

눈 뜨고 있어도
코 베어 가는 전세 사기

김참봉이 관직을 얻었으니 해피엔딩이라고 생각한다면, 잠시 기다려보라. 이야기는 이제부터 시작이다. 관직을 시작한 후로, 김참봉은 한 가지 목표를 세웠다. 바로 한양에 집을 사겠다는 것! 지금까지 겪은 고생과 설움을 생각하면 그럴 법도 하지 않은가. 무엇보다 한양에서 근무하니 출퇴근을 위해 머무를 장소가 필요했다. 그리고 여전히 과거에 도전하고 있는 동생과 자식들을 위해서라도 한양에 집이 있어야 했다. 그런데 한양의 집값은 너무나 비쌌다.

그즈음 한양은 주택난이 심각했는데, 수요는 많아도 공급이 부족해 집은 부르는 게 값이었다. 이미 가세가 크게 기운 그리고 이제야 겨우 관직을 시작한 김참봉으로서는 도저히 감당할 수 없는 수준이었다. 일단 한양 변두리인 직동直洞(오늘날의 경기도 의정부시) 근처에 집을 한 채 샀지만, 양반 체면에 참으로 쪽팔리는 너무나 초라한 일곱 칸짜리 초가집이었다. 그러나 김참봉은 낙담하지 않았다. 대신 좀 더 좋은 집을 살 계획을 세웠다. 그곳에서 가족과 편안하게 여생을 보내고, 열심히 과거 공부 중인 동생과 사촌들을 지내게 해주며, 다음 대의 영광을 도모하자고 마음먹었다.

그러는 와중에 당시의 부동산 중개인인 집주름에게 괜찮은 집이 나왔다는 소식을 들었다. 마른내(오늘날의 중구 을지로)에 있는 기와 집이었다. 가서 살펴보니 한눈에 반할 만큼 번듯하고, 두 눈이 튀어나 올 만큼 비싼 집이었다. 돈은 없지만, 사전에 포기도 없었던 김참봉은 일단 사랑채에 세 들어 살기로 하고, 계약금으로 27냥을 냈다. 앞서 설명했지만, 이 정도면 웬만한 4인 가족의 1년 치 생활비였다. 노비 두셋은 살 수 있고, 지방에서는 똑같은 기와집 두 채는 살 수 있는 거 금이었다. 당시 김참봉의 나이 쉰 살로, 비록 관리가 되어 10년이 지 났다고는 하나 그간 까먹은 재산을 다시 채워놓지 못한 상황에서 분 명 과한 지출이었다. 그래도 한양의 번듯한 집에서 살 수 있다는 생각 에 김참봉은 마냥 행복했다.

날벼락이 떨어지기 전까지는 그랬다. 한 달이나 살았을까. 갑자기 집주인이 당장 방을 비우라고 했다. 무려 40냥을 주고 빌리겠다는 사 람이 나타났다는 이유에서였다. 아무리 그래도 막 이사했는데, 어떻 게 다시 나가란 말인가. 세 냥을 더 주었지만, 집주인의 볼멘소리는 끊이지 않았다. 정 나갈 수 없다면 다른 방에 가서 살라고 끊임없이 졸라댔는데, 김참봉이 알아보니 이미 다른 사람이 세 든 방이었다. 일 단 방을 비우기 위해 집주인이 거짓말했던 것이다. 아무튼 집주인의 요구가 너무나 집요하니 김참봉은 전세금 30냥을 돌려주면 나가겠 다고 했다. 그러자 웬걸, 집주인은 돈을 다 써버렸다며 고작 10냥만 돌려주는 것이 아닌가! 겨우 한 달 남짓 살았을 뿐인데, 20냥을 날린 것이다.

지금이라면 상상도 못 하겠지만, 조선 시대에는 꽤 비일비재했던 일이다. 당시 집주인의 횡포는 상상을 초월했다. 그렇다고 집주인을 고소하고 벌을 받게 하자니, 그 절차가 너무나 지난했다. (이쯤에서 외치자. 임대차보호법 만세! 만만세!) 그래도 김참봉은 한양에 갓 상경해 어쩔 줄 몰라 하는 피라미가 아니었다.

"10냥밖에 못 돌려주겠다니, 너 지금 장난하냐?" 이미 산전수전, 공중전까지 겪으며 잔뼈가 굵은, 그런 데다가 관리(무려 현직)인 김참봉의 엄격하고도 강력한 항의 앞에 집주인은 결국 돈을 토해냈다. 그는 정말 수중에 돈이 없었는지, 또 다른 세입자를 받아 '돌려막기' 했다. 왠지 다음번 피해자에게 폭탄을 넘긴 것 같지만, 돈을 돌려받은 김참봉으로서는 아무래도 다행스러운 일이었다.

이후로도 김참봉은 한양에서 집을 구하지 못했다. 다른 집을 사려다가 실패했고, 계약 성사 직전에 날아간 집도 있었다. 이후로 열심히 일하고 출세해 정3품의 자리까지 올랐지만, 김참봉은 셋집을 전전했을 뿐 한양에서 집을 사는 꿈은 끝내 이루지 못했다.

집세와 이별하고
찾은 평안

사실 접을 수밖에 없었다. 차츰 나이 들어 환갑을 넘어서자 몸 구석구석이 아프고 눈도 어두워진 김참봉은 사직을 결심했다. 관직에 오른 지 20년. 정승, 참판 같은 대단한 벼슬은 하지 못했지만, 그래도 남들이 부러워할 만한 좋은 벼슬은 물론이고, 임금의 눈에 든 덕분에 특진까지 하며 나랏일을 해왔다. 물론 세상사가 다 그렇듯이, 좋은 일만 있었던 것은 아니다. 지방에서 근무하느라 둘째 부인의 임종을 지키지 못했고, 친자식처럼 아끼던 조카와 사이가 멀어지기도 했으며, 가까운 사람들이 하나둘 세상을 떠나기도 했다. 집안사람끼리 싸우기도 하고, 그러다가 폭행 치사 사건에 말려들기도 했다. 그래도 그 정도면 훌륭한 인생이었다. 김참봉은 미련 없이 사직서를 냈다. 이는 한양을 떠나야 하는 것을 의미했다. 그렇다고 한들 김참봉은 기분이 썩 나쁘지 않았다. 오랫동안 녹을 받았다고 해도 (월급쟁이가 그러하듯이) 큰 재산을 모을 정도는 아니었고, 본인이 까먹은 가산을 메꾸는 정도였다. 그러니 이제까지 가장 큰돈 먹는 하마였던 집세와 이별하는 것만으로도 김참봉은 족쇄에서 풀려나는 기분이었다. 실제로 그는 한양을 떠나 고향으로 내려간 뒤 평생 그곳에 머물렀다. 자신의 할아버지가 그러했듯이, 고향에서 여생을 보내다가 그곳에 묻혔다.

　누군가의 인생을 판단하기는 어렵지만, 그래도 김참봉은 운이 좋은 편이었다. 과정이야 어떠했든 과거에 급제했고, 좀 늦게 시작했어도 벼슬길이 잘 풀렸으니까. 반면에 김참봉의 동생과 사촌들은 끝내 과거에 급제하지 못했다. 동생은 13년을 도전해 과거에 급제했지만, 제대로 출세하기도 전에 병을 얻어 일찍 죽고 말았다. 지금 우리가 김참봉의 삶을 알 수 있는 것은, 그나마 그가 벼슬길에 올라 성공했기 때문이다. 물론 그의 일기가 지금까지 전해진 것도 한몫했다. '잠깐, 일기라고?' 하며 의문을 품는 독자가 있을지 모르겠다. 또는 '이 이야기 어디서 본 것 같은데?' 하는 독자도 있겠다. 김참봉은 가상의 인물이 맞지만, 그의 행적은 실제 존재했던 인물의 삶을 (약간만 각색해) 따랐으니까. 그가 누구냐고? 바로 조선 후기의 무관 노상추盧尙樞다.

　노상추는 영조 때 태어나 정조 때 무과에 급제했다. 원래는 문과를 지망했지만 도저히 안 되겠다 싶어 전공을 바꿨던 셈인데, 다행히 잘 풀렸다. 말년에는 임금을 근거리에서 호위하는 우림위羽林衛의 지휘관까지 되었으니 말이다. 물론 이제까지 살펴본 대로 그는 화려하고 영광스럽기보다는 고생 많은 삶을 살았다. 앞서 '집주인인 노비에게 구박당한 양반'이 있었다고 했는데, 그 주인공 또한 노상추였다. 과거에 낙방한 후 채우蔡友라는 친구의 여종 비자婢子의 집에 머물렀는데, 어찌나 구박하는지 밥도 제대로 안 줘 배고프다는, 눈물 없인 읽을 수 없는 내용을 일기에 남겼다. 당대의 수많은 사람이 비슷한 경험을 했을 것이다. 제아무리 과거에 급제해 임금 곁에서 국사를 논하더라도, 한양에서 집을 사는 것은 또 다른 차원의 문제였다. 노상추처럼 대부분의 관리가 사직 후 생활비 많이 드는 한양을 떠나 고향으로 돌아갔던 이유다.

그런 옛사람들의 고단한 삶에 대한 애달픈 마음과 공감은 일단 접어두고, 궁금한 것이 불쑥 떠오른다. 그렇다면 당시 한양에 집을 가졌던 사람들은 '스펙'이 얼마나 대단했던 걸까.

4

빛나라,
조선 금수저의 삶

김참봉, 아니 노상추를 괴롭히고 전세금까지 떼먹으려 했던 집주인. 그는 대체 어떤 사람이기에 한양 한복판에 기와집을 갖고 있었을까.

노상추는 자신에게 사기 치려고 했던 집주인이 누구인지 소상히 기록해뒀다. 그의 이름은 허윤許昀. 지방의 군사령관인 병마절도사 兵馬節度使 허근許近의 조카이자, 평양 근처 중화中和의 수령 이익李楹 의 매형이었다. 다른 사람을 통해 소개되는 것으로 보아 허윤 자신은 내세울 만한 경력이 없었던 모양이다. 그래도 허생許生이라고 한 걸 보면 소과의 생원시까지는 합격했던 것 같지만, 역대 과거 급제자의 명단 중에서 그의 이름은 찾아볼 수 없다. (물론 이름을 바꿨을 수 있다.) 즉 자기 자신의 힘으로는 무엇 하나 제대로 이루지 못한, 그저 집안을 잘 타고나서 한양에 근사한 집 한 채 물려받은 금수저였을 가능성이 매우 크다고 하겠다.

'우와, 얄밉다'라고 생각하는 게 당연하다! 참고로 노상추를 밀어낸 세입자는 승지였다. 승지는 임금의 지척에서 명을 듣고 전하는 관직이니, 요즘으로 치면 대통령비서실의 비서관 정도다. 그 정도는 되어야 다른 관리를 밀어낼 수 있는 것이다! 물론 그렇게 해서 얻어낸 것이 고래 등 같은 저택도 아니고 좁은 셋방이라는 게 눈물겹기는 하지만 말이다. 그 정도로 당시 한양의 집값은 정말 '미친' 수준이었다.

그럼 다시 묻자. 그때 한양에서 번듯한 집을 가지고 있던 사람들은 대체 누구였을까. 답은 그때나 지금이나 같다. 부모 잘 만나 한양의 집을 물려받고, 자기 스스로 말아먹지 않을 만큼 운까지 좋았던 사람들이다.

부동산 상한제가
뭔가요?

그 조건에 가장 잘 어울리는 사람이 바로 '임금의 자식'이었다. 이때 중요한 건 세자여서는 안 된다는 것이다. 왕위를 이어야 하는 세자는 태어날 때부터 죽어서 관에 실려 나갈 때까지 궁궐에서 살아야 했다. 물론 궁궐도 집이라면 집이겠지만. 다만 여기서 말하고자 하는 점은 세자는 다른 집이 굳이 필요하지 않았다는 것이다. 다른 임금의 자식들은 적자와 서자를 불문하고 어릴 때는 궁궐에서 살다가 결혼하면 그 바깥의 새집을 받았다. 물론 조선도 법이 있는 나라였기에 '부동산 상한제'를 두기는 했다. 조선의 최고 법전인 《경국대전》은 신분에 따라 집의 최대 크기를 정해놨으니, 다음과 같다.

—

· 대군大君: 60칸
· 왕자나 공주: 50칸
· (정/종)2품 이상: 40칸
· (정/종)3품 이하: 30칸
· 서민: 10칸

—

'고래 등 같은 기와집 99칸'이라는 옛말이 있는데, 사실 60칸만 해
도 굉장히 큰 집이었다. 조정은 집의 크기뿐 아니라 재질과 장식 등 각
종 세부적인 사항도 꼼꼼히 규제했다. 신분이 낮으면 단청이나 값비싼
장식을 하지 못했다. 역시 조선은 (겉으로만 보면) 가장 근검절약하는 나
라였다. 하지만 후대의 기록을 보건대, 집의 크기와 인테리어에 목숨
거는 사람들은 그때도 있었고, 따라서 법은 제대로 지켜지지 않았다.
  아무튼 왕자나 공주가 결혼하면, 그야말로 한양의 부동산 시장이
출렁거리는 대사건이 벌어졌다. 이미 사대문 안에 집이 빽빽하게 들
어차 남은 공간이 없는데, 어디다 왕자, 공주의 새집을 지었을까. 답
은 간단하다. 원래 있는 집을 모조리 부수고 새집을 지었다. 전제군주
제이기에 가능한 놀라운 재건축 방식이라 하겠다. 한번 왕자, 공주의
집을 짓는 데 보통 민가 20호에서 30호가, 또는 그 이상이 허물어졌
다. '아니, 왜 이리 많아?'라고 생각하겠지만, 새로 짓는 왕족의 집은
70칸은 기본이요, 때로는 100칸을 넘어서는 대저택이기에 그러했
다. (앞서 말했듯이 《경국대전》의 부동산 상한제는 아무도 지키지 않았다.
심지어 사회 지도층까지도! 이것마저 지금과 똑같다.)

하기야, 이러니까 진짜로 왕자, 공주다. 여하튼 이런 이유로 왕자, 공주가 결혼할 때, 즉 출궁해서 새집으로 이사할 때가 되면 민가의 철거 문제가 심심찮게 불거졌다. 어느 날 갑자기 '왕자, 공주의 새 보금자리를 지을 예정이니, 당장 집에서 나가시오'라고 통보받게 된다면 그야말로 하늘이 노래지지 않겠는가. 졸지에 재개발 난민이 되었으니 말이다.

이때 대부분의 부모가 그러하듯이, 조선의 임금들도 자기 자식들의 새집 마련에 대단히 너그러웠다. 문종의 딸 경혜공주敬惠公主가 결혼할 때 새집을 짓기 위해 민가 30호를 철거했다. 신하들이 너무하다고 말하자 문종은 "우리 애가 집이 없어서 말이야. 사위가 사는 집은 낡기도 했고, 보통 딸 시집보내며 사위에게 집 하나 해주는 거 아니었어?"라고 반문했다. 믿지 못하겠다고? 《조선왕조실록》을 그대로 인용해보겠다.

—

"경혜공주가 지금 집이 없으므로 그 집을 지으려는 것이다. …… 너희가 실지로 무엇에 쓰려는지 몰라서 와서 말하는 것인가. 그 까닭을 알면서도 이런 말을 하는 것인가. …… (사위의 집이) 기울어 위험하고 좁기도 하므로 영조營造하지 않을 수 없다. 또 부마駙馬에게는 으레 집 한 채를 지어서 주는 것이니, 지어 준다면 모름지기 터를 가려야 하는데, 다시 어느 곳에서 빈터를 얻겠는가."

_《문종실록》, 1451년(문종 1년) 4월 1일.

—

말만 보면 날강도와 다름없다. 임금에게 특별히 사랑받는 자식일
수록 민폐는 거대해졌고, 박살 나는 민가의 숫자도 많아졌다. 여자 형
제가 많았던 현종은 여동생들이 결혼할 때마다 민가 70호씩을 허물
었다.

정명공주의
2만 냥짜리 대저택

'결혼 재건축'의 최고봉은 선조의 딸인 정명공주貞明公主였다. 그녀는
(인목대비仁穆大妃란 이름으로 더 유명한) 인목왕후仁穆王后의 딸이자, 영
창대군永昌大君의 누나로 파란만장한 삶을 살았다. 우선 광해군 때 환
란에 휘말려 영창대군을 비참하게 잃고, 어머니 인목왕후와 함께 서
궁西宮(덕수궁)에 갇혀 불행한 시간을 보냈다. 이후 인조반정으로 공
주의 지위를 되찾았다. 인조는 이들 모녀를 극진하게 대접했는데, 특
히 당시 기준으로 혼기를 놓친 21세의 정명공주를 남양홍씨南陽洪氏
가문의 홍주원洪柱元과 맺어줬다.
　이때 인목왕후는 유일하게 살아남은 자식인 정명공주의 결혼으로
그간 쌓인 한을 풀어냈다. 온갖 값비싼 선물을 퍼부어주는 것은 물론
이요, 임금이 타는 말까지 사위에게 선물로 주었다. 하물며 정명공주
와 잘 살라고 사위에게 지어 준 사의당四宜堂이란 이름의 새집은 무
려 200칸에 달했다. (이쯤 되면《경국대전》이 머쓱해질 지경이다.) 진실
로 흰긴수염고래 등 같은 대저택이었다. 신하들도 '아, 이건 좀' 하면
서 통촉해달라 사정했지만, 인조는 그대로 밀어붙였다.

—

"공주의 집이 좁고 누추하니 집이 없는 것과 무엇이 다르겠는
가. 그대의 말이 지나치다."

_《인조실록》, 1624년(인조 2년) 6월 6일.

—

인조라고 나이 어린 고모가 예뻐서 그런 것은 아니었다. (나이로만
따지면 인조가 여덟 살 많았지만, 정명공주가 선조의 늦둥이 딸이라 족보상
인조가 조카, 정명공주가 고모였다.) 그의 집권은 성공했으니 반정이지,
사실 한 나라의 임금을 몰아낸 쿠데타였다. 손톱만큼만 실수했어도
대역죄인이 되는 일이었다. 그런 반정에 명분을 준 이가 바로 인목왕
후였다. 광해군은 나쁘다! 왜? (새)어머니를 쫓아내는 불효를 저질렀
으니까! 물론 모든 원인의 제공자이자 만악의 근원이며 무책임한 아
버지의 표본인 선조가 그 뒤에 있었지만, 그는 이미 죽은 후였다.

즉 정명공주의 결혼식은 인목왕후의 살풀이 현장이자, 그런 인목
왕후에게 어떻게든 이쁨받으려는 인조의 온 힘을 다한 재롱잔치였
다. 이 과정에서 정명공주 본인의 뜻이 얼마나 반영되었는지는 알 수
없다. 아무튼 정명공주의 대저택은 진고개(오늘날의 중구 명동)에 떡
하니 자리 잡았다. 그 집은 단순히 넓기만 한 게 아니라, 아름다운 정
원들로 꾸며진 끝내주게 화려한 또 하나의 궁궐이었다. '이리하여 공
주님은 평생 행복하게 살았답니다'라고 하면 그건 또 아니었지만 말
이다. (남편이 역모에 휘말리는 등 정명공주는 이후 20여 년간 갖은 고초에
시달렸다.) 아무튼 이후로 이 대저택은 남양홍씨 출신들이 물려받으
며 150여 년간 사람들의 부러움을 샀다.

여담이지만, 사의당이 줄곧 남양홍씨 가문의 소유였던 것은 아니다. 한때 남의 손에 넘어간 적이 있었으니, 새 주인은 바로 숙종이 너무나 사랑했던 막내아들 연령군延齡君이었다. 조선 임금 중에 가장 사랑이 많고, 그 이상으로 오락가락한 사람이 바로 숙종이었다. 실제로 왕비를 몇 번이나 갈아치우지 않았던가. 그 버릇은 자식들을 대할 때도 여전했다. 숙종은 장희빈과의 사이에서 낳은 맏아들 경종을 너무나 사랑해 세자로 삼으려고 송시열을 비롯한 수많은 신하를 도륙했다. 하지만 얼마 안 가 숙종의 사랑은 숙빈淑嬪이 낳은 연잉군延礽君(영조)에게 옮겨갔고, 그때부터 경종은 온갖 폭언과 학대에 시달려야 했다.

이처럼 종잡을 수 없는 숙종의 사랑이 연령군에게서 마지막으로 타올랐으니, 막내아들이 결혼을 앞두고 새집을 구할 때 자그마치 2만 냥을 내어줬다. 신하들이 이전 연잉군이 결혼할 때는 '겨우' 2000냥을 썼다며 말렸지만, 숙종은 듣지 않았다. 다만 집을 새로 짓지 않는 정도로 타협해, 한양에서 손꼽히는 대저택이었던 사의당을 사서 연령군에게 주었다. 이게 또 문제였던 게 사실 이전에 연잉군도 사의당을 사고자 했는데, 그때는 정작 숙종 본인이 나서서 못 사게 막았기 때문이다. 이처럼 차별과 편애가 끝내주는 숙종이었는데, 다행인지 불행인지 연령군이 일찍 죽어 왕위는 큰 문제 없이 경종으로, 또 영조로 계승되었다. 그러면서 사의당이 다시 남양홍씨 가문의 소유로 돌아가게 되었으니, 그들로서는 다행이라 하겠다.

부동산을 증여받은
미성년자 이이

자, 여기까지는 왕족의 세계였다. 그럼 다른 평범한 사람들은 어떻게 해야 한양에 집을 가질 수 있었을까. 그야 당연히 부모에게서 집을 물려받으면 되었다. 그렇게 금수저를 문 가장 대표적인 인물이 바로 이이였다. 이이 하면 강원도 강릉에 있는 그의 생가인 오죽헌을 떠올리는 사람들이 많지만, 그 집은 사촌인 권처균權處均이 상속받았고, 대신 이이는 한양의 집을 물려받았다.

정확한 연도는 알 수 없지만 대략 1550년 즈음, 용인이씨龍仁李氏인 이이의 외할머니가 다섯 딸과 그 손자들에게 재산을 나눠 주었다. 이이의 외가는 꼭 신사임당이 아니더라도 참 흥미로운 구석이 많은 가문이었는데, 강릉의 유지였던 그들은 대대로 딸들에게 가산을 상속하며 명맥을 이어왔다. 아무튼 이이는 외할머니에게 한양 수진방壽進坊(오늘날의 종로구 수송동, 또는 관훈동)의 기와집과 밭을 물려받았다. 한양 안에 밭이 있었다는 게 놀랍기보다는, 열네 살 정도의 어린 나이에 집 문제를 해결했다는 게 너무나 부럽다. 노상추가 갖고 싶어 애태우다가 돈만 날릴 뻔한 사대문 안의 기와집! 물론 이것을 물려준 데는 다 이유가 있었다. 이이가 봉사조奉祀條, 즉 외할머니에게 제사를 올리는 자손이었기 때문이다. 조선 시대만 해도 제사는 자식들이 남녀불문 돌아가며 지냈고, 그래서 아들이 없으면 딸이나 외손주가 제사를 지내는 일이 굉장히 흔했다.

그런데 사실 이이는 형제만 다섯 명이었고, 사촌은 더 많았다. 그렇다면 왜 하필 둘째 딸의 셋째 손자인 그가 한양의 집을 받았을까. 당연히 장래성을 보고 이뤄진 '투자'였다. 외할머니가 재산을 나눠 주기 전, 이이는 열세 살의 나이로 소과에 포함된 진사시 초시에 장원 급제한 될성부른 떡잎이었다. 떡잎 정도가 아니라 대박이었다! 외할머니가 '바로 이 녀석이다' 하고 콕 짚은 것도 당연하지 않은가.

이이의 기운을 받고 싶은 사람은 관훈동에 있는 백상빌딩을 찾아가라. 종로구 인사동의 쌈지길에서 엎어지면 코 닿을 거리인 그곳에 가면 '이율곡 선생 살던 집터'라고 새겨진 표지석이 세워져 있다. 정말 집터가 좋았는지 이이는 1564년 29세의 나이로 생원시의 초시·복시, 진사시의 초시, 대과의 초시·복시·전시에 모두 장원 급제하는, 즉 남들은 평생에 한 번 하기도 힘들다는 장원 급제를 1년에 여섯 번이나 해버리는 비인간적인 대기록을 세웠다. 더욱 놀라운 점은 그 전에 이미 세 번이나 장원 급제한 경험이 있었다는 것이다. 이로써 이이는 소박하고 평범한 능력을 지닌 사람들을 처참하게 짓밟으며, 앞으로 수백 년간 "너는 왜 쟤처럼 공부 못하니?"에서의 '쟤'를 담당하게 되었다. (보통 사람으로서 이해는 안 되지만) 이것이 이이 본인에게도 스트레스였는지, 1565년 친구 겸, 형 겸, 만만한 동료 유학자였던 성혼成渾에게 이런 내용의 편지를 보냈다.

—

세상에는 본래 생각지도 않은 칭찬이 많은데 나에게는 더욱 심하니, 이것도 또한 운명일까요. 나는 옛글을 수십 번 읽은 뒤에야 외우게 되는데 세상 사람들은, "아무개는 한 번 보기만 하면 곧 기억한다"라고 말하며, 드나들기를 좋아하지 않고 항상 방 안에 있으면, "아무개는 글을 탐독하여 문밖에 나가지 않으며, 또한 병도 생각지 않는다"라고 하며, 지난해부터 비로소 실학을 펴보았는데, "아무개는 경전에 정밀하게 통하고 익숙한 것이 비할 데가 없다"라고 말하여, 말만 했다 하면 곧 그 실상보다 지나치니, 나도 그 이유를 알 수 없습니다.

—

정말 배가 부르다 못해 빵 터질 것 같은 소리다. 여하튼 외할머니의 투자는 초대박을 쳤다. 그 사랑이 얼마나 큰지 잘 아는 이이였기에 1568년 외할머니가 아프다는 소식을 듣자마자 벼슬을 버리고 귀향했다. 한양의 부동산은 차치하고서라도, 일찍 세상을 떠난 어머니 신사임당 대신 이이와 그 남매들을 챙겨준 외할머니였으니 정이 깊을 수밖에 없었다. 그렇게 이이는 외할머니가 눈을 감을 때까지 곁을 떠나지 않고 열심히 보살폈다.

장가 잘 가
팔자 핀 이항복

증여 외에 한양의 집을 공짜로 얻는 방법이 하나 더 있었으니, 바로 결혼이었다! 뭐, 금수저 물고 태어나라는 것처럼 당연한 이야기일 수 있지만, 그때나 지금이나 아무나 할 수 없는 일임은 분명하다.

여하튼 조선 시대에 결혼 잘해 팔자 핀 대표적인 인물로 이항복을 꼽을 만하다. '오성과 한음'이라는 너무나 유명한 민담의 주인공이자, 전쟁을 능수능란하게 헤쳐나간 병조판서였던 그의 전혀 새로운 면

모랄까. "도대체 그에게 어떤 매력이 있나?"라고 묻는다면 바로 유머 감각 아닐까 싶다. 실제로 이항복은 어려서나 나이 들어서나, 좋을 때나 힘들 때나 해학을 잃지 않았다. 야사이기는 하지만, 임진왜란으로 나라가 당장 망할 것 같은 상황에서도 정신을 못 차리고 당쟁을 일삼는 동인과 서인을 보며 그가 한 농담은 지금 보아도 속을 뻥 뚫리게 해준다.

—

동서의 사람들은 싸움에 익숙한데, 조정에서는 어찌하여 이들더러 왜적을 막으라 하지 않는가.

_박동량朴東亮, 《기재잡기寄齋雜記》3권.

—

하지만 이항복의 어린 시절은 도저히 웃지 못할 정도로 몹시 가난했다. 어린 나이에 부모를 모두 잃은 그는 쌈박질을 일삼으며 마치 짐승처럼 자랐다. 그렇지만 인물은 인물이었는지, 스물네 살의 나이에 과거에 날름 합격했다. 결혼은 그 전에 했는데, 상대방은 무려 권율의 외동딸이었다. '아니, 어떻게 저런 짐승이 행주대첩의 영웅 권율의 딸과 결혼을!' 하고 놀라기에는, 그럴 만한 이유가 있었다. 사실 저 즈음의 권율은 나이 40이 되도록 과거도 안 보고 여기저기 놀러 다니느라 바쁜 날백수였다. 다만 권율의 아버지 권철權轍은 영의정을 지냈고, 집안도 꽤 부유했다고 한다. 한마디로 가난하되 싹수 좋은 사위와 부자지만 별거 없는 장인의 만남이었다. (야사에 따르면 권철이 이항복의 가능성을 보고 손녀딸과의 결혼을 주선했다고 한다.) 이항복도 아주 근본이 없지는 않았다. 그의 아버지 이몽량李夢亮은 고위 행정관인 판서를 지냈고, 할아버지도 판서였다. 다만 이항복이 늦둥이로 태어난 탓에, 그가 어릴 때 이몽량이 죽어 가세가 기울었을 뿐이지, 정말로 빵빵한 집안이었던 것이다.

아무튼 결혼할 당시 가난했던 이항복을 위해 권율이 집을 한 채 건네줬다. 그 집은 이항복의 호를 따 필운대弼雲臺라고 불렸는데, 배화여자고등학교 뒤편, 한때 쓰레기장이었던 곳에 가보면 '弼雲臺'라고 새겨진 돌벽이 있으니, 아마 그 근처였을 것이다. 그때 이항복의 재정 상황을 가리켜 '반묘半畝의 땅도 없었다'라고 했다. 묘는 곧 밭이랑이니, 씨를 뿌릴 땅은 고사하고, 씨를 뿌리기 위해 파낸 흙이 쌓일 땅조차 없었다는 뜻이다. 농사짓던 시대다운 표현이라고 할까. 요즘 말로 하면 '숟가락 꽂을 땅도 없다'이겠다. 어쨌든 장가를 잘 간 덕분에 이항복은 한양에 집도 생겼고, 살림도 넉넉해졌다. 임진왜란을 거치며 능력도 인정받아 영의정까지 지냈다. 그렇다고 장난기가 사라진 것은 아닌지라, 장인어른과 사위가 기발한 꾀를 내 서로 골탕 먹이는 구서담舅壻談의 장르를 개척함으로써, 수많은 민담이 만들어지는 데 이바지했다.

5

가랑이 찢어진
뱁새들의 무덤

왕족 출신이었든, 금수저를 물었든, 결혼을 잘했든 행운이 넘쳐 한양에 집을 구해 잘 먹고 잘살았던 사람들의 이야기는 공감하기 어려울 수도 있겠다. 좋다, 그러면 이제부터 한양에서 한번 살아보려다가 불행해진 사람들의 이야기를 해보겠다. 어쩌면 이것이야말로 진짜 평범한 사람들의 이야기일 테다.

조선 사람들도 빚내서 투자하는, 소위 '빚투'를 감행했다. 가장 대표적인 인물이 정조 때 양반 유만주兪晩柱로, 그가 속한 기계유씨杞溪兪氏 가문은 대대로 한양에서 살아왔다. 한양 토박이였을 뿐 부자는 아니었던 그의 가족은 빈곤한 양반들이 모여 살았던 남산 근처의 창동倉洞(오늘날의 중구 회현동)에 자리 잡았다. 실제로 유만주는 가난한 탓에 웬만한 양반들과 달리 말이 없어 걸어 다니기 일쑤였다. 그래도 양반은 양반인지라 과거에 열심히 도전했다. 계속 실패해서 문제였지만. 그 와중에 아내가 젊은 나이로 세상을 떠났고, 큰아들 유구환兪久煥은 몸이 매우 약했다. 가뜩이나 걱정 많은 성격이었던 유만주는 무엇 하나 제대로 풀리지 않는 삶을 비관하며 늘 우울해했다.

그러다가 아버지 유한준兪漢雋이 황해도 해주의 고위 행정관인 판관으로 부임하게 되었다. 이를 계기로 갑자기 집안 살림이 넉넉해졌다. 당시 해주는 상업이 발달해 꽤 풍요로운 동네였고, 따라서 유한준은 녹봉 말고도 꽤 많은 재물을 자기 주머니에 챙겨 넣을 수 있었던 모양이다. 아버지의 출세로 허파에 바람이 들어갔는지, 유만주는 일생일대의 도전에 나섰다. 한양에 집을 사자! 기와를 얹어 근사한 데다가 훌륭한 정원이 있는 집으로!

유만주의 인생을 건
'금융 치료'

그렇게 해서 유만주는 한양 곳곳을 돌아다니며 '집 쇼핑'에 나섰다. 그의 이웃들은 속으로 똑같이 생각했을 것이다. '미쳤군, 미쳤어.' 과거에 급제하지도 못하고 쥐뿔도 없는 사람이 어떻게 집을 산단 말인가. 그것도 한양에서! 아버지가 받은 관직인 판관은 종5품으로 고위직이긴 했지만, 그것 하나만 믿고 무턱대고 '질러도' 되는 일일 리 없었다. 그런데도 유만주는 장장 7개월 동안이나 '스위트 홈'을 찾아다녔다. 몇 번이고 좌절했지만, 마침내 오늘날의 명동에 자리한 100칸짜리 근사한 기와집을 샀다. 가격은 자그마치 2000냥. 당시 기준으로 4인 가족이 50년간 먹고살 수 있는 엄청난 돈이었다.

하지만 벼슬 한 번 한 적 없는 유만주에게 그만한 돈이 있을 리 없었다. 그래서 친척들에게 두루두루 돈을 빌렸고, 그것도 모자라 사채까지 끌어다 썼다. 당시의 사채는 한강을 따라 물건을 팔던 경강상인에게 돈을 빌리는 것이었는데, 이자율이 30퍼센트에 달했다. 때로는 원금의 세 배를 이자로만 뜯어갈 정도로 악질적인 고리대였다. (혹시나 해서 하는 말인데, 주변에 유만주 같은 사람이 있다면 반드시 뜯어말리도록 하자.) 이 사실을 안 유한준은 아들에게 당장 집을 팔라고 강요했다. (당연하다!) 원래 값을 못 받아도 좋으니 당장 집을 팔아야 안심하겠다고 사정했다. (역시 당연하다!) 하지만 유만주는 그 집을 너무나 사랑했다. 이사한 날 밤에는 차마 잠을 자지 못하고 집 곳곳을 둘러볼 정도였다. 집 안의 화려한 정원도 그의 자랑거리였다. 물론 그의 지극한 마음이야 어떻든, 본인의 능력이 아니라 순전히 아버지라는 '백' 하나 믿고 산 집이라 내심 불안했을 것이다.

불길한 예감은 빗나가지 않는 법! 집을 사고 1년이 지났을 즈음 유한준이 파직당해 벼슬을 잃고 말았다. 당연히 가세는 급속하게 기울었고, 유만주는 집을 팔고 창동의 초라한 초가집으로 돌아갈 수밖에 없었다.

유만주가 한 일은 오늘날의 '갭투자'와는 조금 다르다. 그는 자산을 불리려고 한 게 아니라, 어디까지나 좋은 집에서 살고 싶었을 뿐이다. 한심하다면 한심하지만 어쩌겠는가. 앞서 설명했듯이 유만주는 원래부터 걱정이 많고 소심한 사람이었다. 그런 사람이 평생의 용기를 짜내 집을 샀는데, 결과가 처참했다. 요즘으로 치면 신용 등급은 바닥이지만 어떻게든 대출을 끌어모아 수입차를 샀다가 '카푸어'가 된 사람과 비슷했다. 이 일로 겪게 된 수모와 고통은 오롯이 유만주와 그 가족의 몫이 되었고, 그래서인지 당시 사람들은 그를 그리 좋게 평하지 않았다. 분수에 넘치는 2000냥짜리 집을 샀다가 1년 만에 헐값에 팔아버린 꼴은 입방아에 오르기 딱 좋은 한심한 일이었다.

정말 누가 봐도 그랬다. 과거에 합격하지 못하는 울분과 소중한 자식을 걱정하는 마음을 비싼 집을 사는 것으로 해소하다니, 그야말로 세상 물정 모르고 답 없는 인간이었다. 이후 큰아들이 먼저 세상을 떠나고, 유만주는 가난과 우울, 질병에 시달리다가 34세의 젊은 나이로 눈을 감았다. 죽기 직전 그는 자기가 평생 써온 일기를 불태워달라고 부탁했지만, 아들의 죽음을 깊이 슬퍼한 유한준이 그것들을 그러모아 책으로 만들었다. 이것이 바로 《흠영欽英》이니, 수백 년 지나 우리가 실패한 투자 사례로 유만주의 이야기를 살펴볼 수 있는 이유다. (죽기 전에 미리미리 일기장을 불태우고 컴퓨터 하드디스크는 깨끗하게 포맷해야 함을 몸소 보여준 역사의 산증인이라고 하겠다.)

이곳이 조선의 '한남더힐'이라오

유만주가 그토록 분수에 넘치는 집을 갖고 싶어 한 이유는 무엇이었을까. 어렵게 생각할 것 없다. 그야 당연히 다른 사람들의 멋진 집이 너무 부러워서 아니었겠는가. 부와 권력을 모두 쥐고 고래 등 같은 대저택에서 떵떵거리고 산 사람들. 같은 양반이라지만 도저히 범접할 수 없는 사람들. 콕 짚어 유만주와 동시대를 산 이은李溵 같은 사람 말이다. 영조 때 과거에 급제한 그는 (몇 번의 파직과 좌천을 겪기는 했지만) 그럭저럭 순탄한 경력을 쭉 밟아나가 정승까지 되었다. 역사적으로 이름난 인물은 아니지만, 이은은 당시 가장 비싼 집을 가진 것으로 유명했다. 시기상 이은이 죽고 3년 정도 지나 본격적으로 집을 구하고자 여기저기 돌아다닌 유만주였기에, 그도 분명 이은이 살던 집을 보았을 것이다. 그의 집은 무려 380칸의 대저택으로, 값이 2만 냥에 달해 한양은 물론이거니와 조선의 모든 집 중에서 가장 비싸다는 소문이 파다했다. (《경국대전》의 부동산 상한제는 장식에 불과했음이 다시 한번 확실해진다.)

그런데 이은 못지않은 인물이 있었으니, 양반도 아니고 과거에 급제하지도 못했지만, 장사로 큰돈을 번 한양 최고의 상인이자 역관譯官 김한태金漢泰였다. 돈이 넘쳐나 마른내에 300칸짜리 집을 짓고, 그것도 부족해 틈나는 대로 증축하니, 공사가 끝나기까지 무려 5년이나 걸렸다. 김한태는 인테리어에도 일가견이 있어, 집 안을 외국에서 들여온 비싼 물품, 가령 유리병이나 짐승 가죽 등으로 가득 채웠는데, 그중 몇 개의 값은 1000냥에 달했다. 그 정도면 당시 10가구의 재산을 합친 수준이다. 스케일이 너무 엄청나 믿을 수 없을 정도지만, 김한태가 한양 한복판에 대저택을 지어 살았던 것은 분명하다. 그를 향한 양반들의 '뒷담화'가 그 증거로, 가령 조선 후기의 문신 이조원李肇源은 〈대고大賈〉라는 아주 긴 시에서 김한태가 돈만 믿고 횡포를 부린다고 강하게 비판했다. 양반이 아닌 탓에 스스로 기록을 남기지 못한 김한태가 알았다면 크게 서러워하지 않았을까.

물론 이은이나 김한태는 매우 예외적인 경우였고, 대부분은 유만주처럼 몰락의 길을 걸었다. 그중 또 유명한 인물이 조병덕趙秉悳이었다. 그는 생전 1700여 통의 편지를 썼는데, 그 수신자가 대부분 아들들이다. 거기에는 고부갈등부터 돈이 없어 겪은 고초까지 매우 사적인 이야기들이 적혀 있어 오늘날 그의 삶을 복원하는 데 중요한 열쇠가 되고 있다. 조선 말기 사람인 조병덕은 풍양조씨豊壤趙氏 가문의 양반으로 한양에서 태어났다. 명문가 출신 양반답게 유학을 공부해 노론의 학파를 이어갔는데, 아쉽게도 할아버지부터 본인까지 아무도 과거에 급제하지 못해 가세가 말이 아니었다. 결국 조병덕은 한양을 떠나 충청도 남포藍浦(오늘날의 충청남도 보령시)로 이사했다. 하지만 자존심은 꺾지 않아, 지방의 양반인 향반鄕班들과 어울리지 않았다. '나 같은 한양 출신이 어떻게 저런 시골 사람들과 어울릴 수 있겠어' 하는 유치한 생각에서였다. 그런 이유로 조병덕은 비싼 붓과 종이, 촛불을 쓰고, 여기저기 선물을 뿌리는 등 우야든동 돈 많이 드는 우아한 삶을 포기하지 않았다. 그리고 당연한 귀결로 조병덕은 더더욱 가난해졌고, 그의 자식들마저 주르르 과거 급제를 못 해 동네 사람들에게 무시당했다. 그 와중에 둘째 아들은 돈 벌겠다고 시장에서 왈패 짓을 하다가 체포되어 귀양까지 갔다. 이렇게 수모를 당하면서도 이 동네 저 동네 다니며 돈을 꾸어대고, 선물을 보내달라 조른 조병덕이었으니, 그의 삶을 요약하자면 그야말로 지지리 궁상이었다.

세종대왕도
아들은 못 말려

이보다 좀 더 극적으로 몰락한 인물도 있었다. 세종의 서출 밀성군密城君으로, 그는 다른 왕자들과 사이가 매우 좋았다. 권력의 줄도 귀신같이 잘 잡았기 때문에, 이복형제인 문종과 단종 때도 잘 지냈고, 계유정난 때는 세조의 편을 들어 역시 안위를 보존했다. 이처럼 죽을 때까지 평생 종실 대접받은 그는 《조선왕조실록》에도 좋게 평가되어 있다. 그런데 딱 한 군데에 흥미로운 기록이 남겨져 있다.

—

"치산治産하는 데 부지런하여 가산이 아주 부유하였다."

_《성종실록》, 1479년(성종 10년) 1월 1일.

—

  한마디로 돈 긁어모으는 데 일가견이 있었다는 말이다. 밀성군이 무슨 일을 해서 돈을 모았는지는 알 수 없지만, 그래도 짐작 가는 구석이 있다. 사실 그는 권력이 없는 이들에게는 그리 좋은 사람이 아니었다. 조선 전기의 문신 김종직金宗直이 한양을 둘러보는 중에 밀성군의 대저택을 보고 지은 긴 시의 한 구절이 그 이유를 잘 보여준다.

—

  한갓 십 금의 재산을 가지고
  싼값으로 이웃을 모두 병탄하여
  왕성한 권세를 당할 자가 없거니
  어찌 웃고 찡그림을 가벼이 했으랴
  徒將十金産 折閱吞旁隣
  炙手勢莫當 何曾輕笑嚬

—

한마디로 밀성군은 이웃들의 집을 싼값에 거의 빼앗듯이 사들였다. 물론 그가 이럴 수 있었던 데는 임금과 친하다는 배경이 작용했을 것이다. 그렇게 집을 사 모으니 "여러 동네에 걸쳐져서 별이라도 가리려고 하는 듯"한 대저택이 만들어졌다. 대체 얼마나 큰 집이길래 별을 가린다고 표현했을까. 여러 동네에 걸칠 만큼 컸다고 하니, 일단 99칸은 훨씬 넘었을 테다. 마른내를 예로 들면, (100여 년 뒤지만) 실거주자 허균이 50여 채가 있다고 했으니, 집당 3칸이라고만 쳐도 총 150칸이다. 마른내 한 동만 장악해도 고래 등 같은 대저택이 생기는 것이다. 좀 터무니없는 일처럼 보이겠지만, 《조선왕조실록》에 비슷한 기록이 있다.

—

정언正言 박지원朴志源이 상서하였는데, 대략 이르기를, "……또 서울 집에 토목土木의 일을 크게 일으켜서 여염집을 철거하고 섬돌 아래를 널리 개척하여 웅장하고 넓게 차지하였으며, 대마루와 서까래가 연하고 뻗쳐서 탑塔·사寺 두 동 사이가 거의 모두 홍씨의 집이 되었습니다. 조가朝家의 금령은 본래 스스로 엄히 단속하는 것인데, 만약 조금이라도 고기顧忌하고 두려워하는 마음이 있다면 어찌 감히 방자하기가 이러할 수 있겠습니까?"

_《영조실록》, 1758년(영조 34년) 3월 27일.

—

여기서 홍씨는 영조 때 통신사 정사로 일본에 다녀온 홍계희洪啓禧

로, 그가 탑동과 사동에 걸쳐 큰 집을 가졌다고 저격하는 내용이다. 한두 동네의 집들을 전부 자기 것으로 만든다는 게 아예 불가능한 일은 아니었음을 잘 보여준다. 게다가 밀성군의 대저택은 그냥 큰 것만이 아니었으니, 섬돌에 화초를 새기고 난간을 아름답게 장식하는 등 매우 사치스러웠다. (아마 김종직은 보지 못했을) 실내는 더욱 대단했을 것이다.

3대는커녕
3년 만에 망하다

그런데 밀성군은 50세의 나이로 세상을 떠났다. 의학이 발달하지 않은 시대이므로 요절은 아니었지만 장수한 것도 아니었다. 다만 흥미로운 점은 밀성군이 죽자마자 그의 거대하고 화려한 집 또한 눈 깜짝할 사이에 폐허가 되어버렸다는 것이다. 김종직의 시를 계속 따라가 보자.

—

왕자가 갑자기 세상을 떠나매
자식들은 모두가 어리석어서
빈 마루에 초상만 남아 있는데
굶주린 쥐들은 문인으로 모여드네
말 타는 장소는 이미 황폐해졌고
우물의 벽돌 또한 묻혀가누나

王子忽徂謝　後胤俱顚隮

空堂但遺像　飢鼠拱文茵

馬埒已荒廢　井甃亦將堙

　　　　　　　　　—

　밀성군 집안의 몰락은 꽤 극적이었던 모양이다. 그가 세상을 떠난 것은 1479년으로 성종 때였다. 김종직이 과거에 급제한 것은 1459년으로, 이후 변변찮은 벼슬만 하다가 성종의 총애를 받아 본격적인 출셋길에 들어서서 사림파의 중심으로 떠받들어지기 시작한 게 1482년이었다. 그러니까 김종직은 밀성군이 떵떵거리며 사는 모습을 직접 보았을 가능성이 크다. 그런데 시 내용상 밀성군이 죽고 대략 3년 만에 그의 집안은 크게 몰락했던 듯싶다. 그는 4남 2녀를 두었지만, 누구도 아버지만큼 출세하지 못했다. 개중에 장남 운산군雲山君이 중종반정에 가담하고 벼슬도 했지만, 아버지만큼 권세를 누린 것은 아니었다. 결국 어느 자식도 밀성군의 대저택을 유지할 수 없었던 모양이다.

　언제나 그렇지만, 남의 불행과 몰락은 당시에도 좋은 구경거리였다. 밀성군이 위세를 부리는 동안 셋집을 전전했던 김종직은 이 모든 과정을 길고 긴 시로 지었고, 그 덕분에 우리는 당시의 이야기를 생생히 알 수 있다. 밀성군은 대저택을 지어 그곳에서 대대손손 잘 먹고 잘살 생각이었을 것이다. 그러나 아무 소용이 없었다. 그가 죽자 대저택은 조각조각 나뉘어 흩어졌고 마침내 모두의 기억에서 잊혔다. 역사상 많은 부자의 집이 그러했던 것처럼. 그 흔적 위로 김종직의 시구만 애처롭게 울려퍼졌으리라.

—

아, 천도는 본디 공변되어서

장생의 참죽나무를 보전하기 어렵구나

吁嗟天道公 難保莊生椿

—

    흥미로운 점은 밀성군의 대저택이 폐허가 되었다면, 사후 무오사화에 휘말린 김종직은 부관참시당해 무덤이 파헤쳐졌다는 것이다. 앞서 잠깐 언급한 홍계희는 사후 손자들이 역모에 휘말리며 아예 멸문지화를 당했다. 이처럼 부는 만들기도 어렵지만 지키기는 더 어려운 셈이다. '조선 시대지만 지금과 크게 다를 바 없네'라고 생각한다면 바로 그렇다. 흙수저를 물고 태어나도 돈만 벌면 떵떵거리며 살 수 있고, 금수저를 물고 태어나도 돈을 허투루 쓰면 뼈도 못 추린다. 이것이 바로 냉혹한 돈의 세계를 지배하는 절대 법칙이다.

6

그래도 용은
개천에서 난다

지금까지 한양에 집을 가지고자 했던 사람들의 이야기를 살펴봤다. 좀 더 정확히 말하자면 그들은 한양에서도 좋은 집에 살기를 원했다. 지방보다는 한양에서, 한양의 초가집보다는 기와집에서 살기를 바라는 게 사람의 당연한 욕망이니까. 그렇다면 과연 당시 좋은 집, 또는 좋은 땅의 기준은 무엇이었을까.

일단 역세권은 아니었다. 버스나 지하철이 없어 당연히 역도 없었기 때문이다. 그렇다면 학군? 글쎄, 사실 조선은 공교육 대신 사교육이 지배하던 나라였다. 물론 인재를 키우기 위해 성균관을 세웠고, 같은 이유로 왕세자는 열 살 전후가 되면 성균관 입학례를 치렀다. 하지만 왕세자가 성균관에서 공부하는 일은 없었다. 조선 최고의 선생들을 (왕명을 내려) 궁궐로 모셔와 아침부터 저녁까지 왕세자를 가르치도록 했으니 말이다. 이처럼 왕세자부터 대놓고 과외를 받는데, 공교육이 제대로 자리 잡을 수 있었을까.

　아울러 조선 중기만 하더라도 유명한 선생들은 한양이 아닌 지방에 살았으니, 정말 공부가 하고 싶으면 그들을 따라 낙향해야 했다. 설사 성균관에 입학하더라도 기숙사가 있었고, 근처에 하숙집도 많아 굳이 근처에 집을 살 필요가 없었다.

이무기가 머물던
노른자위 땅

그럼 도대체 뭐가 중요했을까. 일단 집값은 잠시 잊고 조선 초기로 돌아가보자. 우리가 만날 인물은 제3대 임금인 태종이 되는 이방원이다. 그는 왕자 시절 한양 북부인 장의동壯義洞(오늘날의 종로구 효자동)에 집을 지었다. 정확히는 경복궁의 북서쪽이자, 앞서 소개한 필운대 근처였다.

　이방원은 왜 궁궐 가까운 곳에 집을 지었을까. 여기엔 나름 복잡한 사정이 있었다. 조선 건국 후 세자가 된 것은 이복동생인 이방석이었고, 따라서 세자도 아니고 결혼까지 한 왕자 이방원은 궁궐 밖에서 거처를 구해야만 했다. 그런 이유로 경복궁에서 엎어지면 코 닿을 거리에 집을 구했다. 아마 일부러 그리했을 것이다. 그렇게 집과 궁궐이 가까운 덕분이었을까. 기동성 있게 군사를 일으킨 이방원은 제1차 왕자의 난으로 정도전과 이복동생들을 몰살하고 아버지 태조를 끌어내렸다. 그래도 본인이 바로 왕위에 앉기에는 눈치가 보였는지, 이방원은 둘째 형 이방과야말로 적장자라며 제2대 임금인 정종으로 추대했다. 하지만 정종에게는 적자가 없었으므로, 이를 핑계 삼아 이방원은 먼저 세제世弟가 된 다음 곧 임금의 자리에 올랐다. 이로써 궁궐 근처에서 궁궐로 거처를 옮기게 되었다. 그렇다고 임금이 되기 전에 살았던 집을 처분한 것은 아니었다. 이 집은 이무기(이방원)가 용(태종)으로 승천하지 못하고 물에 잠겨 있었던 곳이라는 의미에서 잠저潛邸라고 불렀는데, 임금이 살았던 곳이니까 장의동 본궁本宮이라고도 했다. 훗날 태종이 세종에게 왕위를 물려주고 상왕이 되었을 때 다시 그곳으로 돌아가 여생을 보낸 것을 보면 나름대로 추억이 얽힌 곳이었던 듯싶다.

무엇보다 장의동 본궁은 태종의 가장 큰 업적이자 작품, 그러니까 우리나라 역사에서 가장 빛나는 군주인 세종이 태어났던 곳이다. 경복궁역 2번 출구에서 조금 걷다 보면 '세종대왕 나신 곳'이라고 새겨진 표지석을 볼 수 있다. 그 일대 어딘가에 장의동 본궁이 있었을 테다. 그리고 바로 이곳이 한양의 가장 노른자위 땅이었다.

권력 1번지, 장의동

군이 태종과 세종의 집이 있어서가 아니라, 원래 경복궁의 서쪽은 한양에서도 손에 꼽히는 주거 지역이었다. 궁궐과도 가깝거니와 인왕산으로 둘러싸인 입지가 풍수적으로 더할 나위 없이 좋았기 때문이다. 그래서인지 다른 왕족들, 가령 조선 최초의 왕비인 신덕왕후神德王后의 첫째 아들 무안대군撫安大君의 집도 그곳에 있었다. 경복궁의 서문인 영추문延秋門의 서쪽이라 했으니, 틀림없다. 세종대왕의 셋째 아들이자 당대의 멋쟁이였던 안평대군安平大君은 인왕산 근처인 수성동水聲洞(오늘날의 종로구 옥인동)에 경치가 끝내주는 집을 지었는데, 이 또한 경복궁의 북서쪽이다. 안평대군의 집은 경치와 멋을 위해 교통의 불편함을 감수했으니, 정말 인왕산에 거의 붙어 있었다. 그렇기에 어쩌면 주인을 꼭 닮은 집이었다.

하여간 경복궁의 북서쪽, 당시에 북리北里라 불린 곳은 조선에서도 가장 힘 있는 사람들이 사는 곳이었다. 북리에서도 가장 핵심은 장의동이었다. 장의동은 '壯義洞'뿐 아니라 '藏義洞', '莊義洞', '彰義洞' 등으로 쓰였는데, 줄여서 장동壯洞이라고도 했다. 그리고 조선 후기 임금과 겨뤄도 지지 않을 만한 위세를 떨쳤던 안동김씨安東金氏의 별칭이 바로 장동김씨였다. 원래 안동김씨는 여러 갈래가 있어, 크게 구舊안동김씨와 신新안동김씨로 나뉜다. 이 중 세도정치로 유명한 것은 후자였는데, 그중에서도 핵심은 척화파로 이름난 김상헌金尙憲의 후손들로, 그들이 바로 장동에 모여 살았다. 이것이 안동김씨가 장동김씨로 불리게 된 이유다.

여담이지만 장의동이 여러 이름으로 쓰인 것은, 누구도 정확한 이름을 알지 못했기 때문이다. 사실 조선 시대에 동은 행정구역의 정식 명칭이 아니었다. 대신 부와 방을 썼다. 그래서 동의 이름은 물론이거니와 그 이름의 유래 따위도 제대로 기록되지 않았다. 아무튼 장의동이라는 이름은 신라 때 세워진 사찰 장의사藏義寺에서 유래했다고도 하고, 근처에 있는 창의문彰義門에서 유래했다고도 한다. 어느 쪽이 정답인지 알 수 없지만 어쨌든 분명한 것은 이곳이 조선 최고의 부자 동네였다는 것이다. 일단 풍수부터 끝내줬다. 북쪽으로 인왕산이 있으니, 그 기운을 영추문과 자수궁慈壽宮이 받아냈다. 산에서 흘러온 강물 위로 다리를 세워 풍치가 좋았고, 대은암大隱巖부터 청송당聽松堂까지 이어진 장동 8경은 한양의 자랑이었다. 이런 곳이다 보니 가장 돈 있고 권세 있는 사람들이 모여들게 되었고, 자연스레 땅값도 비싸졌다. 정확히는 집값이겠지만 말이다.

경복궁의 서쪽이 그렇게 살기 좋았다면, 동쪽은 어떠했을까. 그곳도 서쪽 못지않게 살기 좋은 동네였던 것 같다. 정조의 정적으로 알려진, 그러나 실제로는 좋은 '펜팔'이었던 심환지沈煥之의 집이 바로 그곳(오늘날의 종로구 삼청동)에 있었다.

청계천 빈민촌의
오랜 역사

부자가 있으면 가난한 사람도 있는 법. 한양에는 부자 동네뿐 아니라 가난한 동네도 있었다. 한양은 오늘날의 서울에 비하면 아담한 크기였지만, 그래도 당시 기준으로는 절대 작은 도시가 아니었다. 하여 다양한 풍경을 볼 수 있었으니, 청계천 같은 개천이나, 포구浦口가 있어 짐 나르는 등 몸 쓰는 일거리가 많았던 마포 주변에는 빈민촌이 들어섰다. 이곳에 사는 사람들은 하루를 벌지 못하면 사흘을 굶을 정도로 가난했다. 특히 청계천의 빈민촌은 1970년대까지 건재했는데, 한국전쟁으로 갈 곳 잃은 피란민들이 만들었다고 흔히 알려졌지만, 사실은 조선 시대 때부터 명맥을 이어왔던 셈이다.

빈민촌에서의 삶은 녹록지 않았는데, 심지어 조정은 비가 많이 오

1950년대의 청계천 빈민촌.

한국전쟁 이후 살 곳을 잃었거나, 북한에서 내려왔다가 서울로 유입된 피란민들이 모여 살았다. 청계천 근처는 일제강점기 때부터 유사시 화재가 크게 번지지 않도록 비워둔 공터였기에 이런 판잣집들이 들어설 수 있었다.

앙상한 기둥 위에 올려진 성냥갑 같은 집들의 모습이 아슬아슬하다. 따로 문이 없어 사다리로 드나들어야 하는 곳도 많았고, 특히 화장실이 없어 그냥 청계천에 대소변을 누었다. 조선시대 빈민촌에서의 생활도 이와 크게 다르지 않았을 것이다.

면 인명 피해를 막는다는 이유로 강 주변 집들을 철거하기까지 했다. 실제로 《조선왕조실록》의 1743년(영조 19년) 4월 28일 기록을 보면, 임금이 직접 "성안의 개천을 준설하고, 헌현軒縣을 철거"하라고 챙겼을 정도다. 구색을 갖추는 것은 고사하고, 툭하면 헐리는 집이라니. 빈민들이라고 그런 곳에 살고 싶어서 살았겠는가. 어디까지나 그런 곳에서 살아야 할 만큼 가난했을 뿐이다.

한편 빈민은 아니었지만, 그렇다고 명문가들 사이에서 살 정도로 부유하거나 힘이 있지 않았던 가난한 양반들은 한양의 남부, 특히 남산 기슭에 모여 살았다. 이곳이 바로 그 유명한 딸깍발이들의 터전이었다. 딸깍발이는 말 그대로 발걸음을 옮길 때마다 '딸깍' 소리가 나던 사람들로, 돈이 없으니 가죽신은 꿈도 못 꾸고, 그렇다고 짚신을 신자니 금방 헤져서 나무를 깎아 만든 나막신을 신고 다닌 양반들이었다. 이들 남산의 딸깍발이 중에는 지방에서 갓 올라와 가진 것 하나 없는 양반들이 많았다. 앞서 소개한 김종직도 한양에서 셋집을 전전하다가 남산에 있는 지인의 집을 빌려 살았는데, 나귀를 타고 궁궐로 출퇴근하기에 적당한 거리라고 적었다. 그것이 남산 집의 유일한 장점이었을지 모른다.

탑동의 지렁이들이
실학을 이끌다

조선 시대에도 부동산 자산 격차가 이리도 컸다니, 세상이 참 불공평해 보인다. 하지만 세상은 그만큼 공평하기도 하다. 개천에서 수많은

용이 주르르 나와 역사를 화려하게 장식했으니 말이다.

　오늘날의 종로구 낙원동에는 탑동이라 해 가난뱅이들이 모여 살던 동네가 있었다. 왜 이름이 탑동이냐 하면, 말 그대로 탑이 있었기 때문이다. 한때 파고다공원으로 불린 탑골공원에 가면 큰 유리창 안에 얼어붙은 참치처럼 들어가 있는 원각사지 10층 석탑을 볼 수 있다. 이 탑은 고려 때 세워진 유서 깊은 사찰 원각사圓覺寺의 일부였는데, 이런저런 일로 절은 허물어지고 홀로 남은 것이다. 지금이야 때가 타 거무죽죽하지만, 자동차 매연도 없고 미세먼지도 없었던 조선 시대에 탑은 하얗게 빛났으니, 그래서 당시 사람들은 백탑白塔이라고 불렀다.

　그런데 백탑 주변에는 정말 가난하고 별 볼 일 없는 사람들이 모여 살았다. 특히 하늘도 무심하게 반쪽짜리 양반인 서얼로 태어나 과거는 꿈도 못 꾸고, 집까지 가난해 가진 재주가 책 읽고 글 쓰는 것밖에 없는 책벌레들이 많았다. 먹을 양식이 떨어지면 귀하게 여기는 책을 팔고, 다시 그 책이 아까워지면 헌책방에 들러 혹시나 팔렸는지 확인하는 게 그들의 일상이었다. 그렇게 궁상맞기 짝이 없는 가난한 학자들이 하나둘 모여들어 인연을 맺고 동아리를 만들었으니, 동네 명물의 이름을 따 백탑파라고 명명했다. 탁월한 실학자로, 일종의 연구직인 규장각 검서관檢書官으로 임명되어 정조에게 밤낮으로 쥐어짜인 박제가, 이서구, 이덕무, 유득공 등이 바로 백탑파의 일원이었다. 그들이 관직을 받자, 스승 박지원은 친구 홍대용에게 기쁜 마음을 담아 편지 쓰기를 "이제부터 하찮은 녹이나마 받게 되어 굶어 죽지는 않을 것입니다. 어찌 사람에게 허물 벗은 매미가 나무에 달라붙어 있듯이, 구멍 속의 지렁이가 지하수만 마시고 있듯이 살라고 하겠습니까"라고 했다. 이처럼 백탑파는 매미니 지렁이니 소리를 들을 정도로 궁상과 가난에 찌들어 있었다. (물론 그들은 당대 실학의 중심이 되어 역사에 이름을 남겼다.)

사실 박지원의 편지는 '셀프 디스'에 가까웠는데, 그 또한 백탑파의 일원이었기 때문이다. 그렇다고 또 서얼은 아니었으니, 참으로 극적인 삶이라 하겠다. 한양 토박이인 그는 권문세족으로 영향력이 상당했던 반남박씨 가문이었지만, 타고난 반골 기질 때문에 과거를 포기했다. (《허생전》을 쓴 사람이 정석대로 출셋길을 밟아도 이상하지 않은가.) 하여 가난할 수밖에 없었고, 그런즉 주거 환경이 삶만큼이나 극적이었다. 다만 부자인 친척들이 많아서 그나마 셋집은 수월히 얻었다. 박지원은 최소 네 차례 이상 한양에서 셋집을 옮겼는데, 가장 먼저 1767년에는 삼청동의 셋집에서 살았고, 황해도를 잠깐 다녀온 뒤에는 거평동居平洞(오늘날의 종로구 평동)에 있는 처남 이재성李在誠의 집에서 살았다. 그로부터 6년 뒤에는 제생동濟生洞(오늘날의 종로구 계동)에 있는 친척 박수원朴綏源의 집을 빌려 살았다.

그러다 환갑이 된 1796년에야 비로소 계산동桂山洞(오늘날의 종로구 재동)의 작은 과수원을 산 다음 그곳에 흙으로 초당을 지었다. 반백 년 넘게 걸린 내 집 마련의 꿈! 남 일 같지 않아 눈물이 난다. 만약 지금처럼 저작권과 인세 제도가 있었더라면 박지원은 장의동에 고래등 같은 기와집을 샀을지 모른다. 그는 조선 최고의 베스트셀러인 《열하일기》의 저자였으니까. 그 대신 목 놓아 외쳐본다. 창작인들에게 등 따습고 편안한 주거 환경을 제공하라!

이순신을 낳은
조선 최고의 개천, 마른내

한양에는 가난한 용들이 모여 살았던 개천이 한 군데 더 있었는데, 바로 마른내였다. 남산과 청계천 사이에 있었던 이곳은 비가 많이 오면 바로 물이 불어나 그리 살기 좋은 곳이 아니었다. 그래도 궁궐이 가까웠기에 가난한 양반들, 또는 지방에서 갓 올라와 형편이 나쁜 양반들이 살았다. 자연스레 드나드는 사람이 많았는데, 참 신기하게도 위인과 영웅과 호걸이 유독 많은 동네였다. 그렇다고 사는 사람이 많냐 하면 또 아니었다. 마른내에 있는 집은 달랑 52채로, 요즘 짓는 중형 아파트 한 동보다 호수가 적었다. 하지만 하늘에서 기라도 받았는지, 마른내에서 조선 최고의 영웅이 태어났으니, 바로 이순신이었다. 여해 汝諧라는 멀쩡한 호를 두고 성웅聖雄이라 불릴 정도로 민족의 영웅인 이순신이 이처럼 초라한 곳에서 태어났다니! 실제로 을지로3가역 근처에 있는, 명보극장을 개축한 명보아트홀 앞을 잘 살펴보면 '충무공 이순신 생가터'라고 새겨진 표지석을 볼 수 있다. 이 일대는 지금도 영세한 인쇄소들과 낡은 음식점들로 가득한데, 조선 시대부터 부자 동네는 아니었던 셈이다. 덧붙여 이순신의 집안은 여기서 사는 것도 어려울 만큼 가난해진 탓인지, 결국 한양을 떠나 충청도 아산으로 낙향했다. 그곳에 외가가 있었기 때문이다.

그런데 이사하기 전, 이순신은 저 멀리 경상도 의성에서 살다가 공부하러 올라온 세 살 많은 형과 친해졌다. 그가 누구냐고? 조선 최고의 유학자 이황의 제자로, 당대의 천재인 유성룡이었다. 갓 한양에 온 그도 비슷한 처지의 양반들처럼 마른내에 자리 잡았는데(아마 셋집이었을 것이다), 오늘날의 대한극장 근처였다. 그러니 유성룡과 이순신의 집은 걸어서 10분 남짓 거리였다. 훗날 임진왜란이 끝나고 유성룡은 《징비록》을 저술하며 자신이 아꼈던 동네 동생의 이야기를 세세하게 기록했다. 마치 추억이라도 하듯이.

《징비록》에 적힌 가장 유명한 일화는 아마 이순신의 전쟁놀이일 것이다. 이순신은 어릴 적 길가에 진지를 쌓아놓고 밤이나 낮이나 전쟁놀이를 해댔다고 한다. 어찌나 그럴듯하게 진지를 만들었는지, 오가는 사람마다 불편해했을 정도다. (한양의 좁아터진 도로 사정에 대해서는 앞서 설명했다.) 사실 전쟁놀이는 당시 어린아이들의 가장 인기 있는 놀이 중 하나였다. 앞서 언급한 이항복도 아버지가 돌아가시고 한창 되바라졌을 때 전쟁놀이에 푹 빠져 살았다. 결국 홀어머니와 외삼촌이 눈물로 호소한 다음에야 정신을 차렸다고 하는데, 이순신을 말리는 사람은 아무도 없었던 듯하다. 그도 그럴 것이, 정말로 전쟁놀이에 심취한 탓에 누가 한마디라도 할라치면 직접 만든 활로 화살을 쏘아 눈을 맞추려고 했다! 그러니 사람들은 아예 이순신의 집 앞을 지나가지 않았다. 아주 싹수가 싯누런 동네 말썽꾼이었으니까. 유성룡은 이 묵은 이야기를 굳이 기록하며 "우리 순신이가 어릴 때부터 참 씩씩해서"라고 아름답게 포장하고 있으니, 이 정도면 눈에 씐 애정의 콩깍지가 엄청나다고 하겠다. 만약 이순신이 임진왜란에서 전사하지 않고 《징비록》의 이 부분을 읽었다면 그다지 좋아하지 않았을 것이다. 하여간 평생을 모범생으로 살아온 유성룡은 눈치가 없었다.

반면에 불량아로 살아봤던 이항복은 선조의 명령으로 이순신의 삶을 기록하면서 그의 창피했던 젊은 시절을 과감히 삭제하고 "원래 공부를 잘했는데 무과로 갔다"라고만 기록했다. 이순신은 아마 이쪽을 훨씬 더 좋아했을 테다.

그런데 이제
원균을 곁들인

마른내에서 함께 놀던 때 이후로 이순신과 유성룡의 삶은 크게 달라졌다. 원래 경상도의 유명한 알부잣집 자식이었던 유성룡은 당대의 석학인 이황에게 사사하고, 빼어난 천재성을 발휘해 과거에 급제하자마자 초고속으로 출세했다. 그에 비해 이순신의 삶에는 먹구름이 잔뜩 끼었다. 우선 두 형이 줄줄이 세상을 떠난 탓에 아버지 잃은 조카들을 거두어 보살펴야 했다. 당시로서는 늦은 나이인 28세부터 무과에 도전한 것도 노상추가 그러했듯이 문과로는 도저히 출세의 가닥을 잡을 수 없어서가 아니었을까. 낙마해 다리가 부러지는 등 온갖 고생을 다 겪고 32세에 무과에 급제했으니, 그간 가세는 더 기울었을 것이다. 아마 이순신이 이때부터 일기를 썼다면 노상추의 일기 못지 않게 짠 내로 가득했을지 모른다.

  그렇게 어릴 적 함께 노닐던 둘의 삶은 크게 달라졌다. 평범한 시대였다면 다시 만날 일도 없었을 것이다. 하지만 '가혹한' 운명이 그들을 한데 묶었으니, 바로 임진왜란이었다. 여기에 '불순물'인 원균도 끼어 있어 문제였지만. 불순물이란 표현이 너무한가. 그렇지만 무과에 부정한 방법으로 합격했다가 걸려 창피를 당한 것으로도 모자라, 조선 수군을 깡그리 말아먹어 나라의 운명을 어둡게 했으니, 더 까여도 괜찮을 것 같다. 재미있는 것은 원균도 마른내에서 살았다는 것이다. 그는 충청도 진위振威(오늘날의 경기도 평택시)의 이름난 무관 집안에서 장남으로 태어났는데, 아마 편히 무과에 도전하고자 한양으로 올라와 마른내에서 잠깐 살았던 게 아닐까 싶다.

이뿐이 아니다! 마른내 출신 위인이 아직 한 사람 더 남았다. 앞서 이야기한 세 사람이 이곳에서 살았다는 것을 기록한 사람, 바로 허균이다. 《홍길동전》을 쓴 바로 그 허균 맞다. 그는 《성소부부고惺所覆瓿藁》에서 자기가 산 동네를 자랑하며 유성룡, 이순신, 원균을 언급했다. 허균은 강릉에서 태어났는데, 아버지가 관직을 맡아 한양에서 일할 때 마른내에서 살았던 모양이다. 그러니까 때를 잘 맞춰 조선 시대로 돌아가 마른내를 찾아간다면, 멱살 잡고 싸워대는 어린 원균과 이순신, 그 둘을 뜯어말리는 유성룡, 동생에게 짜증 내며 뛰쳐나가는 허난설헌과 그 뒤에서 "누나! 누나!" 하며 울고 있는 허균을 모두 볼 수 있다는 말이다.

그냥 끝내기에는 아쉬워 사족을 달자면, 마른내의 양반들은 이순신처럼 유명하지 않았더라도, 또 원균처럼 부유하지 않았더라도 붓을 쥐었기에 기록을 남길 수 있었다. 하지만 신분이 미천하고 가난한 이들은 마냥 비참하게 살다가 눈을 감아야 했다. 물론 그렇다고 해서 부자 되고 싶은 마음마저 없지는 않았을 것이다. 그들은 눈에 불을 켜고 돈을 찾아다녔다. 그것만큼은 위로는 임금부터 아래로는 천민까지, 모두 한마음 한뜻이었다. 이어지는 장에서 그 적나라한 이야기가 펼쳐질 터이니, 기대하시라!

2장

돈 앞에 양반, 상놈이 따로 없다

1

황금알을 낳는
소금?

본격적인 돈 이야기에 앞서 한 가지 짚고 넘어갈 것이 있다. 조선은
그렇게 크고 웅대한 나라가 아니었다는 점이다. 마우스 클릭 한 번으
로 지구 반대편에서 무슨 일이 일어나고 있는지 볼 수 있고, 세계 곳
곳에서 공수된 식재료로 식탁을 채우는 오늘날과 비교하면 더더군
다나 말이다. 다만 그렇게 '귀여운' 경제 규모를 가진 조선에서조차
누구나 돈을 중요하게 생각했고, 부자가 되고 싶어 했다.

여기에는 양반과 천민, 무뢰배는 물론이거니와 임금과 고위 관리까
지 예외는 없었다. 다들 돈을 많이, 그것도 아주아주 많이 벌고 싶어 했
으니까. 그리고 그걸 위해 수단과 방법을 가리지 않았다, 당연하게도
말이다. 이때 그들이 살았던 시대가 조선이었다는 데서 묘한 '케미'가
일어났다. 이익을 사랑하고 바라는 마음에 유교적 가치관이 기이하게
뒤섞이는 것, 이것이 바로 조선판 자본주의이자 쩐의 전쟁이었다.

그 전쟁의 총알이 될 돈을 확실하게 벌 수 있는 것이 무엇이었냐 하면 바로 소금을 꼽을 만하다. 지금이야 기업형 슈퍼마켓부터 구멍가게까지 어디를 가든 돈 몇 푼이면 한 봉지 가득 소금을 살 수 있지만, 옛날에는 무척이나 귀한 물건이었다. 인간을 포함한 생명체가 살아가려면 나트륨이 꼭 필요하다. 하여 옛날 사람들도 본능적으로 소금을 찾아 먹었는데, 바닷물을 증발시켜 채취하는 방법이 거의 유일했다. 하지만 이는 꽤 손이 많이 가는 작업이었고, 게다가 그렇게 얻은 소금을 내륙 지방으로 나르는 일도 쉽지 않았다. 필수품인데, 구하기 힘든 것은 비싸지기 마련! 그렇게 소금은 큰 돈줄이 되었다.

이는 동서양을 가리지 않았다. 고대 로마에서는 임금으로 소금을 주었는데, 하여 'salt'에서 급료를 뜻하는 단어 'salary'가 탄생했다. 동양은 또 어떠한가. 한나라 무제武帝는 정복 전쟁에 필요한 자금을 마련하기 위해 전매 제도를 도입했다. 염철주鹽鐵酒, 즉 소금과 철과 술의 판매를 나라가 독점한다는 것으로, 이 과정에서 유통망을 쥔 소수의 고위 관리와 상인이 거부를 쌓았다. 이러한 기조는 후대에도 계속해서 이어졌다. 한마디로 소금은 곧 돈이다! 조선 시대에 이를 극명하게 보여준 사건이 있었으니, 마포의 염해전鹽醢廛 운영권을 둘러싼 공방이었다.

소금 장수는
왜 징을 두들겼나

1782년의 어느 날 마포에 사는 김광련金光鍊이 징을 요란하게 두들겼다. 곡을 연주하거나, 흥을 돋우기 위해서가 아니라, 자신의 억울함을 임금에게 호소하기 위해서였다. 이것이 바로 격쟁擊錚이니, 힘없는 백성이 임금에게 곧바로 목소리를 낼 수 있는 제도였다. 신문고와 비슷한 제도라고 생각하면 된다. 그런데 김광련은 뭔가 억울한 일이 있어서 징을 두들긴 것이 아니었다. 음, 사실 억울하긴 했다. 그게 돈문제라서 그렇지. 《일성록》에 사건의 전모가 자세히 기록되어 있으니, 한번 살펴보자.

—

"염해전은 저희가 300여 년간 생업으로 삼아 생계를 유지해 온 것입니다. 그러다가 본전本廛은 기축년(1769년)에 영채營債를 갚는 데 다급해 전의 호칭을 잠시 반촌 사람들에게 이전해 주었는데, 끝내 도로 물려주지를 않았습니다. 속히 해조該曹로 해 영채에 대해 본래의 수효를 계산해주게 한 뒤 반촌의 사람들에게 염해전의 업을 도로 물려주게 하소서."

_《일성록》, 1782년(정조 6년) 11월 21일.

—

이게 과연 무슨 소리일까. 당시 마포는 한양의 가장 번성한 항구였다. 한강이 주요한 교통로였던 시절, 사람과 상품은 모두 마포를 통해 한양을 드나들었다. 수많은 배가 이곳에서 물건을 실어 날랐고, 역시 수많은 여행자가 이곳을 기점으로 움직였다. 자연스레 그들이 쉴 수 있는 여관과 음식점이 엄청나게 번성했다. 그러니 막대한 돈이 오갔을 뿐 아니라, 무엇보다 소금이 모여들었다. 일단 한양에서 거래될 소금이 각지에서 한강을 타고 올라왔고, 마포를 거쳐 가거나, 이곳에서 생활하는 사람들이 먹을 소금도 들어왔다. 이에 마포에는 소금만을 취급하는 가게가 하나둘 생겨났으니, 그중 가장 대표적인 것이 바로 염해전이었다.

염해전이 무엇이냐. 소금 '염鹽' 자에 젓갈 '해醢' 자를 쓰고 있으니, 바로 소금과 젓갈을 파는 가게란 뜻이다. 젓갈 하면 우리가 이미 잘 아는 새우젓, 멸치젓, 뱅어젓, 창란젓부터 시작해, 심지어 조선 시대에는 소나 노루의 창자로 담그는 것도 있었다. 메줏가루에 꿩고기를 넣어 만드는 젓갈(무슨 맛일까), 청어나 방어로 담근 젓갈, 전복이나 소라로 담근 젓갈, 대합으로 담근 식해 등, 조선은 가히 젓갈의 나라였다. 이런 젓갈들은 밥맛 없을 때 감칠맛을 돋우고, 필수 영양소인 나트륨을 제공해주는, 식탁에 없어서는 안 될 반찬이었다. 여하튼 사람이 아무리 가난하더라도 소금 없이는 살 수 없으니, 마포의 염해전은 무척 중요한 가게였다.

물론 염해전에서 직접 소금을 만들고 젓갈을 담그는 것은 아니었다. 전국에서 만들어진 소금과 젓갈이 가장 큰 시장인 한양으로 보내지면, 일단 마포에 모였다가 실려 나갔는데, 이때 세금이 매겨졌다. 즉 염해전은 물류창고이자 유통업체였고 앉아서 돈 받아내는 곳이었다는 말이다. 이곳은 원래 마포 토박이들이 운영해왔는데, 이들이 어쩌다가 정말 큰 빚을 지게 되었다. 갚고 싶어도 돈 나올 구멍이 없자 영조 때인 1769년 염해전을 팔게 되었으니, 그걸 사들인 이들이 바로 반인泮人이었다.

《태학계첩(太學稧帖)》에 실린 〈반궁도(泮宮圖)〉.

성균관 대사성 이정보는 태학속전(太學續典)의 완공을 기념해, 1747년 유생 아홉 명과 함께 《태학계첩》을 만들었다. 그중 〈반궁도〉는 화공에게 그리게 한 일종의 배치도로, 당시 성균관의 모습을 가장 정확히 담아냈다.

그림을 보면 성균관을 돌아 흐르는 개천 너머로 민가가 보이는데, 이곳이 바로 반촌이다. 유생들의 하숙집이나, 성균관에서 허드렛일하던 반인들의 집이 있었다. 유생들을 상대한다고 해 반인들이 다른 노비들보다 딱히 편하게 산 것은 아니었다. 1727년(영조 3년) 9월 12일 자 《승정원일기》를 보면, "괴롭고 무거운 역으로 성균관보다 더한 것은 없다. 그 고통을 견디지 못해 스스로 목을 매어 죽은 사람이 일곱 명을 넘으니 정말 가련하다"라고 했을 정도다.

호그와트에는 도비가,
성균관에는 반인이

소금 이야기는 잠시 끊고, 반인이 누구인지 알아보자. 그들은 성균관 일대, 곧 반촌에 사는 사람들이었다. 전설에 따르면 성리학을 처음 한반도에 퍼뜨린 고려 후기의 문신 안향安珦이 나라에 기증한 노비들의 후손이라는데, 사실인지는 알 수 없다. 어쨌든 조선 시대 내내 반인들은 성균관 근처에 자리 잡고 유생들을 보살피며 살아가는 기이한 종족이었다. 심지어 그들만의 말투와 풍습을 유지하고 있었는데, 무엇보다 쇠고기 판매를 독점한다는 말도 안 되는 특권을 누렸다.

농사를 중시하는 조선에서 중요한 가축인 소를 반인들은 비교적 자유롭게 잡고, 또 팔 수 있었다. 좋은 쇠고기를 열심히 공부하는 성균관 유생들에게 먹여야 한다는 이유에서였다. 과연 밥을 사랑하는 민족답게 조선 사람들은 큰일을 하려면 밥을 잘 먹어야 한다고 생각했고, 그 조건 중 하나가 고기반찬이었다. 실제로 성균관에는 공식적으로 한 달에 한 번 고기반찬 먹는 날이 정해져 있었다. 이것은 엄청난 특혜였다! 정작 성균관 유생들은 고기를 얼마나 얇게 썰었는지 뒤가 비쳐 보일 정도라고 구시렁거렸지만 말이다.

반인들은 성균관에서 치르는 제사에 올리기 위해서도 소를 잡았다. 성균관에는 공자를 비롯한 여러 유교 성인과 조선 위인의 위패를 모신 대성전大成殿이 있었고, 여기에서 제사를 지내는 것은 나라 전체의 중요한 의례였다. 오늘날 제사는 시대의 악습이자 허례허식이고 몹시 귀찮은 어떤 것으로 여겨지기 일쑤지만, 당시 성균관에서 차리는 제사상은 몹시 간단했으니, 쇠고기 한 덩어리를 올려두면 끝이었다. 어쨌든 그것도 쇠고기이니 반인들이 공급했고, 이렇게 유생들을 먹이고 제사상에 올린 뒤 남은 쇠고기는 민간으로 흘러갔다. 정확히 말해 반인들이 팔았다. 양반뿐 아니라 웬만한 백성도 제사상에 쇠고기를 올렸기 때문이다. 아니, 사실 무엇보다 쇠고기는 맛있으니까 수요가 끊이지 않았다! 이렇게 반인은 양반도 양민도 노비도 아니면서, 누구나 바라지만 함부로 잡을 수 없는 금육禁肉 쇠고기를 파는 사람들이었으니, 그 자체로 모순적인 존재들이었다.

그리고 이 반인들이 마포의 염해전을 사들였다! 그런데 반인들에게 받은 돈으로 급한 불을 끄고 나자 김광련은 억울한 마음이 들었다. (역시 화장실 들어갈 때와 나갈 때 다르다는 말이 괜히 나온 게 아니다.) 그는 "급해서 잠깐 빌려줬다"라고 주장했지만, 염해전이 무슨 화장실 휴지도 아니고 빌려줬다는 게 말이 되는가. 정말로 다급해서, 너무나 큰일 때문에 권리를 팔아넘겼을 것이다. 실제로 3650냥이라는 엄청나게 큰 빚에 허덕이고 있었으니까.

목소리 큰 놈이
임금의 관심을 얻는다

염해전을 가지게 된 반인들은 소금과 젓갈을 팔아 이익을 챙겼다. 가뜩이나 한양은 하루가 다르게 커지고 있었고, 사람도 많이 살았으니, 절대 실패할 리 없는 장사였다. 그러니 원래 주인이던 마포 사람들은 배가 아플 수밖에. 결국 '저 가게가 내 것이었어야 했다', '저기서 벌리는 돈이 내 돈이었어야 했다' 같은 밑도 끝도 없는 이기적인 생각들로 사리 판단을 못 하게 된 김광련! 같은 이익집단에 속한 마포 사람들이 그를 부추기니, 정조 때인 1782년에 이르러 그가 징을 울리고 고래고래 소리를 지른 이유였다. "억울하오! 나는 억울하오!"

격쟁은 억울함을 호소하는 것이지만, 대부분의 시위가 그러하듯이 다른 사람들의 불편함을 초래했다. 따라서 격쟁한 당사자는 사정을 말한 뒤 보통 곤장을 몇 대 맞았다. 비록 가벼운 처벌이라지만 분명 아팠을 텐데, 당시 김광련과 마포 사람들에게 그 정도의 아픔은 염해전을 '뺏긴' 아픔에 비하면 아무것도 아니었다. 한마디로 눈이 뒤집혀 있었다. '저 염해전, 돈이 데굴데굴 굴러 나오는 염해전!' 억울함은 끝이 없었고, 그들은 몇 번이나 몇 번이나 억울함을 호소했다. "염해전은 원래 저희 마포 사람이 300년 동안 가지고 있던 것이니, 다시 돌려주시옵소서!"

관리들은 이 문제를 두고 꽤 떨떠름해했다. 보통 격쟁이라고 하면 힘없는 백성이 정말 원통하고 억울한 일을 당했을 때 기댈 수 있는 최후의 구제 수단이었다. 격쟁이 제 역할을 한 가장 좋은 예가 영조와 정조 때의 각종 범죄 사건을 일목요연하게 정리한 《심리록審理錄》에 기록되어 있다. 1785년 황해도 평산에서 박씨 여인이 목매 숨진 채 발견되었는데, 그녀의 동생이 자기 누나는 '자살당한' 것이라며 격쟁했다. 이에 조정에서 조사관 세 명을 급파해 사건의 실체를 밝혀내니, 바람을 피우다가 며느리에게 들통난 시어머니가 그녀를 죽여 입을 막고자 자살로 꾸몄던 것이다. 이처럼 격쟁은 정말 절박한 사연들의 마지막 종착지였다.

그런즉 김광련의 격쟁은 사실상 떼쓰기에 가까웠다. 염해전 사건은 돈 문제였을뿐더러, 엄밀하게 따지면 이미 거래가 끝난 일이었다.

가령 100년 전에 할아버지의 할아버지가 소유했던 땅이니까 돌려달라고 한다면, 어느 누가 제정신으로 보겠는가. 관리들이라고 이 정도도 판단하지 못할 정도로 바보는 아니었다. 하여 정조에게 그냥 무시하는 게 어떻겠냐고 보고했다. 그런데 정조는 이 염해전 사건에 흥미를 느꼈던 듯싶다. 아니면 앞으로 이 문제가 계속될 것이라고 확신했는지도. 그는 전격적으로 이 사건을 수사하라고 명했다.

—

"경조京兆에 분부하고, 이어 공시당상貢市堂上에게 나은 쪽으로 결정해주어 다시 정소하는 폐단이 없게 하라."

《비변사등록備邊司謄錄》, 1782년(정조 6년) 11월 21일.

—

이때 경조란 요즘으로 치면 서울특별시청으로, 즉 임금이 염해전 관련 부처에 직접 사건 해결을 지시했던 셈이다. 다시는 해당 문제로 격쟁하는 일이 없게 하라고 강조한 것을 보면, 정조도 꽤 귀찮았던 게 아닐까 싶다. 사실 이런 돈 문제로 격쟁하는 일이 처음이 아니었기 때문이다. 1755년에는 마포 안의 두 마을 합정과 서강의 주민들이 싸움을 벌였다. 이 또한 돈 문제에서 비롯된 다툼이었고, 먹고사는 일과 직결되었기에 두 지역 사람들은 무려 30년 가까이 서로를 잡아먹을 듯이 싸워댔다. 그 이야기는 조금 뒤에 하도록 하고, 일단 김광련의 이야기를 계속해보자.

서울대학교 총장이
왜 거기서 나와?

자, 그렇다면 염해전은 과연 누구의 것인가. 사실 거래가 끝났다면 되돌리고 자시고 할 것도 없지만, 마포 사람들이 승부수를 띄운 데는 그만한 이유가 있지 않았을까. 가령 처음부터 문제가 있었던 계약이었을지 또 누가 아는가. 정말로 잠깐만 빌려준 것일 수도 있고 말이다.

사실 가장 중요한 점은 권력관계가 얽혀 있는 계약이었다는 것이다. 마포 사람들은 상인이자 양민인 보통 사람들이었다. 그에 비해 반인은 양민도 노비도 아니었지만, 뒷배가 있었다. 바로 성균관이었다! 그러니까 성균관의 위세를 빌린 반인들이 엉터리로 계약을 맺은 다음 염해전의 권리를 빼앗은 것일 수 있었다.

어쨌든 임금의 명령으로 조사가 시작되었고, 결론적으로 염해전은 마포 사람들의 손으로 돌아갔다. 그런데 생각지도 못한 변수가 발생했다. 성균관 대사성이 나서서 반인들 편을 들었던 것이다. 앞서 요즘으로 치면 서울대학교 총장이라고 한 바로 그 대사성 말이다!

성균관은 아직 과거에 급제하지 않은 학생들이 모여 공부하는 곳이었지만, 반대로 말하면 미래에 조선을 이끌어갈 관리들의 터전이었다. 자연스레 조정의 이런저런 조치에 찬성, 또는 반대하며 여론을 조성했고, 때로는 조정을 견제하기까지 했다. 세종 때는 성균관 안에 불당을 지으려다가 유생들이 반발해 동맹 휴학에 돌입하자, 황희가 그들 한 명 한 명을 직접 만나 학교로 돌아가라고 설득한 일도 있었다. (조선 시대에는 이런 동맹 휴학이 무려 96회나 벌어졌다.) 이처럼 '학생 운동의 요람' 역할을 한 성균관에는 고위 관리가 단 한 명 있었으니,

바로 정3품의 대사성이었다. 그처럼 중요하고 희소한 자리였으므로, 국정을 논할 때 큰 힘을 발휘했다. 그런 대사성이 임금과 다양한 사안을 논의하는 연석筵席에서 대놓고 반인 편을 들었다.

—

"신은 본관本館의 일에 대해서 삼가 진달進達할 것이 있습니다. 지난 기축년(1769년)에 염해전 사람이 각 영문營門에 빚을 져서 그 가게 터를 반인들에게 판 지 지금 10년이 넘었는데, …… 이번 추조秋曹에서 복계覆啓할 때, 강민들의 상언上言만을 따랐기 때문에 반인들이 패소를 당하게 되어 전복典僕들의 생계가 영원히 상실되게 되었습니다. 그러나 이로써 선비를 기르는 재원을 공연히 없어지게 해서는 안 됩니다. …… 한결같이 당초의 영매 문권文券에 따라 시행하라는 뜻으로 분부하는 것이 어떻겠습니까?"

_《일성록》, 1788년(정조 12년) 4월 13일.

—

조선 역사 500년 내내 공자 왈 맹자 왈 하며 경전들만 읊어댔을 법한 성균관의 수장이 이권 문제에 적극적으로 의견을 피력하다니! 정말로 대단히 어이없는 일이었다. 공식 석상에서 나온 말이니 만큼 정조는 차마 대사성의 청을 거절하지 못하고, 염해전의 권리를 다시 반인들에게 돌려줬다. 그래서 어떻게 되었느냐? 6년 뒤인 1788년 마포 사람들은 다시 한번 징을 두들기며 염해전을 돌려달라고 외쳤다.

—

"한 번만 문권을 살펴본다면 판단을 내릴 수 있는 일인데도
권세가 있고 없음에 구애되어 이 지경에까지 이르렀습니다.
청컨대 도로 무르게 해주소서."

《일성록》, 1788년(정조 12년) 5월 1일.

—

김광련은 반인들이 성균관의 힘을 뒤에 업고 횡포를 부린다고 주
장했다. 솔직히 틀린 말은 아니었다.

돈이 있는 곳에
다툼이 있다

염해전 운영권을 둘러싼 분쟁이, 임금과 성균관 대사성이 끼어들며
장르가 달라졌다. 염해전 바닥에 금이라도 파묻어뒀단 말인가. 물론
그건 아니었지만, 염해전 자체가 황금알을 낳는 거위였다. 그러니 정
경유착의 냄새가 짙게 풍길 수밖에. 원래 반인들은 성균관 유생들을
뒷바라지하는 하인에 가까웠다. 그렇다면 과연 어떠한 내막이 있었
기에 성균관의 수장이 팔 걷고 나서서 그들의 역성을 들었을까. 선비
를 키우는 데 도움이 된다는 '가증스러운' 유교적 수사로 본심을 숨
겼지만, 우리는 대강 짐작할 수 있다. 진짜 이유는 염해전이 벌어들이
는 막대한 이익 때문이라고!
　　사실 원칙적으로 반인들은 염해전 근처에 있어서도 안 되었다. 《비

변사등록》의 1782년(정조 6년) 11월 21일 기록에 따르면, 시장을 관리하는 평시서平市署가 "반인은 도성 밖의 시장에 거처할 수 없다는 조정의 명령이 있다. (염해전을) 마포 사람들에게 돌려주도록 하라"라고 명령한 상태였다. 다만 반인들이 성균관에 호소하며 버텼을 뿐이다. 물론 그 처지가 아예 이해되지 않는 것은 아니다. 시간이 흐르며 반인들의 수가 늘어나자, 개중 몇몇이 성균관 근처를 떠나 다른 곳에 자리 잡았을 테다. 그런데 마포로 이사한 반인들이 '전초기지'를 유지하고 먹고살 수단을 마련하기 위해 마침 매물로 나온 염해전을 덥석 물어버리며 문제가 터졌다. 돈맛을 본 반인들은 대사성을 움직여 자신들을 편들게 하는 데도 성공했다. 대사성이 뒷돈을 받았는지는 모르지만, 그가 반인들을 위해 임금에게 직접 청탁한 것은 사실이었다. 그러나 상대는 꼬장꼬장하기로 유명한 정조였다. 처음 한 번은 대사성의 체면을 생각해 넘어갔으나, 6년 뒤 다시 한번 격쟁이 벌어지자 기다렸다는 듯이 사건을 파고들기 시작했다. 역시 무엇 하나 호락호락하게 넘어가지 않는 인물다웠다.

정조는 염해전 사건을 해결하고자 사법기관인 형조刑曹에서 재판까지 열었다. 이 일에 여러 이해관계가 얽히고설켜 있음을 직감한 것 아니었을까. 조선 왕조라는 강력한 유교 가문의 명맥을 잇는 인물로서 정조는 흔히 말하는 '개꼰대'였지만, 그 이상으로 세상 돌아가는 이치를 귀신같이 알아채는 '눈치 9단'이었다. 당연하다, 임금이었으니까. 그것도 몹시 똑똑한 임금이었다. 변덕 심한 할아버지와 우울증 걸린 아버지가 만들어낸 '환장의 콜라보', 아니 처절한 가정불화의 아수라장을 몸소 겪은 정조는 뒤주 앞에서 우는 철부지 어린아이가 아니라, 산전수전은 기본이요, 공중전에 〈스타워즈〉 뺨 때리는 우주

전까지 치를 수 있는 프로페셔널 정치꾼이었다. 또한, 비록 성공하지는 못했지만, 수원에 화성을 건설하며 제대로 된 시장도 조성하고자 노력했을 정도로 돈 굴러가는 일에 밝은 임금이기도 했다.

자, 그래서 염해전의 운명은 어떻게 되었을까. 결론적으로 마포 사람들이 염해전을 다시 차지했다! 물론 굉장히 지난한 과정을 거쳐야만 했다. 정조가 아무리 관심을 두었다고 한들 더 중요한 현안들이 차고 넘쳤을 테니, 시간이 걸리는 것은 당연했다. 그런데 문제는 반인들에게 뱉어낼 3650냥이 마포 사람들에게 없었다는 것이다. 결국 세금을 거두고 나라 곳간을 관리하는 호조戶曹와 균역청均役廳에서 6000냥을 내어 일단 반인들에게 주고, 마포 사람들은 그 돈을 이후 5년 동안 나라에 분할 상환토록 했다. 물론 마포 사람들이 이후 염해전에서 벌어들일 수익은 6000냥을 훨씬 웃돌았을 것이다.

결국 조정이 나서서 반인들의 경제적 성장을 억제하고, 마포 사람들의 이익을 보전해준 꼴이었다. 반인들의 속이 꽤 쓰렸겠으나, 어차피 그들이 돈 버는 구석은 염해전 하나만이 아니었으니 걱정할 것 없다. 하여간 재미있는 사건이었다! 돈이라면 거들떠보지도 않을 듯한 조선 사람들이지만, 막상 일이 터지면 임금부터 천민까지 모두 팔을 걷어붙이고 나섰다. 오늘날 역사학자들은 염해전 사건을 두고 기존 상인 세력과 신흥 상인 세력의 충돌, 또는 독점 판매권을 둘러싼 갈등으로 해석한다. 답이 무엇이든 간에 원인은 분명하다. 바로 돈이다. 돈이 있는 곳에 다툼은 자연스럽게 따라온다. 그리고 이는 염해전에서만 일어나는 일도 아니었다.

합정과 서강의
피할 수 없는 한판 대결

마지막으로 앞서 잠깐 언급한 합정과 서강의 주민들이 싸운 이야기를 살펴보자. 이 또한 조선 후기 한강 변에서 벌어진 다툼이었다. 염해전 사건이 비교적 큰돈을 두고 벌어진 일이었다면, 이번에 이야기할 분쟁은 생계와 직결된, 그래서 더 처절하고 절박한 일이었다. 당시 마포는 한양에서 제일가는 포구였고, 따라서 여관과 음식점 등 온갖 편의 시설이 즐비했다. 따라서 마포에서도 배가 어느 마을에 정박하는지가 아주 중요한 문제였다. 배가 많이 정박하는 마을은 그만큼 장사가 잘되었으니까. 그런데 원래 합정에 정박하던 배들이 슬금슬금 서강으로 옮겨가기 시작했고, 결국 합정 주민들은 벌이가 갑자기 뚝 끊기게 되었다.

왜 배들이 옮겨갔을까. 이유야 여러 가지이리라. 마을 주민들과 뱃사공들 사이에 뒷거래가 있었다든가, 합정에서 여행객들에게 바가지를 너무 심하게 씌웠다든가. 조심스럽게 '젠트리피케이션'도 생각해본다. 합정이 뜨는 동네가 되자 너도나도 몰리며 이래저래 물가가 올랐고, 그래서 자연스레 사람들이 서강을 찾게 되었다고 말이다. 물론 기본적으로 배가 어디에 정박할지는 배 젓는 사람 마음이었다. 그런데 배를 뺏긴 합정의 가구 수가 400호에서 100호로 확 줄었다고 하니, 당하는 주민들로서는 그러려니 할 수 있는 일이 아니었다.

눈이 뒤집힌 합정 주민들은 소장을 올리고 격쟁하며 나라에 문제 해결을 요청했다. 어찌나 격렬했는지, 소란을 일으켰다는 이유로 정수라는 이름의 장두狀頭, 즉 요즘으로 치면 비상대책위원장이 붙잡혀 여러 차례 곤장을 맞기까지 했다. 물론 그런다고 합정 주민들의 기세를 꺾을 수는 없었다. 그들에게는 생존이 걸린 문제였기 때문이다. 고생이 빛을 발했는지 조정은 합정에도 배가 정박하도록 조처했고, 실제로 그리되고 있는지 주기적으로 살폈다. 합정이 완전히 죽어버리는 것은 조정으로서도 부담이 되었을 테다. 물론 예나 지금이나 목소리 큰 놈이 이기는 법이기도 하고. (그러니까 우리 모두 민원을 귀찮아하지 말고 필요한 게 있으면 열심히 요구하자.)

이처럼 조선 후기에는 '먹고사니즘'의 실현을 둘러싼 소동이 끊이지 않았다. 그런데 이제까지의 이야기는 사실 맛보기 수준에 불과하다. 과연 돈에 눈 뒤집힌 사람들이 얼마나 많았는지, 놀랄 준비 단단히 하시라.

2

헤지 투자의
달인이 된 이황

이 꼭지의 제목을 읽고 '이황이 재테크를 했다고?' 하며 놀랄 독자가
꽤 있겠다. 하지만 이는 조선 역사를 좀 아는 사람들에게는 유명한 이
야기다.

　여기서 잠깐, 독자들의 상식 증진을 위해 이황이 어떤 사람이었는
지 기본적인 정보를 정리해보겠다. 그는 1000원권 지폐에 얼굴이
실려 있어 가장 흔하게 볼 수 있는 위인이다. 하지만 정작 그가 무슨
일을 했냐고 물어본다면, 으음, 글쎄? 일단 누가 보아도 겉모습에서
유학자임은 알 수 있을 테고, 국사 시간에 졸지 않았다면 사단칠정
론四端七情論까지는 생각해낼 것이다. 여기에 좀 더 덧붙이자면 이황
은 뛰어난 학문으로 일본에까지 이름을 떨친 조선의 자랑이었다. 무
엇보다 정치계의 거물이 된 제자들 덕분에 영남학파, 나아가 시대의
스승으로 존경받게 되었으니, 마침내 성인들만 모신다는 성균관에

위패가 봉안되어 조선 시대 내내 그리고 지금까지도 그를 위한 제사가 올려지고 있다. 또한 이황이 일생을 보낸 도산서원은 (이제는 위세가 좀 덜하지만) 유교의 성지이자 모든 선비의 정신적 고향으로, 지금도 그의 제삿날만 되면 전국의 유학자들이 이곳에 모여 스승의 정신과 철학을 기리고 있다.

까마귀 노는 곳을 멀리한
시대의 스승

이황은 굴곡 없는 경력만큼이나 사생활도 매끄러웠다. 일단 자식 많은 집의 막내아들로 태어나 이쁨받으며 자랐다. 이이만큼 극적이지는 않지만, 초시에 합격한 지 불과 1년 만에 생원시의 강을 건너고, 7년 만에 대과의 산을 넘으며 천재 소리를 들었다. 그러나 이황은 관직에 종사하기보다는, 시골에서 학문을 갈고닦는 데 더 힘을 기울였다. 종종 임금의 간곡한 부탁으로 한양에 머물기도 했지만, 그럴 때마다 여러 가지 이유를 들어 금방 시골로 내려갔다. 세속의 더러움과 인연을 모두 끊어낸 현명한 사람, 그가 바로 이황이었다. 사람들은 이 도인 같은 유학자에게 틈만 나면 세상의 진리를 물었고, 이황은 무엇이든 성심성의껏 대답해줬다.

　그렇게 차츰 이황의 곁으로 사람들이 모여들었고, 당대의 가장 현명한 사람들이 그의 제자가 되었다. 이황은 진정한 시대의 스승이었다. 엉덩이에 뿔 난 송아지였던 이이를 보듬어줬고, 유성룡에게 변함없는 친절을 베풀었다. 새까맣게 어린 기대승을 비롯해 수많은 후배와 토론하면서도 절대 자신의 권위를 내세우지 않았고, 오히려 그들을 존중했다. 수제자 김성일金誠一은 도요토미 히데요시를 과소평가하는 실책을 저질렀지만, 막상 임진왜란이 벌어지자 제일 위험한 전장을 누비며 싸우다가 병사했으니, '그 스승에 그 제자'라는 평을 들었다. 특히 이황의 편지들을 보노라면, 분명 수백 년 전에 한자로 쓰였는데도, 한없는 온화함을 느낄 수 있을 정도다. 그리고 검소하기까지 했으니, 《조선왕조실록》은 이황을 이렇게 평하고 있다.

—

빈약貧約을 편안하게 여기고 담박을 좋아했으며 이끗이나 형세, 분분한 영화 따위는 뜬구름 보듯 하였다.
_《선조실록》, 1570년(선조 3년) 12월 1일.

—

한마디로 이황은 굉장히 훌륭한 사람이었다. 이황을 주인공으로 한 민담도 꽤 많이 전해지는데, 대체로 그의 너그러움과 뛰어난 인품을 찬양하고 있다. 물론 그중 몇 개, 가령 마음에 병이 있는 둘째 부인이 이황의 옷을 엉터리로 고쳤는데도 아무렇지 않게 입었다든가, 과부가 된 둘째 며느리를 보쌈으로 재혼시켰다든가 하는 이야기들은 사실이 아니라는 게 '학계의 정설'이다. 특히 둘째 며느리는 남편 이채李寀가 21세의 나이로 요절하자 남은 재산들을 친척들에게 모두 빼앗겨 생계가 어려워진 탓에 재혼했다. 이황의 편지들을 살펴보면 처음에는 둘째 며느리의 재혼을 이해했지만, 나중에는 하지 않기를 바랐다.

아무튼 그런 민담이 쏟아져 나올 만큼 이황은 당대의 인격자였단 말이다. 그랬던 사람이 엄청난 부자였고 재테크에 신경 썼다는 게 좀 깨는가. 뭐, 조금 그렇긴 하지만 그렇다고 굳이 실망할 필요는 없다고 말해야겠다. 이런 사람이라도 돈은 도저히 놓을 수 없는 중요한 문제였던 것이다.

수익률 200퍼센트의 신화와
먹고사니즘

빙빙 돌 것 없이 이황의 재산이 어느 정도였는지부터 알아보자. 이황은 유명한 덕분에 굉장히 많이 연구된 인물이라 그의 재산도 비교적 자세히 밝혀졌으니, 대략 논밭 2000~3000두락斗落에 노비 300명 정도였다. 두락은 땅 크기를 나타내는 단위로, 1두락은 씨앗 한 말을 모두 뿌릴 수 있는 크기의 땅이다. 정량화된 규격이 익숙한 우리로서는 잘 짐작되지 않는데, 옛날에는 실제로 저렇게 계산했다고 하니 어쩌랴. 다만 여러 연구를 종합해보면 1두락은 대략 700~1000제곱미터 크기로, 따라서 이황이 소유한 땅은 1500~3000제곱킬로미터가된다. 여기에 재워주고 먹여주기만 하면 되는, 또 그만둘 일 없는 노동력(노비)까지 더하면, 이황은 대단한 자산가였음이 틀림없다.

그런데 이황은 부모에게 그리 많은 재산을 물려받지 못했다. 일단 시골 양반인 할아버지는 가난했고, 아버지는 이황이 돌이 되기도 전에 세상을 떠났다. 그 와중에 형제가 일곱 명이나 되었으니, 유산을 넉넉하게 물려받았을 리 없었다. 실제로 제자 이덕홍李德弘은 이황이 젊은 시절 "남들은 견디기 어려울 정도"로 가난했다고 밝혔다. 그렇다고 직접 농사짓거나 장사해 돈을 벌지도 않았을 텐데, 이황은 '시드머니'를 어떻게 마련했을까. 바로 결혼을 통해서였다! 이황은 평생 두 번 결혼했는데, 두 부인 모두 그보다 일찍 세상을 떠났다. 그렇지만 그녀들의 지참금은 그대로 남았다.

두 부인이 가져온 재산은 합쳐서 대략 1500두락으로 추정된다. 그렇다면 이황은 이를 평생 두 배로 늘린 것이다. 수익률 200퍼센트의 마법! 알다시피 재산은 그냥 놔둔다고 늘지 않고, 생활을 유지하기 위해 써야 하므로 오히려 줄어들기에 십상이다. 도대체 이황은 어떻게 재산을 굴린 것일까. 아쉽게도 이황은 그 비법을 기록해놓지 않았다. 그의 문집은 제자들이나 후배들과의 철학 논쟁으로 가득할 뿐이다. 다만 이황이 가족들과 주고받은 수많은 편지에 힌트가 있다. 그곳에서 우리는 철학자가 아니라, 가족들의 생계를 책임진 가장으로서 이황의 새로운 면모를 발견하게 된다. 그는 철학적 문제만큼이나 '먹고사니즘'의 문제, 구체적으로는 농장 경영을 중요하게 생각했다.

물론 어떤 '이즘ism'이라도 쉽지 않기는 매한가지다. 이황 집안의 분재기를 살펴보면, 그의 땅은 예안禮安을 비롯해 풍산豐山, 영주榮州, 봉화, 의령 등 오늘날의 경상남북도 이곳저곳에 흩어져 있었다. 당연히 논밭을 일구는 노비들의 거주지도 땅들을 따라 점점이 존재했다. 그런고로 관리가 쉽지 않았다. 예나 지금이나 농사일은 힘들다. 물이 부족할까 싶어 걱정이라도 할라치면 어느새 잡초들이 무성해져 김매느라 정신없다. 얼추 정리되면 이번에는 병충해가 들이닥친다. 이런 문제들이 씨 뿌리고 추수할 때까지 끊임없이 이어진다. 물론 논밭을 직접 가꾸는 것은 노비였지만, 씨뿌리기, 모심기, 김매기, 추수, 탈곡 같은 큰일들을 언제 할지, 누가 할지 등의 세부 사항은 양반이 직접 통솔했다. 이황은 (둘째 아들이 죽고 남은 유일한 자식인) 맏이 이준李寯에게 큰 농장 하나를 관리하게 하고, 다른 곳에는 지배인, 곧 마름을 파견했다. 그리고 본인은 일종의 '컨트롤 타워'처럼 모든 농장을 두루두루 살폈다. 이황은 이 일에 매우 진지했으므로, 종종 이준에게 편지를 보내며 "네가 한양에 오면 농사는 누가 짓니?"라고 썼다. 아울러 과거 급제에 힘쓰라 권하는 동시에 생업 유지도 소홀히 하지 말 것을 늘 강조했다.

목화 농사부터 이앙법까지
나는 아직도 배고프다

이황이 아들에게 쓴 편지를 보면 앞서 소개한 노상추의 처지와 크게 다르지 않았음을 알 수 있다. 조선을 대표한 유학자인 그도 농사라는 전쟁을 매년 치러야 했다. 군데군데 흩어진 논밭을 관리하고, 필요한 농기구를 장만하고, 일할 사람을 챙기고 등등. 당연히 물리적으로 혼자 모든 것을 할 수 없으니, 필요할 때마다 아들을 곳곳의 농장들로 보내 김매기나 추수를 감독하게 했다. 물론 추수한 것이 얼마나 되는지 묻고, 곧장 수확물을 보내라고 해 검수한 다음, 한 해를 버틸 만큼 충분한지 확인하는 일도 빼놓지 않았다. 어찌나 꼼꼼한지 아들에게 보낸 편지를 보면, 노비 중에 누가 일을 잘하고 못하는지까지 캐물었을 정도다.

—

은부銀夫란 놈은 금년 보리타작에 대해 지금까지 보고하지 않
았고, 지난해 서로 바꾸어 쓰고 남은 곡식과 또 피로 바꾼 포
목도 지금까지 올려 보내지 않았다. 그는 지난해 신공身貢(품
삯) 또한 한 필도 보내지 않았으니 미련하고 거만하기 짝이 없
다. 모름지기 통렬히 징치懲治하고 하나하나 받아 오도록 하
는 것이 좋겠다. 또 이말李末은 요즘 그곳 일을 돌보지 않느
냐? 금년 하도에 물이 들어온 곳은 완전히 농사를 망쳤지만
그 나머지는 좋다고 하니, 아울러 조사해 아뢰도록 하여라.

—

　좀 야박해 보이기는 하지만, 사실 농장 경영에 정말 필요한 일이었
다. 그렇게 관리하는데도 게으름을 피우거나 아예 도망가는 노비들
이 심심치 않게 나왔으니 말이다.
　이황은 이윤을 극대화하기 위해 새로운 분야를 개척하는 데도 적
극적이었다. 바로 목화 농사였다. 문익점이 들여왔다는 전설의 이 식
물은 당시 농민들의 효자 상품으로, 겨우내 사람들의 몸을 덥혀주는
솜털을 추출할 수 있어 좋은 값에 팔렸다. 이황은 목화를 잘 키우기
위해 분전糞田을 마련했는데, 한마디로 인간의 배설물을 잔뜩 뿌려
지력을 최대한으로 끌어올린 밭이었다. 그곳에 목화씨를 심고 정성
껏 김맨 다음 사람을 두어 누가 훔쳐 가지 못하도록 망까지 보게 했
다. 그러면서 아들에게 "지금 목화씨를 뿌려야 하는 게 마땅한데, 다
만 잡초 뽑는 게 어려우니 어찌할 것인가"라고 편지를 보내기도 했으
니, 냉큼 와 일을 도우라는 무언의 압박 아니었을까. 농사일을 자기

손바닥처럼 훤히 꿰뚫고 있는 아버지 앞에서 아들이라고 별수 없었을 테다. 여하튼 정성을 듬뿍 쏟은 덕분에 이황은 목화 농사로 쏠쏠한 재미를 보았다. 논농사와 밭농사는 기본이요 목화 농사에도 뛰어들어 쉽 없이 이익을 만들어냈으니, 조금 과장해 이황을 '헤지 투자'의 달인이라고 불러도 될 듯싶다.

하지만 이황은 여전히 만족하지 않았다. 결국 그는 금단의 기술인 이앙법까지 도입했다. 이는 모판에서 벼의 싹을 틔운 다음, 물을 많이 가둬둔 논에 옮겨 심는 농법이다. 우리나라 사람들이 보통 잊고 살지만, 벼는 원래 열대 지방 식물이다. 따라서 초장부터 물을 아낌없이 먹여주면 매우 잘 자란다. 반대로 가뭄이라도 들어 논에 가둬둘 물이 부족하면, 모판만으로는 아무것도 할 수 없으므로 1년 농사를 통째로 망치게 되니, 도박이나 다름없다. 게다가 사실 이황 생전에는 이앙법이 불법이었다. 하여 그도 대부분의 논밭에서는 땅에다가 볍씨를 직접 뿌리는 직파법으로 농사지었지만, 아주 일부에서는 이앙법을 시도했다. 이건 정말 위험한 투자였다. 땅도 많으면서 뭘 저렇게까지 조심스럽냐 하겠지만, 당시의 농사란 힘은 힘대로 드는데 나오는 이익은 그리 크지 않은 일이었다.

성실하게 벌어
품격 있게 쓰다

하여 이황은 돌다리도 두들겨 보고 건너는 굉장히 신중한 투자자였다. 그는 돈을 많이 버는 것보다 굶지 않는 것을 더 중요하게 생각했다. 아니, 사실 그게 유일한 목표였으리라. 이 또한 아들에게 보낸 편지에서 잘 드러난다.

—

올해는 모두가 굶주림에 허덕일 우려가 있으니, 어찌 후일을
생각하여 가볍게 곡식을 내어 전지(땅)를 매입할 겨를이 있겠
느냐?

—

굶주릴지 모른다는 이황의 말은 절대로 엄살이 아니었다. 진심으로 매년 굶을까 봐 걱정했고, 따라서 다른 곳에 투자할 때는 매우 신중했다. 이황은 자주 땅을 사들였는데, 이때도 무리하지 않았다. 한번은 이황의 노비 중 연동連同이라는 자가 본인 소유의 땅을 팔려고 하자, 그러지 말라고 말렸다. 내심 그 땅을 사고 싶었으나, 당장 그럴 만한 형편이 안 되니 일단 "멈춰!"라고 외쳤던 것이다. 실제로 이황은 아들에게 편지를 보내 "내년에라도 그 땅을 우리가 사야 한다"라고 못 박기까지 했다. 그렇게까지 연동의 땅을 노린 이유는 정확히 알 수 없지만, 한 동네의 땅들이 흩어지지 않도록 하려던 것 아닐까 싶다. 이처럼 나름대로 이유도 있었고, 꼭 사야 한다면 그럴 수 있었을 텐데도, 이황은 무리하지 않았다. 이런 절제심은 성실하게 농사일을 챙기며 쌓은 지식과 여유에서 비롯되었으리라.

무엇보다 이황은 검소한 사람이었다. 말에게 먹일 콩을 살 때면 직접 영수증을 챙겼고, 아들에게 보내는 편지에는 근검절약하라는 말을 자주 남겼다. 특히 본인에게 돈 쓰는 데 엄격했으니, 1562년 손자

이안도李安道에게 보낸 편지를 보면 이황의 검소함이 잘 드러난다. 남쪽 지방 태생인 그는 추위에 몹시 약했는데, 하필 한양에 올라와 있을 때 겨울을 맞았던 모양이다.

—

나는 늘 추위를 두려워하기 때문에 털 가죽옷이 없어서는 안 된다. 하지만 양털 가죽옷 한 벌을 20년이나 입다 보니 지금은 죄다 해어졌다. 보통 일이 아니다. 새로 구입할 비용이 없어서 걱정이구나.

—

옷 하나를 20년이나 입었다고! 옷을 사 한 철만 입고 버리는 우리로서는 입이 떡 벌어지는 수준이다. 이 편지를 쓸 당시 이황은 중앙군 중 하나인 충무위忠武衛의 상호군上護軍 자리에 있었다. 일종의 명예 지휘관으로 실권은 없었지만, 그래도 정3품의 고위 관직이었다. 그 정도 위치에 올랐는데도 이황은 땔감 살 돈이 아깝다며 춥게 지냈고, 옷 한 벌 새로 살 돈이 없다며 걱정했다. 이황은 결국 새 옷을 샀는데, 이때도 미리 가격을 알아보는 등 꼼꼼하게 따졌다. 앞서 소개한, 좋은 집에 살고 싶다고 2000냥을 덜컥 지출한 유만주가 이황의 검소함을 본다면 너무나 창피해 쥐구멍에라도 숨고 싶어 하지 않을까.

한 가지 주의할 점은 이황이 '짠돌이'는 아니었다는 것이다. 그는 잘 베푸는 사람이었다. 한양에서 생활하던 당시, 이황은 소금과 미역을 비롯해 은어, 연어, 종이, 무명, 쌀 등을 꼼꼼하게 챙겨 가족들과 친척들에게 선물했다. 또한 모범 납세자였다. 이황이 세금을 잘 내 그의 동네 사람들이 이를 본받아 모두 세금을 잘 냈다는 민담이 전해지는데, 실제로 아들에게 보낸 편지를 보면 세금이 누락되지 않도록 조심하라는 당부가 종종 눈에 띈다. 돈 좀 있고 힘까지 좀 있으면, 어떻게든 세금을 안 내려고 별짓 다 하는 게 세상 이치이거늘, 이황은 정말로 위대한 사람이었다. 즉 쓸 때는 쓰고 아낄 때는 아끼는, 정말 부자다운 부자였다.

성리학자의 머리
투자자의 가슴

지금까지 살펴본 것처럼 이황은 물려받은 재산을 성실하게 가꿨고, 무리하지 않았으며, 시대의 추세에도 뒤처지지 않았으니, 그야말로 투자의 정석을 밟았다. 덧붙여 돈 버는 데만 목매지 않고, 그에 걸맞은 품격까지 갖췄으므로, 그야말로 성공의 백년지대계를 세웠다고 하겠다. 여기에 운도 따랐다. 이황의 제자들은 조선의 정치적·학문적 주류가 되었고, 스승을 계속해서 존경했다. 도산서원은 그들의 성지가 되었다. 그래도 이황의 농장 경영은 이제까지 우리가 믿어온 도도한, 이슬만 먹을 것 같은 유학자의 이미지를 깨부수기는 한다. 다만 생각해보라. 피와 살을 가지고 처자식까지 줄줄이 딸린 사람이 어떻게 이슬만 먹겠나. 밥도 먹고 반찬도 먹어야 한다.

한마디로 성리학을 논하는 이황도, 자산을 잘 굴리는 이황도 동일한 사람이다. 1554년 그가 아들에게 보낸 편지에 이런 구절이 있다.

—

가산을 경영하는 일은 사람이라면 하지 않을 수 없는 것이다.
너의 아비는 평생 비록 이런 일에 서툴기는 하였지만 그렇다
고 어찌 완전히 하지 않기야 했겠는가. 다만 안으로는 오로지
문아文雅함을 지키면서 밖으로 간혹 여러 사무에 대응한다면
선비의 기풍을 떨어뜨리지 않아 해로움이 없을 것이다. 그렇
지 않고 만약 문아함을 완전히 잊고서 가산 경영에만 몰두한
다면 이것은 농부의 일이자 향리 속인들이 하는 짓이 되어 버
린다.

—

　그러니까 만약 이황이 오늘날 되살아난다면, 그래서 당신이 찾아
가 사단칠정론을 물어본다면. 그는 몹시 온화하고 정중한 태도로 우
주의 진리를 설명해줄 것이다. 시대를 풍미한 석학이란 게 믿어지지
않을 정도로 권위 없이 당신과 대화를 나눌 테다.
　고매한 이야기가 끝난 다음, 그에게 "요즘 어디에 투자하면 좋을까
요?"라고 물어본다면 어떻게 반응할까. 그러면 이황은 안경집에서
돋보기안경을 꺼내 쓴 뒤, 주머니에서 주섬주섬 스마트폰을 꺼내 들
것이다. 거기에 설치된 각종 금융 앱에 접속하면 일목요연하게 정리
된 이황의 자산 포트폴리오가 나오는데, 반절 이상은 예금과 적금으
로 묶어놓고, 나머지는 주식과 가상화폐에 적절히 분산 투자하지 않
았을까. (다시 한번 말하지만, 그는 안정 추구형 투자자다.) 그 외 원유나
금은 물론이고, 워낙 추세에 빠삭한 사람이라 최근 뜨는 각종 분야에
도 작게나마 투자하고 있으니, 투자 전문 유튜버로 데뷔할 수 있을 정

도다. 눈이 휘둥그레진 당신에게 이황은 요즘 어디가 유망하다며 이런저런 정보도 알려주지 않을까. "뭐가 오른다 카더라!" 같은 뜬구름 잡는 이야기가 아닌, 정말 살이 되고 피가 되는 정보를.

이처럼 투자의 귀재인 이황은 무엇보다 본인에게 검소했고 주변 사람들에게 잘 베풀었다. 사람이 어떻게 이처럼 다 가질 수 있나 싶지만, 그걸 해낸 게 바로 이황이었다. 그럼 아주 순수한 의문이 들지 모른다. '사람이 어쩜 그렇게 철학도 잘하고, 동시에 집안 살림도 잘하지?' 글쎄, 그러니까 역사의 위인이라고 답할 수밖에. 100년이나 200년에 한 명 나올까 말까 한 천재이니까, 학문도 잘하고 투자도 잘하고, 하여 훗날 화폐에 자기 얼굴까지 올릴 수 있는 것 아닐까.

사람은 이렇게나 복잡한 존재다. 이황은 굉장히 유능했고, 그만큼 양심적이었다. 특권을 누리면서도 횡포를 부리지 않았으며, 스스로 절제하고 무리하지 않았다. 이것이 얼마나 어려운 일인지는 지금부터 만날 사람들의 행태를 보면 너무나 잘 알게 될 것이다. 그들이 어땠냐고? 너무 지나쳤거나, 쫄딱 망해버렸거나!

3

경제통 영의정은
왜 대부업에 뛰어들었나

모두 이황처럼 신사답게 돈을 번 것은 아니었다. 늘 그렇지만, 악랄하고 수단과 방법을 가리지 않은 사람이 훨씬 많았다.

특히 이번에 소개할 인물은 조선 역사상 손꼽히는 노랑이라 해도 부족함이 없다. 바로 세종 때 영의정을 지낸 유정현柳廷顯이다. '세종 때 영의정은 황희 아니야?'라고 생각할 독자가 있겠으나, 세종의 치세는 아주 길었고 그래서 여러 명의 영의정이 있었는데, 그중 하나가 바로 유정현이었다. 그는 눈치가 빨라 일찍이 충녕대군忠寧大君(세종)이 세자가 되는 것을 지지했을 정도로 누가 권력을 쥘지 귀신같이 알아차렸고, 그래서 꽤 성공적인 경력을 쌓았다.

그런데 유정현은 돈을 사랑했다. 사치하기 위해서나, 남에게 자랑하기 위해서 돈을 모았을 수도 있겠다. 하지만 그의 행적을 찬찬히 살펴보면 돈 자체를 너무너무 사랑했던 것 같다. 집에다가 돈으로 가득 채운 수영장을 만들어놓고 뛰어들어 수영할 것 같달까. 물론 조선 초기에는 화폐 제도가 자리 잡지 못해 그럴 순 없었겠지만 말이다.

예부터 사람이 지나치게 돈을 밝히면 보통 이런 핑계를 붙여주곤 한다. 어린 시절 찢어지게 가난해서 이런저런 괴로움을 겪었고, 하여 나이 들어 돈에 집착하게 되었다고. 그러나 유정현은 이런 경우가 전혀 아니었다. 그가 속한 문화류씨文化柳氏 가문은 고려 말의 이름난 권문세족이었다. 고려 때이기는 하지만, 할아버지는 엄청난 부자였고, 아버지는 관직을 지냈으니 대대로 빵빵한 집안이었다. 이런 배경이 있는데도 유정현은 더 많은 돈을 모으기 위해 온 힘을 다했는데, 그 수단이 바로 대부업이었다.

조선의 금융 거래는
여인 천하

조선 사람들도 종종 급전이 필요했다. 자식이나 친척이 결혼한다든지, 과거를 치러 한양에 가야 한다든지, 병이 들어 약을 사야 한다든지, 가족의 장례를 치러야 한다든지, 가뭄이 들거나 보릿고개가 시작되어 쌀을 사려면 돈을 더 줘야 한다든지 등의 이유로 말이다. 그러나 당시에는 신용 대출은 물론이고 은행도 없었으니, 급전이 필요하면 다른 사람에게 빌릴 수밖에 없었다. 옆집 사람에게 쌀 한 말, 간장 한 종지 빌리는 거야 이웃 간의 정으로 '퉁칠' 수 있다지만, 만약 진짜 돈이 오가는 일이라면 꼭 갚아야 했다. 큰돈이라면 이자도 챙겨줘야 했고. 이것이 조선 시대 대부업의 요지인데, 만약 빌린 돈을 제때 못 갚으면 빚쟁이들이 몰려와 닦달하는 데 그치지 않고, 재산을 송두리째 가져가 나락으로 떨어지는 일이 부지기수였다. 그래서 보통 대부업은 비도덕적인 일로 여겨졌는데, 사실 이는 다른 나라도 마찬가지였다. 악독한 유대인 고리대금업자가 등장하는 《베니스의 상인》이나 《아이반호》같은 소설이 괜히 나왔던 게 아니다. 전 유럽, 나아가 세계의 정치와 경제를 막후에서 주물럭거린다는 소문의 로스차일드 가문도 처음에는 대부업으로 부를 쌓았다.

다만 조선 시대의 대부업을 오늘날 자세히 알기는 어렵다. 관련 기록이 많지 않기 때문인데, 몇몇 일수 장부가 남아 있는 정도다. 하지만 많은 사람이 대부업, 속칭 돈놀이를 했던 것은 분명하다. 특히 양반가의 여인들이 자주 했던 것으로 보인다. 실제로 현존하는 일수 장부에 여성들의 이름이 많이 적혀 있다. 정조 때의 실학자 이덕무는 이를 비판하는 글을 길게 남기기도 했다. 차라리 길쌈을 하거나, 간장이나 술, 기름을 팔아 돈을 벌 것이지, 그놈의 돈놀이 좀 하지 말라고!

—

돈놀이하는 것은 더욱더 현부인의 일이 아니다. 적은 돈을 주고 많은 이식을 취한다는 그 자체가 의롭지 못한 일이 될 뿐 아니라, 만일 약속 기일을 어기고 상환하지 않으면, 가혹하게 독촉하고 악담을 마구 하게 되며, 심지어는 여자 종에게 소송케 해서 그 일이 관청 문서에 기재되게 되어 채무자가 집을 팔고 밭을 파는 등 도산하고야 마니, 그 원성이 원근에 파다하게 되며, 또는 형제 친척 간에도 서로 빚을 얻으니 주거니 하여 오직 이익에만 급급할 뿐, 화목하고 돈후敦厚하는 뜻은 전혀 잃게 되는 것이다. 내가 볼 때 돈놀이하는 집은 연달아 패망하니, 그것은 인정에 가깝지 못한 일이기 때문이다.

_이덕무,《사소절士小節》7권.

———

(이덕무의 불만은 일단 접어두고) 이런 글이 나올 만큼 정말로 많은 여성이 돈놀이로 생계를 꾸려나갔다. 아버지가 돈을 벌지 못해 살림이 가난해지면 어머니가 밤새워 삯바느질해 생활을 꾸린다는 고전적인 고정관념이 있는데, 이제는 어머니가 그런 힘든 일뿐 아니라 돈놀이도 했다고 생각해야 할 것 같다. 돈놀이가 삯바느질보다 돈은 몇 배나 잘 벌었을 테니 애처로움은 덜할지 모르지만, 그만큼 더 억척스러워야 했다. (돈을 받아내야 하니까.) 앞서 소개한 조병덕의 큰며느리가 바로 돈놀이꾼이었다. 시골에 내려가서도 낭비 습관을 버리지 못해 쩔쩔매던 조병덕은 며느리가 가진 돈을 몹시 부러워했고, 그걸 자기 마음대로 쓰고 싶어 했지만, 며느리는 눈 하나 깜빡 않고 돈주머니를 꽉 쥐고 있었던 것 같다. 참으로 현명하게도.

2000억 자산가 영의정의
비밀스러운 '투잡'

물론 여자들만 돈놀이한 것은 아니었다. 이번 이야기의 주인공인 유정현은 남자다. 대체 언제부터 그 일을 했는지는 알 수 없지만, 유정현은 젊어서부터 매우 쫀쫀한 관리로 유명했고, '일인지상 만인지하'

라는 영의정 자리에 오른 뒤에도 대부업에 힘쓰며 '투잡'을 했다.

사실 대부업의 험한 구석은 빌려준 돈을 도로 받아내는 데 있었다. 유정현은 그의 권력과 무엇보다 집요함을 발휘해 채무자들에게 이자를 받아냈다. 물론 사회적 지위가 있는 인물인 만큼 추심은 본인이 직접 하지 않고 하인들을 시켰는데, 돈을 잘 받아내면 특별히 상까지 주었다. 당연히 하인들은 눈에 불을 켜고 돈을 뜯어냈고, 곧 유정현은 엄청난 부자가 되었다. 《조선왕조실록》의 1424년(세종 6년) 1월 29일 기록에 따르면, 그의 재산 중 곡식만 무려 7만여 석이라고 했다. 그게 어느 정도냐 하면, 심청이 인당수에 233번 몸을 던져야 받을 수 있는 양으로, 오늘날 시세로 대충 2000억 원 안팎에 달한다. 하지만 유정현은 만족을 몰랐다. 그는 돈을 더 불리기 위해 무진히 노력했다.

당연히 별별 엄청난 일들이 다 벌어졌을 텐데, 아쉽게도 《조선왕조실록》은 단 하나의 사건만 기록해뒀다. 1424년 1월 유정현이 종1품의 고위 관직인 판부사判府事를 지낸 정역鄭易의 종이 빚을 안 갚는다며, 그 집의 가마솥을 뜯어 가져온 일이 있었다. 마침 흉년이 들어 모두가 힘든 시기였고, 게다가 정역은 세종의 작은형 효령대군孝寧大君의 장인이었다. 이처럼 유정현은 돈이 얽히면 상대가 누구든 인정사정 봐주지 않았다. 장인의 하소연을 들은 효령대군이 유정현의 아들 유장柳璋을 불러놓고 야단쳤다.

—

"네 아비가 지위가 수상首相에 이르러 녹 받는 것이 적지 아니하고, 또 주상의 백성을 아껴주시는 뜻대로 살게끔 구휼하여 주는 것이 그의 직분이어늘, 이제 궁핍한 종놈의 솥과 가마를

빼앗아 가니, 수상 된 본의가 어디에 있는가. 만일 돌려보내지
아니하면 내가 조례를 잡아다가, 엄하게 때리고 임금에게 계
달(啓達)할 것이니, 너는 돌아가 너의 아비에게 고하라."

_《세종실록》, 1424년(세종 6년) 1월 29일.

—

  요약하자면 "너희 아빠 돈도 많으면서 왜 그래? 내 동생한테 일러바
칠 거야" 정도 되겠다. 그러나 부전자전이라, 유장도 보통은 아니었다.

—

  "저의 아비가 저의 말을 듣지 아니한 지 오래되었으니, 다른
  사람을 시켜 고하는 것이 좋을 줄로 아옵니다."

_《세종실록》, 1424년(세종 6년) 1월 29일.

—

  이렇게 감히 임금의 형 앞에서 "나는 못 하오"라고 배를 쫙 쨌으니,
세종이 와 뭐라 말한들 어디 들기야 하겠는가. 어째 유장이 이런 일을
겪은 게 한두 번도 아니었을 것 같다.

명의 도용과 차명 거래로
채무자가 된 노비들

유정현은 원체 피도 눈물도 없는 인물이라 가족에게도 가차 없었다.

한번은 유정현의 조카가 물건을 살 때 다른 물건과 교환하지 말고 돈을 내라는 법을 어기다가 딱 잡혔다. 이에 재산을 몰수당하게 되자 유정현을 찾아가 어찌해야 하냐고 물으니, 그의 입에서 나온 한마디.

—

"이미 법을 범하였으니 어찌하겠느냐."

_《세종실록》, 1425년(세종 7년) 6월 16일.

—

고위 관리로서 친인척에게 특혜를 베풀어서는 안 되겠지만, 말이라도 부드럽게 해줄 수 있지 않은가. 하지만 유정현은 칼 같았다. 자기 친척에게도 이러할진대 남들에게는 오죽하랴. 이후 조카는 어찌 되었냐고? 자기가 아니라 종이 한 짓이라고 둘러대며 위기를 넘겼으니, 씁쓸한 결말이었다.

이와 비슷한 사례가 하나 더 있다. 유정현보다 수백 년 뒤의 사람으로, 앞서 소개한 이덕무와 관련된 일이었다. 그런데 가만, 그는 지독히 가난한 백탑파의 일원이라고 하지 않았는가. 하여 이덕무는 유정현과 정반대인, 즉 도움을 주고 싶어도 능력이 없어 발만 동동 구르는 경우였다. 어찌 된 일이고 하니, 종이 빚을 갚지 못해 감옥에 갇혔는데, 이덕무는 그를 꺼내줄 돈이 없었다. 그 사정을 안 지인이 선덕감리로宣德坎離爐, 그러니까 중국에서 온 '앤티크' 화로를 빌려줬다. 이걸 전당포에 맡기고 돈을 빌려 종을 구하라는 배려였다. 하지만 전당포 주인은 화로의 값을 비싸게 쳐주지 않았다. 슬픔에 빠진 이덕무는 자신의 처지를 비관하는 시를 짓는 것 외에 할 수 있는 일이 없었다.

—

서군이 나에게 감리로를 빌려주었으나

돈놀이하는 사람 천 냥을 주려 하지 않네

얼핏 생각건대 구라파의 서양 풍속은

수염 한 가닥 잡고서 백 냥도 준다고 하던데

徐君假我坎離爐 富室千錢未肯輸

仄想歐邏西國俗 百金許典一根鬚

—

　유정현부터 이덕무까지, 이들의 이야기를 살펴보면 실질적으로 돈을 만지는 사람, 또 돈을 빌려 채무자가 되는 사람은 양반의 종(또는 서얼)이 아니라 양반 자신이라는 느낌이 팍 온다. 다만 대놓고 빌리면 체면이 상하니까 종의 명의로 한 것이리라.

"죽으면 죽었지
영의정의 돈은 안 빌리겠다"

빚진 사람들의 사정은 아무튼 넘어가고, 유정현은 집요할 뿐 아니라 인색한 사람이었다. 《조선왕조실록》의 1426년(세종 8년) 5월 15일 기록을 보면, "자녀라 할지라도 일찍이 마되의 곡식이라도 주지 않았다"라고 쓰여 있다. 자기 정원에서 거둔 과일들은 단 한 알도 그냥 나눠 주는 법 없이 시장에서 팔아 이익을 챙겼다고 하니, 참으로 대단한 사람이었다. 그러면서도 사치했다는 이야기는 없는 것을 보면, 그냥 돈이 좋았던 것 아닐까. 아마 돈 쓰기 아까워 구멍 뚫린 옷을 입고 다니고 식은 밥을 먹어대는, 그런 유의 사람이었을 것이다. 아무튼 돈 문제로 하도 지독하게 군 탓에, 백성이 치를 떨 정도였다.

—

> 백성이 원망하기를 "비록 죽을망정 다시는 영의정의 장리長利
> 는 꾸어 쓰지 않겠다"라고 하였다.
> _《세종실록》, 1424년(세종 6년) 1월 29일.

—

돈이나 곡식을 꾸어주되 이자로만 그 절반 이상을 받는 대부업이 바로 장리였다. 이 얼마나 지독한가. 그런데 어처구니없게도 유정현에게 대부업은 업무의 일환이었으니, 이것으로 세상 물정을 파악했다. 한번은 보릿고개 때문에 백성이 굶을까 봐 염려된 세종이 낮은 이자로 곡식을 빌려주자고 하자, 유정현이 크게 반대했다.

—

> "신의 집종이 밖에서 돌아와 말하기를, '신의 집의 장리를 꾸
> 어가는 사람이 없다'라고 하는 것으로 봐서, 백성이 심하게 궁
> 핍하지는 아니한 줄로 알고 있사오니, 다시 더 주지 말고 궁핍
> 하다고 할 때를 아직 더 기다려보게 하소서."
> _《세종실록》, 1425년(세종 7년) 4월 13일.

—

물론 세종은 듣지 않았다. 유정현이 하도 지독해 그에게 무언가를 꾸려고 하지 않을 뿐이지, 정말 먹고살기 편한 백성이 어디 있겠는가! 그나저나 동종 업계에 종사하며 얻은 정보로 국가사업을 진행하지 말자고 대놓고 말하는 유정현의 대담함에는 혀를 내두르게 된다.

　이렇게만 보면 정말 상종하기 싫은 인간인데, 문제가 있다면 유정현이 정말 유능했다는 것이다. 골이 아플 정도로 유능했다. 비록 과거에는 급제하지 못했지만, 대마도 정벌을 성공적으로 이끌었고, 백성의 살림을 보살폈으며, 세종의 형 양녕대군讓寧大君의 세자 폐위에 찬성했고(다행이다!), 유학자로서 세종의 어머니인 원경왕후元敬王后를 위한 절을 짓는 데 반대했다. 무엇보다 조선 최고의 노랑이답게 경제에 빠삭했다. 쓸데없이 방만한 예산은 팍팍 줄이고, 안 줘도 되는 돈은 안 주며, 어떤 사업이라도 낭비다 싶으면 가차 없이 중단했다. 때는 조선 초기였고 따라서 돈 들어갈 데가 많아 유정현의 활동이 더 튀었으리라. 그 때문에 인색하다고 소문났지만, 나랏일을 할 때는 어느 정도 그래야 하지 않을까.

　유정현의 가차 없음으로 관리들이 굶는 일도 있었다. 당시 관리들은 새벽 5시쯤 출근해 오후 3시면 퇴근했다. 당연히 나라에서 점심을 주었는데, 유정현이 이것을 막은 것이다. 이 사실을 알게 된 세종이 깜짝 놀라 시정 명령을 내렸다.

—

　"호조의 직책은 전곡錢穀을 맡았으니 쓸데없는 낭비를 절감하는 것은 진실로 당연한 일이다. 그러나 꼭 감해야 할 것을 감하지 아니하고, 또 꼭 써야 할 것을 쓰지 아니함은 모두 잘못이다."

《세종실록》, 1425년(세종 7년) 10월 21일.

—

한마디로 "어떻게 밥을 안 줄 수 있어!" 정도랄까. 하지만 호조의 실무를 담당한 안순安純은 유정현이 하는 일이라 자신은 어쩔 수 없다며 모르쇠로 일관했다. 하지만 이어지는 기록이 전하는바, 처음에는 너그럽던 안순이 유정현에게 차츰 물들어 구두쇠가 되었단다. 그렇다면 인색함도 옮는 병일까. 또한 과연 관리들은 점심밥을 되찾을 수 있었으려나. 아쉽게도 그 이후의 일은 알 수 없다.

지폐 도입의 목적은
사익과 국익의 합일?

아무튼 경제통 관리로서 유정현이 살아서 꼭 이루고 싶은 꿈이 있었으니, 바로 지폐 활성화였다. 조선 초기만 해도 경제가 그리 발달하지 않아 대부분의 거래가 물물교환 중심이었다. 하지만 유정현은 지폐의 효용성을 누구보다 빠르게 알아차렸던 것 같다. 원래 경제에 빠삭하기도 했고, 중국에 사신으로 갔을 때 지폐가 사용되는 현장을 목격한 것도 영향을 미쳤을 테다. 무겁게 쌀가마니를 지고 다니지 않아도 되고, 동전보다 가벼우며, 가치가 인정되는 종잇조각. 얼마나 환상적인가! 유정현이 오늘날 환생해 신용카드를 보았다면 크게 감탄했을 것이다.

이런 이유로 유정현은 지폐 활성화를 위해 목소리를 높였다. 세종이 지폐를 쓸지 동전을 쓸지, 아니면 그냥 원래대로 옷감을 쓸지를 논의에 부치자, 유정현은 강력하게 지폐 도입을 주장하며 사용하지 않는 사람은 처벌하자고까지 했다.

1425년 시장을 관리, 감독하는 경시서京市署를 이끌게 된 유정현은 궁궐이 아닌 시장으로 출근했다. 그곳에 천막을 치고 온종일 앉아 지폐가 아닌 다른 물건으로 거래하는 사람들을 잡아내 혼쭐내고 재산을 몰수했다. 지폐의 정착을 위해 애쓴 것은 맞는데, 방법이 저리 과격해서야. 결국 땔나무랑 채소 좀 팔다가 하루 먹을 보리쌀을 얻으려고 했던 평범한 사람들이 대거 처벌받았고, 그중에는 앞서 이야기한 유정현의 조카도 있었다.

그때 유정현의 나이 일흔이었다. 지금도 그렇지만 당시에 그 나이라면 관 안에 발 한 짝 집어넣고 남은 발 한 짝도 넣을까 말까 하는 때다. 게다가 시기는 6월. 땡볕은 내리쬐는데 선풍기도 에어컨도 없던 시대, 먼지만 풀풀 나는 시장바닥에 앉아 유정현은 온 생명을 불살라가며 지폐의 정착을 위해 노력했다. 결국 실패했지만.

만약 유정현의 뜻대로 지폐가 정말 정착했더라면 조선의 경제는 물론이고, 그의 대부업도 더욱 번성했을 테다. 당연히 유정현은 더 큰 부자가 되었겠지. 그야말로 자신의 이익과 나라의 이익을 합일하는 데까지 이른 노랑이 중의 노랑이고 해야 할까. 가족을 대할 때도 칼같아 다른 비리가 있었던 것도 아니니, 이걸 좋게 봐야 하나 나쁘게 봐야 하나, 정말 알 수 없다.

생명의 은인에게 내준
생선 대가리

여기까진 기록이 남아 있는 역사적 사실이고, 더불어 민담 하나를 소개해보련다. 조선 최고의 노랑이, 돈벌레 정승으로 이름난 유정현이다 보니, 당시에도 껌처럼 씹히며 욕먹는 인간이었다. 하여 온갖 민담을 모아놓은 《대동야승大東野乘》에도 그에 관한 이야기가 하나 실려 있다.

한번은 유정현의 종이 빚을 받아내다가 채무자를 때려죽인 일이 있었다. 괜스레 엮일까 봐 걱정된 유정현이 달아났는데, 그러다가 조선의 개국공신이자 정도전의 동지였던 남은南誾의 첩인 망금의 집에 다다랐다.

유정현이 사정하자 망금이 그를 숨겨줬고, 문제도 어찌어찌 잘 해결되었다. 이에 노랑이 유정현이 무려 금덩이를 주며 감사의 뜻을 표했지만, 망금은 받지 않았다. 이후 제1차 왕자의 난이 벌어져 남은이 죽고 혼자 된 망금은 장사치가 되어 여기저기를 떠돌아다니게 되었다. 그러던 중에 마침 유정현이 목사牧使로 부임해 있던 진주에 들렀다. 목사라 하면 오늘날의 시장 정도인데, 해당 지역의 군대를 지휘할 수 있어 꽤 힘 있는 자리였다.

마침 관아 앞에 말린 청어가 잔뜩 쌓여 있어, 이를 본 망금이 진주의 기생들에게 "말린 청어 한 동이씩 줄까?"라고 물었다. 평소 유정현의 인색함을 잘 알고 있던 기생들이었기에, 그리하면 술이라도 내주겠다고, 즉 해볼 테면 해보라는 식으로 답했다. 이에 망금이 곧장 유정현을 찾아가 인사하자, 그가 깜짝 놀라 상다리가 부러지도록 잔칫상을 차려 대접했다. 물론 망금이 달라는 대로 말린 청어도 듬뿍 내줬고. 망금이 이를 기생들에게 나눠 주자, 그녀들은 그야말로 경악했다.

—

"우리 목사님은 성격이 인색하셔서 비록 한 마리의 대가리라
도 오히려 낭비하지 아니하시는데, 어찌하여 손님에게는 이
토록 관대하실까요?"
—《대동야승》6권.

—

물론 이것은 설화일 뿐이다. 유정현은 태종 때 청주목사를 지낸 적
은 있지만, 진주에는 간 적도 없고, 청주에서는 청어가 잡히지도 않는
다. (말린 청어를 어디선가 잔뜩 가져온 게 아니라면 말이다.) 결국 유정현
의 노랑이짓이 '전설의 레전드'로 남아 설화로 다시 태어난 것이다.
유정현이 생선의 대가리 하나도 허투루 쓰지 않는, 그런데도 목숨을
구해준 은혜는 통 크게 갚는다는 인물로 각색된 것을 보면, 역시 누구
든 의외의 면을 내보이면 호감을 얻는 듯하다. 정말 유정현이 그러진
않았겠지만. 아니지, 아니다. 단 한 번 유정현이 아낌없이 돈을 쓴 때
가 있었다. 바로 자기 자신을 위해서였다.

어느 수전노의
화려한 장례식

1426년 5월 15일, 유정현이 세상을 떠났다. 아무리 돈이 많아도 영

생활 수 없는 노릇이다. 게다가 매일같이 시장바닥에 나와서 일했으니 건강이 상할 수밖에. 유정현은 사직하겠다는 뜻을 여러 번 밝혔지만, 세종은 그때마다 사양했고, 결국 72세가 되어서야 겨우 궁궐을 벗어나게 되었다. 하지만 사직하고 고작 4일 만에 세상을 떠났으니, 정말 목숨이 끊어지는 순간까지 나라를 위해 일했던 것이다. 유정현이 세상을 떠나자 세종은 하얀 도포를 입고 검은 모자를 쓴 뒤, 모든 신하를 거느리고 나와 창덕궁 금천교錦川橋 건너에 장막을 치고 슬퍼했다. 임금이 직접 신하의 죽음을 슬퍼했으니, 당시에 이보다 큰 영광이 또 있었을까.

이렇게 끝났으면, 좋은 게 좋은 거라고 유정현의 이야기가 조금은 더 긍정적으로 전해졌을지 모르겠다. 그런데 그는 죽고 나서도 문제를 일으켰다. 죽음이 눈앞에 다가오니, 돈을 좋아하고 사람들에게 각박하게 굴었던 일이 업보가 될까 봐 두려웠던 것일까. 하여 유정현은 아들 유장에게 자신의 뒷일을 부탁했다. 자신에게 빚진 사람들을 모두 탕감해주고, 가진 재산을 가난한 사람들에게 나눠 주라는 내용이었다면 참 좋았겠지만, 유정현은 《크리스마스 캐럴》의 스크루지 영감보다 더 지독했다. 그가 부탁한 것은 수륙재水陸齋였으니, 승려들을 불러 공양하고, 죽은 자를 위해 부처님께 은혜를 비는 행사였다. 그렇다. 불교 행사였다. 물론 조선이 유교의 나라라곤 해도 많은 사람이 불교나 도교 신앙을 쉽게 버리진 못했다. 임금인 태조도 그랬고 세종도 그랬으니 새삼스러울 건 없었다. 결국 유장은 아버지를 위해 정말로 번쩍번쩍한 수륙재를 치렀는데, 그 비용으로 자그마치 5000여 섬의 곡식이 들었다고 했다. 문제는 살아 건강하던 시절의 유정현이 불교는 아무짝에도 쓸모없다고 강하게 비판했다는 것이다.

수륙재를 통해 유정현의 영혼이 정말 업보를 털어냈는지 알 수 없다. 그냥 남들 빚을 탕감해주고 재산을 기부하는 게 더 좋았을 것 같지만, 벌써 600년 전에 죽은 사람에게 잔소리해봐야 무슨 소용이겠는가.

탁한 윗물
더 탁한 아랫물

하여간 이 일로 세종조차 유정현을 험담한 적이 있었다. 평소 깊이 신뢰하던 신하들인 안숭선安崇善, 김종서金宗瑞와 이런저런 이야기를 나누는 자리였다.

—

> "저번에, 죽은 좌의정 유정현이 나에게 말하기를, '수륙재를 올리는 것과 궐내에서 불경을 외게 하는 것이 매우 불가하니 파하기를 청합니다'라고 하기에, 내가 그 말을 좇아서 즉시로 불경 외는 일은 파하였고, 수륙재를 설치한 것은 그 유래가 오래인지라 갑자기 혁파할 수 없어서 내가 즉시 좇지를 않았는데, 그 뒤에 정현이 임종할 때 부처에게 공양하고 중에게 제사 올리는 비용을 그 아들 유장에게 부탁하여 거의 5000여 섬이나 들이었으므로, 사람들이 모두 비웃었다. …… 임금 위하기와 자기 위하기의 방도가 스스로 모순이 된다."
> _《세종실록》, 1433년(세종 15년) 7월 15일._

—

안 보일 때는 나라님도 욕한다지만, 나라님도 이렇게 '각 잡고' 누군가를 욕할 때가 있었다. 세종은 정말 유정현을 싫어했던 거 같다. 기본적으로 세종과 유정현의 인간성이 정반대였기도 하고. 그런데도 유정현을 등용해 꽉꽉 써먹었을 만큼 세종의 그릇이 넓었음을 찬양해야 할까, 아니면 유정현의 능력이 그만큼 특별했다고 인정해야 할까.

아무튼 유정현은 거부를 쌓고 세상을 떠났는데, 그의 후손들은 별로 복이 없었다. 유정현은 아들을 둘 두었는데, 하나는 일찍 죽고, 살아남은 유장마저 아버지의 상을 치르고 겨우 두 달 뒤에 세상을 떠났다. 당연히 출세하지도 돈을 벌지도 못했다. 그의 딸로 유정현의 손녀인 유연생柳延生은 유부녀인데도 사촌오빠와 바람을 피우는 바람에 한양을 발칵 뒤집어놓고 지방으로 쫓겨갔다. 그리고 이후로는, 그렇게 많던 유정현의 재산이 어디로 갔는지 정말로 알 수 없어졌다.

유정현의 이야기는 이렇게 끝난다. 하지만 이후 정승이 된 자들조차 모두 그를 본받아 대부업에 힘썼다. 대표적인 예로 역시 세종을 모시며 《훈민정음》 반포를 적극적으로 두둔한 정인지鄭麟趾, 세조의 집권을 이끈 홍윤성洪允成이 그러했다. 이들은 유정현보다 더 나빴는데, 자기 돈을 불리는 데만 신경 쓰고, 나라 경제를 발전시키는 데는 별 관심이 없었기 때문이다. (특히 홍윤성이 그랬다.) 직접 당한 이들의 생각이야 다르겠지만, 그래도 유정현은 조선이 부국이 되도록 노력했으니, 괜찮은 사람이라고 해야 할까. 이 또한 정말 알 수 없다.

4

인삼 밀수와
패밀리 비즈니스

높으신 양반들만큼이나 지폐, 아니 엽전 다발을 휘두르는 사람들이 있었으니, 양반과 평민 사이에서 상공업과 기술직에 종사한 중인이었다. '그때나 지금이나 역시 기술이 답인가!'라고 생각한다면, 딱히 틀렸다고 반박하지 못하겠다. 여하튼 중인 중에서도 돈과 가까운 이들이 있었으니, 외국어를 통역하는 역관이었다.

조선은 나라말이 중국을 비롯한 다른 나라들과 달랐고, 당연히 소통에 어려움이 있었다. 당시 민간인들이야 국적이 다르면 서로 만날 일이 거의 없었다지만, 본격적인 외교 업무라면 글자 한 자, 말 한마디에도 국운이 좌우되니 원활한 소통은 필수였다. 그래서 조선 초기에 중국어를 잘하는 이색이나, 일본어 포함 외국어 일고여덟 개를 구사한 신숙주가 이름을 날리기도 했다.

그러나 시간이 흐르면서 외국어에 능통한 양반은 드물어졌고, 이

일을 전담하는 집단이 자리 잡았으니 바로 역관이었다. 이들의 신분은 중인으로, 양반은 아니었다. 그래서 과거(문과)에 도전해 설사 급제한다고 해도 출세할 가능성이 작았다. 그렇다고 그들에게 성공하고 싶다는 욕망 자체가 없었던 것은 아니다. 오히려 양반보다도 더욱 강렬했다. 그 불타는 마음으로 역사에 이름을 남긴 이가 바로 장현張炫이었다.

'엄친아' 역관
장현의 탄생

장현은 대부분의 역관이 그러했듯이 역관의 자식으로 태어나 일찍부터 외국어를 익혔다. 역관은 세습되는 관직이 아니었는데, 통역관과 외교관의 역할을 동시에 수행해야 하는 만큼 자질을 증명해야 했다. 하여 잡과 중에서 역과譯科에 응시해 초시와 복시를 모두 통과해야 역관으로 임명되었다. 이 시험의 경쟁률은 양반들이 치는 과거 이상으로 치열했다고 한다. 또한 지금은 영어가 가장 중요하지만, 그때는 중국어, 일본어, 만주어, 몽골어를 배워야 했다.

　제대로 된 학원도 인터넷 강의도 없던 시대인지라 외국어를 익히려면 원래 그걸 알고 있는 사람에게 배우는 게 최고였다. 따라서 역관인 아버지에게 외국어를 배운 사람들이 주로 역관이 되었다. 자연스레 유력한 역관 집안이 몇 개 생겨났으니, 그중 하나가 장현이 소속된 인동장씨仁同張氏 가문이었다.

　장현이 중인인 탓에 《조선왕조실록》에는 그의 기록이 거의 없지만, 온갖 외교 업무를 기록해놓은《통문관지通文館志》에서 흔적을 찾을 수 있다.

—

풍채가 좋고 사무 처리에 부지런하였다. 일찍이 뱃길을 경유하여 중국에 갔으며, 정축년(1637년)에 소현세자昭顯世子를 배종陪從해 심양에 가서 6년 동안 머물렀으므로 저들의 정상을 자세히 알았다. 돌아와서 그 공로로 승자陞資하여 수임首任(수석역관)이 되었고, 수임으로 있던 40년 동안 연경에 간 것이 30여 번이고, 여러 공무에서 그의 주선에 힘입은 것이 많았다. 벼슬은 숭록대부崇祿大夫에 이르렀고 여섯 번 지중추부사知中樞府事에 제수되었다.

_《통문관지》7권.

—

요약하자면 잘생긴 데다가 능력까지 좋았다는 것이다. 병자호란 직후인 1637년 소현세자를 모시고 청나라로 갔다는 데서 그가 얼마나 신임받는 역관이었는지 알 수 있다. 실제로 그가 제수되었다는 숭록대부는 종1품을 가리키는 말이고, 지중추부사는 정2품의 명예직이니, 중인 신분으로는 정말 끝까지 올라갔다고 하겠다. 당시 관리들은 그가 지혜롭다고 평했으니, 누구라도 그와 함께 일하고 싶어 했을 것이다.

또한 장현은 엄청난 부자였다. 진짜 부자는 재산이 얼마인지 구구절절하게 설명할 필요가 없다.《조선왕조실록》은 그를 단 한 단어로

명쾌하게 설명했다.

—

전에 역관 장현은 국중國中의 거부로서 복창군福昌君 이정李楨
과 복선군福善君 이남李㮒의 심복이 되었다가 경신년(1680년)의
옥사獄事에 형을 받고 멀리 유배되었는데, 장씨는 곧 장현의
종질녀다.

_《숙종실록》, 1686년(숙종 12년) 12월 10일.

—

'국중의 거부', 즉 나라에서 손꼽히는 부자란 말이다. 장현의 재산
이 정확히 어느 정도였는지는 기록이 남아 있지 않다. 다만《조선왕
조실록》의 1694년(숙종 20년) 5월 13일 기록을 보면, "재물은 온 집
안에서 으뜸이요, …… 가옥이나 의복의 장식은 사치하여 법도를 넘
어선다"라고 설명하고 있다. 정말로 돈이 얼마나 많았던지 장현은 자
기 집에 단청을 칠했다가, 그의 동생이자 마찬가지로 역관이었던 장
찬張燦은 화려한 누각을 세웠다가 양반인 신하들에게 걸려 처벌받은
일도 있었다. 하지만 이것은 아주 소소한 '지름'이었다.

1689년 장현은 사신단을 따라 청나라에 다녀오며 어둠의 경로로
비밀문서를 사들였는데,《조선왕조실록》은 이를 위해 사비 600금을
썼다고 명시하고 있다. 1금은 구체적으로 얼마라기보다는 '매우 많
은 돈'을 뜻하는데, 한양에서 기와집 한 채 정도는 너끈히 사고도 거
스름돈을 받을 정도였다. 국중의 거부다운 씀씀이라고 할까. 심지어
장현이 청나라의 비밀문서를 사들인 게 처음 있는 일이 아니었으니,

그만큼 돈이 넘쳐났다는 말이다.

인삼 밀수로
1000억을 버는 법

도대체 장현은 그만한 돈을 어떻게 벌 수 있었을까. 답은 무역, 솔직히 말해 밀수였다. 당시 무역은 나라끼리 하는 공무역만 가능했고, 개인끼리 물건을 사고파는 사무역은 엄히 금지되었다. 물론 하지 말라고 안 하면 어디 사람인가. 조선의 인삼이 갖고 싶은 중국 사람과 중국의 벼루가 갖고 싶은 조선 사람은 언제나 차고 넘쳤다. 수요가 있으면 공급이 생기는 법. 일단 중국에 갈 사신단이 꾸려지면 함께 파견되는 역관이 조선 특산물을 챙긴다. 국경 넘어 중국에 도착한 그는 공식 업무를 보고 남는 시간에 가져온 밀수품을 팔아 돈을 번다. 그 돈으로 중국 특산물을 사서 조선에 돌아와 다시 팔아 이익을 남긴다. 이 과정을 몇 번 반복하면 꽤 많은 돈을 거머쥘 수 있었다.

조선 특산물로 중국에서 가장 비싸게 팔린 품목은 인삼이었다. 중국과 일본에서 조선의 인삼은 만병통치약으로 통했기에 너도나도 원했다. 실제로 장현이 활동한 때부터 100년쯤 지나 열하를 다녀온 박지원은 만나는 중국 사람마다 인삼을 가지고 있는지 물었다고 기록했을 정도다.

다만 상대가 상대인 만큼 그리 쉽게 큰돈을 받아낼 수는 없었다. 중국 상인들은 일부러 인삼값을 싸게 매겼다. 사신단과 함께 움직여야 하는 역관은 정해진 기간이 지나면 반드시 조선으로 돌아가야 했기 때문이다. 그래서 울며 겨자 먹기로 힘들게 지고 온 인삼을 싼 가격에 털고 가는 역관도 있었다. 그렇게 되면 대박의 꿈은 저 멀리 사라지고 쪽박만 찰 게 뻔했다. 반대로 헐값에 인삼을 넘기느니 차라리 다 없애 겠다며 진짜로 불을 질러버린 정신 나간 인간도 있기는 했다. 임상옥 林尙沃이라고. (그에 관한 이야기는 뒤에서 다룰 것이다.)

이렇게 밀수로 돈을 벌고, 그 돈으로 대부업을 하면 돈이 돈을 낳아 큰 부자가 될 수 있었다. 그래서 역관 중에 부자가 많았다. 조선 사람 들에게 처음으로 매점매석을 가르쳐준 《허생전》에는 비렁뱅이 신세 인 허생에게 1만 냥을 선뜻 꾸어준 부자 변씨가 나온다. 이 캐릭터는 실존 인물을 바탕으로 만들어졌는데, 저자 박지원이 살았던 시절에 역관 중에서 가장 유명한 부자였던 변계영卞繼永과 그의 손자 변승업 卞承業이 모델이었다. 특히 변승업이 동네방네 꾸어준 돈이 무려 은 50만 냥에 달했다고 하는데, 오늘날 시세로 1000억 원이 넘는다.

임금님은
최고의 밀수 파트너?

아무튼 밀수는 당연히 불법인지라 걸리면 처벌받았다. 장현도 그런 위기를 겪은 적이 있었다. 효종 때인 1653년 중국으로 향하는 사신 단의 짐에서 인삼을 가득 채운 바구니가 무려 50개나 발견되었던 것 이다. 인삼 한두 뿌리만으로도 짭짤한 이익을 챙길 수 있는데, 바구니 50개 분량만큼 가져가려 했으니, 욕심이 과했다! 게다가 바구니에 내패內牌가 찍혀 있었다. 이는 왕실의 재산을 관리하는 내수사內需司

의 것임을 나타내니, 도저히 덮어둘 문제가 아니었다. 역관들의 밀수는 누구나 알지만 쉬쉬하는 일이었기에, 이번에도 당연히 그들이 의심받았고, 특히 감찰 업무를 담당한 사헌부司憲府는 그 수장 격인 장현을 배후로 지목했다. 그런데 이상한 일이 벌어졌다. 사신들이 직접 나서 역관들을 열심히 감쌌고, 임금마저 그럴 리 없다고 변호했다. 효종은 사헌부가 들고일어나자 마지못해 장현을 처벌하지만, 곧 사면령을 내려 그를 풀어줬다.

인삼 밀수 사건이 정말 장현의 짓이었는지 지금이야 알 수 없지만, 그는 분명 상습범이기는 했다. 숙종 때인 1691년 장현은 중국에서 대포 25문을 사 오다가 들켰다. 대포라고? 어이없게 들리겠지만 정말로 대포였다. 비슷한 시기 장현의 동생 장찬은 〈일통지一統志〉를 밀수하려다가 걸렸는데, 이는 당시 중국의 모든 정보를 담고 있는 지도였다. 그 옛날 지도는 아무나 가질 수 없는 최고 기밀문서였다. 역관이 어째서 대포와 지도를 사들였을까, 전쟁을 벌일 것도 아닌데?

그거야 당연하지 않은가! 대포와 지도를 진정으로 원했던 것은 틀림없이 임금이었을 테다. 효종은 젊은 날 겪었던 병자호란의 치욕을 잊지 않고 북벌론을 주장했다. 정말 청나라를 상대해 이길 생각이었을까. 아니면 오랑캐에게 항복했다는 이유로 신하들에게 외면당한 임금으로서 체면을 세우기 위해서였을까. 이유를 막론하고 조선이 처참하게 '발렸던' 병자호란을 생각한다면 국방력 강화는 정말 필요한 일이었다. 따라서 장현과 장찬이 나라를 대신해 대포와 지도를 구하는 모험을 감행했고, 걸린 뒤에는 단독 범행임을 보여주기 위해 모든 죄를 뒤집어써 벼슬이 깎이거나(장현) 귀양을 갔다고(장찬) 판단하는 게 합리적이다.

그렇다면 인삼 밀수 사건 또한 장현 홀로 저지른 게 아니라, 어느 정도 임금의 호주머니에 들어갈 자금을 마련하기 위해 벌인 일일 수 있겠다. 전쟁 이후 너덜너덜해진 국방력을 회복하는 데나, 효종이 사랑하는 딸들에게 선물한 패물 중 몇 개를 사는 데 쓰려고 하지 않았을까. 물론 중간중간 떨어지는 콩고물은 모두 장현의 몫이었을 테고. 일반적인 임금과 신하의 관계가 아니라 밀수 파트너였다고 생각하면 장현에게 보여준 효종의 너그러움이 단박에 이해된다. 장현이 이익을 내면 임금도 부자가 되었으니까.

물론 임금을 빼고 대부분의 신하는 장현을 몹시 아니꼽게 보았다. 양반인 그들에게 장현은 일개 중인 나부랭이였을 뿐이다. 그렇다고 장현이 딱히 신경 썼을 것 같지는 않다. 그는 국중의 거부였으니까!

대박일까
쪽박일까

혹시 장현을 조금이라도 아는 독자가 있다면, 이제 슬슬 그의 조카였던 장희빈이 등장할 것으로 생각할 텐데, 아주 다른 관점에서 다루려한다. 왜냐하면 이 이야기의 주인공은 엄연히 장현이고, 또한 그가 쌓은 거부이니까.

장현에게는 최소한 두 명의 딸이 있었는데, 하나는 같은 역관인 변승업의 집안으로 시집보냈고, 다른 하나는 궁녀로 입궐시켰다. 실제로 인삼 밀수 사건으로 궁궐이 한창 시끄러웠던 1653년(효종 4년) 7월 27일의 《조선왕조실록》 기록을 보면, 장현을 가리켜 '궁인의 아비'라고 설명해놨다. 따라서 그 훨씬 전에 장현의 딸은 입궐했을 것이다. 그는 자기 딸이 임금에게 승은을 입어 후궁이 되는 큰 그림을 그렸던 것일까. 그럴 수도 있지만, 아닐 수도 있다. 앞서 짧게 설명한 대로 장현은 소현세자를 모시고 중국에 가 6년을 머물렀는데, 당연히 그의 부인 민회빈愍懷嬪도 함께했다. 그렇다면 민회빈을 담당할 역관도 필요했을 것 아닌가. 게다가 통역은 지근거리에서 소통하는 것이므로, 여자의 공간에 들어갈 수 있는 여자 역관을 꼭 뽑아야 했다. 이것이 남녀가 유별하던 시절의 상식이었으니, 역관의 집안에서 나고 자란, 그래서 외국어를 잘하는 역관의 딸이야말로 그 일에 적격이었다. 물론 장현의 나이를 생각해보면 그의 딸이 민회빈의 역관일 리 없었다. 다만 당시 궁녀는 궁궐에서 허드렛일하는 사람이 아니라, 궁궐 밖의 자기 집에서 출퇴근하는 전문직 여성이었다. 그러니 장현의 딸도 이후 비슷한 일을 맡았을지 모른다.

여담이지만 장현도 사람인데, 딸이 후궁이 되기를 조금은 바랐을 것이다. 다른 수많은 양반이 실제로 그런 꿈을 꾸었다. 하나 효종과 인선왕후仁宣王后는 알아주는 '햄스터 부부'로 많은 자식을 두었고, 장현의 딸은 착실히 승진해 상궁이 되었다. 상궁은 입궐한 여인들의 꿈이자 목표로, 《한중록》《인현왕후전仁顯王后傳》과 더불어 조선의 3대 궁중문학으로 꼽히는 《서궁록西宮錄》을 보면 단지 일만 잘한다고 오를 수 있는 자리가 아니었다. 어느 '라인'에 서는지, 즉 누구를 상전으로 모시는지가 정말 중요했고, 따라서 눈치 싸움이 대단했다. 따라서 상궁이 되었다는 것은 장현의 딸이 성공적으로 궁궐에 정착했음을 보여준다. 그리고 아마 궁궐 내부의 은밀한 정보를 빼내는 연락책으로 장현의 사업에 참여했으리라. 이로써 장현의 입지가 갈수록 튼튼해지니, 다른 친척들도 비슷한 일을 벌이기 시작했다. 그 결과 등장한 인물이 대박 아니면 쪽박인 장희빈이었다.

장희빈, 가업을 이어라!

오래전에 방영한 어느 사극에서 장희빈을 정말 별 볼 일 없는 가난한 중인 집안의 딸로 묘사했는데, 이는 100퍼센트 거짓이다. 장희빈의 아버지 장형張炯은 장현의 가까운 친척이었다. 비록 역관 일을 하다가 때려치우고 한량으로 여생을 보냈지만, 그의 아버지 장응인張應仁은 정3품까지 오른 유명한 역관이었다. 외할아버지 윤성립尹誠立은 외국어 교육기관인 사역원司譯院에서 일한 일본어 전문 역관이었고, 외할머니는 앞서 이야기한 변승업의 당고모였다. 이복오빠 장희식張希栻은 역과에서 장원 급제했던 전도유망한 인물로 일찍 죽지만 않았다면 '포스트-장현'이 되고도 남았을 것이다. 정리하면 역관 집안의 성골이 바로 장희빈이었다. 참고로 친오빠 장희재張希載는 역관은 아니었지만, 장희빈이 후궁이 되기 전에 이미 무과에 급제한 어엿한 관리였다. 물론 장희빈 본인도 틀림없이 똑똑했을 것이다. 어려서부터 외국어를 익혔을 가능성이 크고, 무엇보다 둔하고 눈치 없는 아이였다면 궁궐에 들여보냈을 리 없다!

이처럼 장희빈은 모든 것을 갖추고 있었다. 그런데도 평생 결혼하지 못하는 궁녀로 입궐했으니, 그건 다른 노림수가 있었기 때문이지 않을까. 장희빈의 입궐이 후궁이 되기 위해서가 아니라, 장씨 집안의 가업을 잇기 위해서라고 한다면 갑자기 이야기의 장르가 달라진다. '신데렐라물'에서 '소녀 성장물'로 말이다.

그런데 장희빈이 두 살 어린 숙종에게 사랑받게 되면서 모든 계획이 틀어지고 말았다. 재미있는 점은 이 과정에서 힘의 관계가 뒤집혔다는 것이다. 가령 장희빈이 후궁으로 정식 책봉되는 1686년(숙종 12년)의 《조선왕조실록》 기록에는 그녀를 일컬어 "장현의 근족近族(친척)"이라 하는데, 장희빈이 최후를 맞는 1701년(숙종 27년)의 기록에는 장현을 일컬어 "장희재의 친밀한 친척"이라 한다. 이로써 장현보다는 장희재(와 배후의 장희빈)의 유명세나 영향력이 훨씬 커졌음을 알 수 있다. 실제로 1690년 왕비가 된 장희빈이 다시 후궁으로 강등되는 1694년에 장현은 그의 잘못보다는 장씨 남매의 몰락에 휘말려 귀양 가는 신세가 되었다. 아마 그는 돌아오지 못한 채 세상을 떠났을 것으로 추정된다. 《조선왕조실록》은 장현에 대한 어떤 애도나 안타까움을 기록하지 않았고, 숙종 또한 그리했다.

장현이 유배를 떠나고 몇 년 뒤인 1701년, 그의 자식들까지 삼도천을 건넜으니, 바로 상궁 장씨와 무관이었던 장천한張天漢이다. 숙종은 장희빈이 경쟁자 인현왕후를 저주했다는 증거를 찾기 위해 관련자들을 모두 잡아들여 국청鞠廳을 열었는데, 장천한은 여러 번 고문당한 끝에 형틀 위에서 죽고 말았다. 아주 작정하고 죽인 것이었으리라. 장희빈을 모시던 궁녀들도 모두 참형에 처했으므로, 상궁 장씨도 이때 목이 달아났을 것으로 보인다. 궁궐 내 각종 의례와 행사를 담당한 예조禮曹에서 조사해본 결과, 장희빈의 아버지 쪽 친척들은 5촌까지 다 죽거나 감옥에 갇히거나 귀양길에 오르며 싹쓸이당했다. 거기에는 물론 장현의 집안도 포함되었을 테다. 신분이 중인일 뿐 떵떵거

리며 잘 먹고 잘살던 가문이 왕비 한 번 배출했다가 쫄딱 망해버린 것
이므로, '하이 리스크 하이 리턴'이라고 해야 할까.

조선 최고의
커리어 우먼

흥미로운 점은 국문 과정에서 상궁 장씨와 장천한이 유산을 놓고 다
툼을 벌인 일이 드러났다는 것이다. 이런저런 부침을 겪으면서도 장
현의 재산은 하루아침에 사라질 정도로 적지 않았다. 조선 초기에는
아들과 딸이 똑같이 유산을 상속받았는데, 후기로 갈수록 아들이 더
많이 받게 되었다. 과연 장현의 유산 상속이 어떻게 되었는지 지금은
알 수 없지만, 상궁 장씨도 장천한도 서로 받은 몫에 만족하지 못했던
모양이다. 원래 남의 떡이 더 커 보이는 법이지 않은가.《조선왕조실
록》은 그들 남매의 치열한 싸움을 이렇게 전한다.

—

"또 중궁전께서 승하하여 성복成服한 뒤에도 숙정(장희빈)이
와서 저에게 '일찍이 장 상궁이 그 동생 장천한과 더불어 재산
을 분배하는 문제 때문에 서로 다투어 화목하지 못한 일을 희
빈에게 글로써 알렸기 때문에 사이가 좋지 않은 데에 이르렀
다. ……'라고 하였습니다."

_《숙종실록》, 1701년(숙종 27년) 10월 16일.

—

친척 동생인 장희빈에게 상대의 치부를 일러바쳤다고 하는데, 역시 가족끼리 돈 문제로 싸우는 것은 참으로 추접하다.

그래도 가문이 완전히 단절되지는 않았으니 다행이라고 해야 할까. 장현의 손자 장채유張采維는 그 난장판이 벌어지고 16년 뒤인 1717년, 역과에서 당당하게 장원 급제해 할아버지의 명성을 이었다. 그 외의 다른 손자들도 의원이 된다거나 무과에 급제하며 나름대로 가문 부흥에 이바지했다. 하지만 장현의 그 엄청난 재산은 기록이 없어 행방이 묘연하다. 다만 장현의 사돈이자 마찬가지로 이름난 역관이었던 변승업의 경우, 그가 죽자 수많은 친척이 유산을 둘러싸고 몇 년씩이나 끔찍하게 싸워댔다. 고을의 수령이 내린 판결에도 승복하지 않아 결국 영조에게까지 보고될 정도였다. 돈 앞에서는 부모 형제도 없다는 그들의 '막장 드라마'에 임금도 골치를 앓았을 테다. 아마 장현의 집안도 비슷했을 것이다.

끝으로 숙종이 사랑한 것은 장희빈의 미모가 아니라 그녀가 가진 엄청난 돈일 수 있겠다는 합리적인 의심이 든다. 만약 장희빈이 후궁, 또는 왕비가 아니라 상궁의 길을 걸었다면, 그래서 친척 언니와 함께 손잡고 조선을 대표하는 '커리어 우먼'으로서 밀수라는 가업에 충실했다면, 그때도 결국은 재산을 둘러싸고 서로 물어뜯으며 나라를 시끄럽게 했을까. 그래도 우리가 아는 장희빈의 인생보다야 훨씬 더 오래 살고, 더 행복했을 것 같다. 뭐니 뭐니 해도 머니money라니까!

5

'J-인삼'의
시대

앞서 짧게 언급한 조선의 인삼에 관해 좀 더 깊이 알아보자. 당시 최고의 돈벌이 수단 중 하나였으니, 딱히 주제에서 벗어나지도 않고 말이다.

왠지 조선은 그저 조용한 아침의 나라로 논밭을 갈고 산에서 나무하며 원시적으로 살았을 것 같지만, 영원한 특산물인 인삼이 있는 한 그럴 수 없었다. 이 인삼으로 조선은 전 세계의 돈을 빨아들였고, 온갖 어둠의 상인과 카르텔이 합법과 불법의 경계에서 활개 쳤으며, 그러면서 수많은 벼락부자가 탄생했다. 과연 얼핏 사람처럼 생긴 이 다년생 풀은 얼마나 많은 이를 구원하고, 또 나락으로 떨어뜨렸을까. 적어도 분명한 점은, 인삼을 가지면 부자가 될 수 있었다는 것이다.

그럼 과연 언제부터 사람들은 인삼이 약초라는 것을 알았을까. 원래 인삼은 자연산 삼, 곧 산삼밖에 없었다. 누가 산에 솟아난 수많은 풀 중 굳이 인삼을 캐 먹었는지, 여기에 약효가 있다는 것은 어떻게 알게 되었는지 궁금하지만, 지금으로서는 알 방법이 없다. 다만 인삼의 역사는 생각보다도 길었으니, 통일신라 시대의 문장가 최치원은 당나라에서 지낼 때 현지인들에게 고향의 특산물 인삼을 선물했다.

시간이 흐르며 인삼은 더욱 유명해졌다. 중국과 일본은 물론이고, 17세기가 되면 영국 동인도회사나 그리스도교 선교사들을 통해 유럽에도 널리 알려졌다. 실제로 18세기 프랑스의 유명한 박물학자 베르나르댕 드 생피에르Bernardin de Saint-Pierre의 회고록을 보면, 평소 인삼을 애용하던 장자크 루소가 자신에게 한 뿌리를 선물했다는 이야기가 나온다. 이들 나라에서 인삼은 불로초이자 만병통치약으로 유명해졌던바, 곧 "인삼! 인삼만 있으면 죽을병도 낫고 정신병도 나으며 하여간 건강해진다!"라는 외침이 전 세계를 가득 채우게 되었다. 일본은 인삼을 사기 위해 '인삼대왕고은人蔘代往古銀'이라는, 순도 80퍼센트의 특별한 은화를 발행했을 정도다. 또한 중국을 방문한 조선 사람들은 대부분 주머니에 인삼을 넣고 다녔는데, 필요할 때마다 언제든 돈으로 바꿀 수 있었기 때문이다. 그야말로 'J(조선)-인삼'의 시대였다.

중국에서 만난
상투 튼 밀수꾼들

인삼의 인기가 높고, 또 비싼 값에 거래되다 보니, 수많은 사람이 이것을 이용해 큰돈 벌 방법을 궁리했다. 세상에 돈 싫어하는 사람 없고, 이왕이면 많이 벌고 싶은 법이니까. 그리하여 고려에서 조선으로 넘어가는 시기에 마침내 인삼 재배법이 개발되었다. 그 전까지는 산삼을 찾아 온갖 곳의 산을 헤매야 했고, 그마저도 자꾸 채취되다 보니 씨가 마를 지경이었는데, 이제 재배로 안정적인 공급이 가능해졌다! 그뿐이랴. 평범한 인삼을 후가공해 효능을 높인 홍삼을 내놓으며 상품 다각화에 성공했다.

이처럼 인삼의 가치가 점점 높아지자 밀수가 횡행하기 시작했다. 장현이 저지른 인삼 밀수 사건은 애교스러운 정도였다. 박지원도 《열하일기》에 어쩌다 보게 된 인삼 밀수 현장을 생생히 기록해놨다. 압록강을 건너 국경 관문 안의 술집에 잠시 들렀을 때였다.

—

변군邊軍과 함께 들어가니 웬걸 조선 사람들이 그 속에 그득하다. 맨다리며 때 낀 살쩍에 걸상을 가로 타고 앉아 떠들던 그들은 우리를 보고 모두 피하여서 밖으로 빠져버린다. 주인이 성을 내어서 변군을 가리키면서, "눈치 없는 저 관인官人이 남의 영업을 방해하는군" 하고 투덜거린다.

_박지원, 《열하일기》, 1780년(정조 4년) 6월 27일.

—

박지원은 어떻게 말 한마디 섞지 않고 조선 사람들을 알아봤을까. 바로 '헤어스타일' 때문이었다. 중국 사람들은 변발하고 있어 살쩍, 즉 구레나룻이 있을 수 없었다. 또한 구레나룻이 보인다는 것은 머리가 산발이 아니라는, 즉 상투를 틀었다는 뜻이다. 실제로 상투를 틀

때 쓰는 빗을 살쩍밀이라고 불렀으니, 술집에서 마주친 이들은 필시 조선 사람이었다. 그런데 수상쩍게도 그들은 박지원 일행을 보자마자 달아났다. 타향에서 우연히 만난 동포끼리 술 한잔하며 회포를 풀 법도 한데 말이다. 만약 구린 구석이 있어 제 발 저렸던 것이라면, 밀수꾼이었을 가능성이 가장 크다. 이때 그들이 취급한 물품은 당연히 인삼이었을 테고.

밀수 카르텔의 꼬리 자르기

인삼 밀수가 조선과 중국 사이에서만 벌어졌던 것은 아니다. 숙종 때 통신사로 일본을 다녀온 신유한申維翰은 그곳에서 경험한 일들을 《해유록海遊錄》으로 정리했는데, 여기에도 비슷한 일화가 등장한다. 에도에서 머무르는 중에 누군가가 고발해 역관들의 짐을 뒤졌더니, 권흥식權興式의 짐에서 인삼 12근과 은 2150냥, 금 24냥이, 오만창吳萬昌의 짐에서 인삼 한 근이 발견되었다. 둘 다 밀수(특히 인삼)를 금지한 법을 어긴 것인데, 특히 권흥식의 밀수품은 눈이 튀어나올 정도의 어마어마한 규모였다. 숙종 때 은 한 냥은 상평통보 네 냥으로, 얼추 쌀 한 가마니를 살 수 있는 돈이었다. 그리고 금은 은보다 대략 15배 정도 비쌌다. 조선이 명나라에 바쳤던 공물이 은 700냥이었던 것을 생각하면, 권흥식의 밀수 스케일에 입이 쩍 벌어질 것이다. 통신사 일행은 그를 어떻게 처리할 것인지 신속히 결정했다.

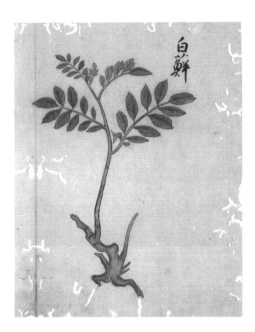

《약재질정기사(藥材質正紀事)》에 삽입된 백선(白鮮) 그림.

백선은 흔히 봉삼(鳳蔘)으로 불려 인삼의 한 종류 같지만, 사실 전혀 다른 약초다.
대마도주는 1721년부터 1723년까지 왜관(倭館)에 관리를 파견해 약재로 쓸 수 있는 조선의
온갖 동식물을 조사했다. 그 결과를 엮은 것이 바로 《약재질정기사》다. 사실 이 도록에는 기
가 막힌 뒷이야기가 존재한다. 1721년 조선 사신단이 대마도에서 엄청난 규모의 밀수를 벌
이다가 붙잡혔다. 그들은 최소 200근의 인삼을 밀수했는데, 1720년 일본에 공식적으로 판
매한 인삼이 550근이었으니, 그냥 넘어갈 일이 아니었다. 그런데 대마도주는 그들의 죄를
묻지 않고 방면했다! 대신 《약재질정기사》 작성에 전적으로 협조할 것을 조건으로 내걸었
다. 그 결과 대마도주는 조선이 꼭꼭 감췄던 인삼의 생뿌리를 구하는 데 성공했고, 1727년에
는 재배해 막부에 헌상까지 했다. 요즘으로 치면 반도체 핵심 기술이 외국으로 유출된 꼴로,
한심하기 그지없다.

—

두 사람을 묶어서 자물쇠와 큰 칼을 씌우고, 대마도에 이르러 처단하기로 의결하였다. 처음 사신 행차에 인삼과 화물을 몰래 무역하는 것은 국법에서 금하고 있으므로 사신을 따라온 모든 역관이 만약 금령을 범하면 10냥 이상은 곧 목을 베기로 경연에서 허락받았던 것인데, 이 무리가 죽음을 무릅쓰고 법을 범하였으니, 타국에 알리지 않으려 한 것이다.

_신유한, 《해유록》, 1719년(숙종 45년) 10월 8일.

—

큰 사고를 치긴 했지만 아무래도 목이 베이는 건 싫었는지, 권흥식은 12월 28일 통신사 일행이 오사카에 도착했을 때 독약을 마시고 자살했다.

신유한은 권흥식이 죄를 짓기는 했어도 이역만리에서 죽게 되어 불쌍하다고 적었지만, 잠깐의 유혹에 빠졌다고 하기에는 밀수 규모가 너무나 엄청났다. 상식적으로 생각해보면, 이 정도 일을 역관 한 사람이 계획했을 리 없다. 인삼을 재배하는 농가, 인삼을 실어 나르는 유통업자, 인삼을 사고 싶어 하는 일본 사람 그리고 배후에서 편의를 봐줬을 매우 높은 분까지 연결된 카르텔이 분명 존재했을 것이다. 잡힌 역관은 꼬리이자 운반책에 불과했을 텐데, 그가 자살한 것도 후환이 무서워서 아니겠는가.

지하경제 양성화가 낳은
거상 임상옥

이처럼 거대하고 무시무시한 밀수의 세계는 차치하더라도, 인삼은 공식적인 무역량부터 어마어마했다.

《조선왕조실록》에 따르면, 1797년(정조 21년) 홍삼의 공식적인 무역량은 120근이다. 이것도 그렇게 적은 양은 아니지만, 1823년(순조 23년)이 되면 갑자기 1000근으로 늘어난다. 5년 뒤인 1828년(순조 28년)에는 4000근이 되고, 1837년(헌종 13년)에는 4만 근이 된다. 정말 놀라운 일이다! 인삼이란 워낙 키우기 힘들어 수확하기까지 몇 년이나 걸리는데, 이토록 무시무시한 양이 팔려나갔다니 말이다. 하여 정말로 늘었다기보다는, 세금을 더 거두기 위해 그동안 몰래 밀수되고 있었던 잠삼潛蔘을 양지로 끌어올렸다고 봐야 한다. 지하경제의 양성화랄까. 물론 이유야 어찌 되었든 인삼의 무역량이 폭발적으로 증가한 것은 사실이었고, 그러면서 돈방석에 앉은 사람들이 여럿 나왔으니, 그 대표적인 인물이 앞서 짧게 소개한 '정신 나간 인간' 임상옥이었다.

임상옥은 조선의 경제사를 논할 때 빼놓을 수 없는 인물이다. 덧붙여서 단 10여 년 만에 조선 최고의 부자가 된 입지전적의 인물이기도 하고. 다만 아쉬운 것은 남은 기록이 별로 없다는 것이다. 평안도 의주에서 태어난 그는 오늘날의 북한 지역에서 주로 활동한 데다가, 무엇보다 양반 출신이거나, 권력과 아주 가까운 사람이 아니었기 때문이다. 아니! 권력과는 대단히 가까웠지만, 권력은 그를 사랑하지 않았다. 여기서 짧게나마 임상옥의 이야기를 전할 수 있는 것은, 본인이

연대	홍삼 근수
1797년(정조 21년)	120근
1810년(순조 10년)	130근
1811년(순조 11년)	200근
1823년(순조 23년)	1000근
1827년(순조 27년)	3000근
1828년(순조 28년)	4000근
1829년(순조 29년)	3000근
1832년(순조 32년)	8000근
1847년(헌종 13년)	4만 근
1849년(철종 즉위년)	2만 근
1851년(철종 2년)	4만 근
1853년(철종 4년)	2만 5000근
1854년(철종 5년)	1만 5000근
1855년(철종 6년)	2만 근

1797~1855년 홍삼 공식 수출량.

남긴 약간의 기록 덕분이다. 임상옥은 상인 출신이지만 한자를 꽤 잘 알았고, 그래서 《가포집稼圃集》이라는 문집을 남겼다. 아쉽게도 이 《가포집》 자체는 전해지지 않지만, 이런저런 문헌에서 인용된 부분을 긁어모으면 그 내용을 대강 유추할 수 있다. 특히 일제강점기의 독립운동가로 임상옥과 동향인 문일평文一平이 《조선명인전》을 쓰며 관련 기록을 모아 그의 삶을 정리한 것이 매우 귀중한 자료로 남았다.

《조선명인전》에 따르면 임상옥은 정조 때인 1779년 평안도 일대를 중심으로 활동해온 상인 가문에서 태어났다. 어린 시절에는 책 읽고 시 쓰는 게 취미였다고 하는데, 이건 사실일 수도 있고 아닐 수도 있다. 그러다가 18세 때 장사에 나섰다. 처음에는 별 볼 일 없어서 들에서 잠자고 길에서 밥 먹는 생활을 이어갔다. 그러는 와중에 아버지가 세상을 떠났는데, 제대로 상도 못 치른 채 장사에 매달렸다. 그런데 이후 불과 10년 만에 조선을 대표하는 상인이 되었으니, 그 비결은 인삼 무역이었다.

정치권력은 바뀌어도
시장권력은 영원하다

바야흐로 18세기 즈음, 산삼의 씨가 마르며 수출이 주춤했지만, 인삼 재배에 성공하며 무역량이 다시 늘어나던 때였다. 당연히 밀수도 바짝바짝 증가했는데, 조정은 어차피 이를 근절하지 못할 바에 차라리 세금이나 제대로 걷자는 쪽으로 정책 방향을 선회했다. 그렇게 해서 1797년 포삼제包蔘制가 시행되니, 인삼을 정식 수출품으로 인정하되 다만 판매량을 제한한 조치였다.

홍삼의 무역이 정식으로 시작된 것은 1810년 즈음으로, 그 독점권을 가진 것이 바로 임상옥이었다. 그야말로 돈이 몰려 들어오는 길목에 앉아 입을 쩍 벌리고 있었던 셈이다. 사실 독점권을 가진 상인이 다섯 명 더 있었다고 하는데, 가장 성공해 지금까지 이름이 남은 것은 임상옥뿐이다. 그 비결은 무엇일까. 문일평에 따르면, 그에게는 박종경朴宗慶이라는 정치적인 후원자가 있었다.

박종경은 반남박씨 출신으로 정조의 후궁인 수빈綏嬪의 오빠이자

다음 임금인 순조의 외삼촌이었다. 즉 외척이었고 그만큼 막강한 권세를 누렸다. 전하는 일화에 따르면 박종경의 아버지가 세상을 떠났을 때, 임상옥이 무려 4000냥을 부조금으로 냈단다. 이 일로 깜짝 놀란 박종경이 임상옥을 직접 만났고, 결국 인삼 무역의 독점권을 주었다고 한다. 이게 사실인지 알 수 없지만, 임상옥은 조정의 고위 관리와 분명 선이 닿아 있었을 것이다.

문일평은 이에 대해 "자본가와 정치가가 서로 결탁하는 것은 오늘날만 있는 일이 아니다"라고 평했는데, 반만 맞았다고 하겠다. 정황상 장사치로서 임상옥의 능력도 대단했을 것이다. 틀림없이! 잘 알려진 대로 순조 이후의 시대는 안동김씨의 세상이었다. 처음에는 반남박씨도 권력을 나눠 갖긴 했지만, 차츰 힘을 잃어갔다. 무엇보다 1812년 박종경이 그간의 잘못으로 탄핵당하며 반남박씨 세력은 정말 사라졌다. 하지만 이후로도 임상옥의 위세는 변함없었다.

신의 한 수가 된 '자사주 소각'

그런데 정말 아쉽게도 임상옥이 어떻게 돈을 벌었는지에 대한 기록은 없다. 지금까지 전해지는 임상옥 관련 일화들은 대부분 중국의 유명한 부자들 이야기를 짜깁기한 것이라 믿을 수 없다. 다만 개중에 너무나 독창적이어서 오히려 신뢰가 가는 것이 하나 있어 소개해본다.

조선의 사신들은 중국에 머무는 기간이 정해져 있었다. 하여 앞서 설명했듯이 중국 상인들은 일부러 인삼을 사지 않으면서 사신들이 떨이로 싸게 팔 수밖에 없게끔 버텼다. 똑같은 일을 겪게 된 임상옥. 하지만 그는 여간내기가 아니었으니, 팔려고 가져온 인삼들을 공터에 쌓아놓고 불을 질러버렸다. 떨이로 나올 줄 알았던 귀하디귀한 인삼이 '캠프파이어 장작'이 되어 타고 있다는 소식을 들은 중국 상인들이 헐레벌떡 달려왔다. 불길 속에서 인삼을 건져내는 그들의 모습이 가관이었다고. 이후 인삼 가격이 10배가 폭등했다고 한다. 이것이 바로 조선판 '자사주 소각'의 전설이다.

이처럼 그릇이 남달랐던 임상옥이었으니, 쌓은 부도 어마어마했을 텐데, 이 또한 아쉽게도 정확한 기록이 남아 있지 않다. 은괴를 쌓으면 마이산 높이(해발 687미터)가 된다든지, 회계 장부를 적는 사람만 70명이었다든지, 오늘날로 치면 도지사나 시장 정도 되는 평안감사平安監司와 의주부윤義州府尹이 갑자기 찾아왔는데, 곧바로 일행 700명의 식사를 각상으로 준비했다든지 하는 전설과 같은 이야기만 전해질 뿐이다. 타임머신을 타고 그때로 돌아가 임상옥의 창고를 열어젖혀야만, 그 안에 쌓여 있는 은과 인삼의 가치를 제대로 따져볼 수 있으리라. 아무튼 임상옥은 부자였다! 구한말의 재야 지식인 황현黃玹이 쓴 《매천야록梅泉野錄》을 보면, "북경 사람들은 지금도 임상옥의 이름을 거론한다"라는 구절이 나온다. 조선이 망한 다음에도 그는 조선을 대표하는 부자였던 셈이다.

이처럼 엄청난 부를 거머쥔 임상옥은 인생 후반에 접어들어 장사에서 차차 손을 떼고 새로운 도전에 나섰다. 우선 1816년 38세가 되자 부모님의 묘를 근사하게 꾸미고 수백 칸의 으리으리한 대저택을 지은 다음, 이곳에서 제사를 지내고 손님을 맞이하며, 또한 책을 읽고 시를 읊었다. 어느 정도 판에 박힌 이야기이긴 한데 어째서 책이고 시일까. 조선 사람들에게 시란, 단순한 문학작품이 아니라 삶의 일부이 자 교류의 필수 조건이었다. 따라서 취미 생활 이상의 의미가 있었을 것이다.

이후 임상옥은 1831년 53세의 나이로 갑자기 오위장五衛將에 임명되었다. 이는 중앙군을 지휘하는 최고위직 장수로 종2품에 해당했다. 그 이듬해에는 의주에서 큰불이 나 수많은 사람이 집을 잃었는데, 수천 금의 돈을 내어 100여 가구를 구제했다. 그러면서 경기도와 양주의 가난한 사람들을 위해 써달라며 각각 4000냥과 6000냥을 바쳤다. 한 해에 1만 냥이 넘는 돈을 턱턱 낼 수 있다는 것 자체가 임상옥이 엄청난 부자란 증거다. 이처럼 어마어마한 수준의 기부 앞에서 조정이라고 별 수 있을까. 오늘날의 국가안전보장회의에 해당하는 비변사備邊司의 건의로 임상옥은 평안도 곽산을 다스리는 군수로 임명되었다. 이후에도 임상옥의 기부 행렬은 이어져 가산嘉山, 박천博川 등 평안도 지역에 재해가 발생하자 또다시 엄청난 돈을 내놨다.

부자 되기 다음은
양반 되기

가난하고 험한 세월을 버텨낸 임상옥은 조선 최고의 부자가 되었고, 더 나아가 관리가 되었다. 하지만 그의 이야기는 해피엔딩으로 끝나지 않는다. 워낙 엄청난 돈을 기부했기에 조정이 관직을 내리기는 했으나, 신분이 양반인 동료 관리들의 눈빛은 차가웠고, 따라서 업무를 하려고 해도 제대로 협조받지 못했다. 물론 임상옥 본인의 행정 능력이 부족했을 수도 있다. 장사와 행정은 비슷할 것 같지만 아주 다른 세계이니까.

여하튼 임상옥의 업무 평가는 그리 좋지 못했고, 곽산 근처의 요지인 귀성龜城(오늘날의 평안북도 구성시)을 책임지는 부사로 승진하려는 찰나에 미끄러지고 말았다.

—

비국備局에서 아뢰기를 "어제 도정都政에서 전前 군수 임상옥을 귀성부사에 제배除拜하였습니다. …… 임상옥은 전임 곽산군수로서 작년 섣달의 전최殿最에서 중고中考에 들었습니다. 당상堂上의 중고는 하등下等과 다름이 없으니, …… 임상옥에게 새로 제수된 직임은 청컨대 개차改差하소서."

_《헌종실록》, 1835년(헌종 1년) 6월 26일.

—

간단히 설명하면 군수로서 일을 잘하지 못했는데, 어찌 부사로 임명하겠냐는 것이다. 이후 임상옥의 행적은 묘연하지만, 관직뿐 아니라 장사에서도 한 발 떨어져 있었던 것 같다. 보통 그의 인생 후반대는 상인이 아닌 사대부로서 평가되었기 때문이다. 굳이 문집을 낸 것을 보면, 원래 책 읽고 글 쓰는 일을 확실히 좋아했던 듯싶다. 어쩌면 정말 양반이 되고 싶었을지도. 물론 이는 임상옥만 품은 꿈은 아니었다. 앞서 살펴본 역관 가문들도 아버지 대에서 부자가 되면 아들이나 손자 대에서 꼭 과거에 도전했다. 문과는 아무래도 무리였겠지만 무과는 곧잘 급제했고, 그럼 어쨌거나 신분은 양반이 되었다.

조선은 엄연한 신분제사회로, 돈이 많거나, 똑똑하더라도 양반이 아니면 무조건 머리를 조아리며 설설 기어야 했다. 하여 (권력과 영합했다고 해도) 자기 힘으로 돈 벌고 성공한 임상옥이 신분을 높이고자 시도한 것은 자연스러운 일이었다. 아무리 돈이 많아도 채워지지 않는 욕망이란 게 있으니까. 물론 결과가 신통치 않았지만. 조선 최고의 부자로서 남부러운 것 없던 임상옥조차 끝내 이룰 수 없었던 것이 신분 상승이라니 안타까울 따름이다.

임상옥의 문집 《가포집》에는 과연 무슨 내용이 실려 있었을까. 아마 그가 곽산군수가 되었을 때 받은 임명장이라든가, 재난민을 구휼했을 때 받은 표창이라든가, 상인이던 시절 중국 사람들과 주고받은 시 같은 것들일 테다. 물론 우리가 정말 묻고 싶은 것은 "그래서 정말 인삼에 불을 질렀어요, 안 질렀어요?"이겠지만.

6

13세 소녀 상속인과
악당들

역관이나 인삼 무역과 직접적으로 관계는 없지만, 그 언저리에 있는
아주 추접한 이야기를 하나 소개하려고 한다.

비록 사농공상이라 해 선비 외의 다른 계급(농민, 기술자, 상인)들은
천대받는 조선 시대였지만, 그렇다고 돈마저 멸시당하지는 않았다.
돈은 좋았다. 그게 깨끗한 돈이든, 더러운 돈이든 아무튼 무엇이든 간
에 많으면 좋았다. 하여 힘들게 일해서 돈을 버느니 남이 번 돈을 꿀
꺽하고 싶어 한 악당들이 그때도 존재했는데, 태종 때 큰 소란이 벌어
졌다. 이름하여 '13세 소녀 상속인을 두고 벌어진 추악한 싸움'이라
고나 할까. 당시 김내은달金內隱達이란 사람이 있었는데,《조선왕조
실록》의 1418년(태종 18년) 6월 10일 기록에 따르면, 궁궐에서 쓰는
각종 비품과 하사품 등을 관리하는 내섬시內贍寺의 종이었다. 동시에
대고大賈, 즉 크게 장사하는 사람이라고 소개되어 있는데, 그의 아내

보배寶排가 김사문金士文이란 자의 여종이었으니, 분명 천민이었을 테다. 둘 사이에는 외동딸이 있었는데, 이름은 동이同伊였다. (어디서 들어본 이름인데, 동명이인일 뿐이다.)

여하튼 김내은달은 신분 말고 다른 것은 다 가졌으니, 일단 엄청난 부자였다. 여기서 잠깐, 우리의 상식으로 받아들이기 어려운 점이 있을 듯해 간단히 설명하겠다. 조선 시대의 천민은 대감마님 댁의 마당을 쓸다가 죽으라고 하면 죽는시늉하는 꾀죄죄한 사람들일 것 같지만, 사실 노예보다 회사원에 가까운 존재였다. 그래서 자기 뜻대로 결혼도 하고, (관리 외의) 직업도 가졌다. 당연히 사유 재산이 있었고, 그것을 자기 마음대로 처분할 수도 있었다. 그러다 보니 일이 잘 풀려 양반보다도 훨씬 더 부자가 된 천민이 종종 나타났다. 하여 김내은달도 천민이면서 대단한 부자였다. 아쉽게도 《조선왕조실록》은 천민에 관한 기록은 자세히 남기지 않았으므로, 그가 얼마나 부유했는지는 알 수 없다. 다만 이야기를 따라가다 보면, 당시 한양의 모든 양반이 그의 재산을 취하고자 달려들었다고 하니, 엄청난 부자였음이 분명하다.

나쁜 놈과
더 나쁜 놈

1418년 6월 10일 사헌부를 거쳐 한 사건이 임금에게 보고되었다. 우의정 이원李原의 수행인 장양수張良守가 홍여방洪汝方이란 자의 어머니를 찾아가 난동을 부렸다는 것이다. 그 사연이 길고 복잡한데, 오늘날의 법무부 장관 정도 되는 형조판서 윤향尹向이 동이를 첩으로 삼겠다고 김내은달에게 허락을 구하며 모든 일이 시작되었다. 최고 권력자와 최고 부자의 만남이니 누이 좋고 매부 좋은 일이라, 김내은 달은 흔쾌히 딸을 주겠노라고 약속했다. 그런데 윤향이 사신으로 중국에 다녀오다가 병을 얻어 덜커덕 객사하고 말았다. 이 소식이 퍼지자 이원이 동이를 차지하겠다고 나섰다. 이에 질세라 윤향의 처남이었던 홍여방이 경쟁에 뛰어들었다. 뭐, 이 정도면 아주 훌륭한 난장판이다. 또는 개판이거나.

이를 보고받은 태종의 반응은 어떠했을까. 조금 김빠지지만, 시큰 둥했던 게 역사적 사실이다. 불과 4일 전 울고불고 통곡하며 말썽꾸러기 큰아들 양녕대군을 폐세자 해버린 일도 상관있었을 것이다.

—

"비록 그것이 풍속에 아름답지 못하다 하더라도 일이 종사에 관계되지 않는데, 의금부義禁府에 내려서 그 결말을 어떻게 하 겠는가?"

_《태종실록》, 1418년(태종 18년) 6월 10일.

—

이를 한마디로 줄이면 "뭐, 어쩌라고?"다. 사적인 일로 종사와 상관 없는데, 임금이나 중죄를 다루는 의금부가 다룬다고 한들 어떻게 결론 내리겠냐는, 진심으로 부리는 짜증이랄까.

그래도 신하들이 난동을 피운 것은 죄이지 않냐며 거듭 벌해야 한다고 촉구하자, 태종은 임금의 자문기관인 승정원에서 이를 살펴보라고 명한다. 그러면서 곧 전모가 밝혀졌으니, 사건은 생각보다 '매운 맛'이었다. 윤향이 죽고 나서 이원이 동이를 첩으로 삼는다는 소문이 돌자, 홍여방은 그녀를 납치해 자기 집에 숨겨뒀다. 그러자 이원의 명령을 받은 것인지, 과한 충성심을 내보인 것인지 알 수 없지만, 장양수가 홍여방의 집에 쳐들어가 동이를 빼앗는 과정에서 소동이 벌어졌다. 곧 홍여방과 이원이 서로를 고발하자, 장양수가 다시 한번 나서서 홍여방의 어머니와 딸을 협박해댔고, 마침 임신 중이던 딸은 놀라서 하혈할 정도였다.

조사가 진행되자 홍여방은 억울함을 호소했는데, 경쟁자인 이원이 자기에게 동이를 주겠다고 약속했다는 것이다. 다만 제삼자가 보기에 좀 더 나쁜 놈은 홍여방이었는데, 그가 죽은 윤향의 처남이었기 때문이다. 윤향의 친척쯤이나 되어서 (아무리 첩이라고 해도) 같은 여자를 노리다니! 윤향이 동이를 첩으로 들이기 전에 죽었다고는 해도, 그가 생전 쓴 편지를 보면 중국으로 가기 전 혼인의 증거로 김내은달의 집에서 이틀 밤을 자고 자기 옷을 남겨뒀다고 했다. 이를 몰랐을 리 없건만, 매부가 죽자마자 그의 첩을 차지하려 했으니, 뻔뻔함도 정도가 있다. 게다가 홍여방은 곧 외손자를 볼 할아버지였다. 그런데도 첩을 들이겠다고 이 난리를 피우는 꼴이 얼마나 볼썽사나운가. 편을 들어주려야 들어줄 수가 없다.

이러한 정황상 홍여방이 동이가 자기 첩이라고 떼쓰며 이원에게 잘못을 뒤집어씌우려 한다는 게 명백했고, 태종의 생각도 크게 다르지 않았다. 물론 이원을 감싸려는 의도도 있었겠지만 말이다. 사정 청취를 위해 태종이 이원을 부르자, 그는 입궐해 변명을 쏟아냈다. 이게 다 홍여방의 잘못이고, 자신은 동이를 첩으로 들일 생각이 없었다는 말까지 하면서. 뭐 대강 감이 오겠지만, 이것 또한 거짓말이었다. 사실 이원도 동이를 내놓으라고 김내은달을 협박한 정황이 있었다.

'동이'라 쓰고
'돈'이라 읽는다

아니, 도대체 왜들 그리 동이를 차지하려 했을까. 이제는 너무 구식이라 입에 담기도 어려운 질문을 던져보자. 동이가 그렇게 예뻤나. 내 입으로 답하기는 뭐하니, 《조선왕조실록》에 실린 장령掌令, 즉 감찰관의 말을 그대로 인용한다.

——

장령 박헌朴軒이 아뢰기를, "…… 더구나 이 여자(동이)는 또한 미색도 아니요, 나이도 또 장년壯年이 아닌데, 특별히 그 아비가 큰 장사치여서 많은 재산을 축적하였기 때문에, 두 사람이 모두 재상으로서 그 이익을 도모하고자 하여 사사로이 서로 다투어 빼앗았으니, 그 뜻이 탐욕스럽고 더럽습니다. ……"
_《태종실록》, 1418년(태종 18년) 6월 16일.

——

한마디로 이는 여인의 미모에 홀려서가 아니라 돈 냄새에 취해 벌어진, 지극히 비즈니스적인 성격의 사건이었다. 그래서 여기에 연루된 사람들이 어디 돈이 궁한가 하면, 전혀, 절대로 아니었다.

조선 초기에 힘주고 다닌 양반들은 대부분 고려 때부터 이어져 내려온 권문세족 출신이었다. 원나라에 붙기도 하고, 대농장도 세워 여기저기서 돈을 잘 벌었던 귀족들 말이다. 실제로 윤향의 할아버지는 고려의 유명한 관리였고, 그의 아들 윤계동尹季童은 무려 태종의 사위였다. 그러니 가난할 리 없었다. 이원은 할아버지가 고려에서 가장 높은 벼슬을 지낸 이암李嵓이었을 뿐 아니라, 본인부터 핵심 공신만 받는 작위인 철성군鐵城君에 봉해질 정도로 중요한 인물이었다. 하여 부모의 상중에도 관직을 유지한 채 계속 일하는 특혜를 받기도 했다. 집도 부자라서 《조선왕조실록》의 1426년(세종 8년) 3월 15일 기록을 보면, 사헌부에서 대놓고 "집안 노비가 적지 아니하다"라고 언급할 정도였다.

홍여방도 돈이 궁한 사람이 아니었다. 1401년부터 관직 생활을 시작한 그는, 사헌부와 조선 최고의 행정기관인 의정부議政府에서 일하며 태종과 가까이 지냈다. 특히 태종이 잘못을 저지를 때 충심으로 직언했다가 벼슬에서 쫓겨날 정도로 강직한 부분이 있었다. 중국에 사신으로 갔을 때는 황제가 콕 짚어 옷을 선물해줄 정도로 비범하기도 했다. 그런데 이토록 멀쩡한 사람들이 어쩜 저렇게 추한 꼴을 내보이게 되었을까. 동이의, 김내은달의 돈이 정말 그 정도로 많았단 말인가.

태생 천민, 천생 상인,
평생 부자

이쯤에서 김내은달이 어떻게 부를 쌓았는지 궁금한 독자가 있을 것이다. 하지만 역시 낮은 신분 탓에 마땅한 기록이 남아 있지 않아 자세히 알 수 없다. 다만 그가 무역에 손댔다는 것은 확실하다. 소동을 조사하며 밝혀진 것이지만, 김내은달은 곧 사위가 될 윤향에게 마침 사신으로 중국에 가니 세마포細麻布 20필만 팔아달라고 부탁했다. 가느다란 실로 짠 베인 세마포는 꽤 고급 물건으로, 중국에서 판다면 돈깨나 받았을 테다. 그런즉 김내은달은 태생 천민인 동시에, 천생 상인이자, 평생 부자였다!

그렇다면 김내은달은 어째서 딸을 윤향에게 시집보내려 했을까. 하나뿐인 딸을 최고의 남자와 맺어주고 싶어서? 아니면 딸을 고위 관리와의 연결 고리로 이용해 사업을 더욱 번창하게 하려고? 음, 아무래도 후자인 것 같다. 당시 윤향은 45세였고, 이원은 50세였으며, 홍여방의 나이는 불명확하지만, 윤향과 비슷했을 것이다. 아무리 잘나간다고 해도 딸을 오늘내일하는 노인과 짝지어주는 건 좀 그렇지 않은가. (조선 사람의 평균수명은 35세 내외로 추정된다.) 실제로 윤향은 동이와 결혼도 못 한 채 죽어버렸고 말이다.

게다가 김내은달은 예비 사위의 변고를 듣자 그가 중국으로 가져간 세마포를 어떻게 되찾을지부터 걱정했다고 하니, '딸바보'가 아니라 '돈바보'였음이 분명하다. 홍여방은 그걸 찾아주겠다며 김내은달의 집에 찾아가 동이를 납치한 것이니 정말 질이 안 좋았다.

13세 소녀를 두고 세 노인네가 벌인 꼴불견 대소동은 정말 지저분한 사건이다 보니 많은 사람의 입에 오르내렸고, 아주 대놓고 욕을 먹었다. 하지만 당시 양녕대군을 폐세자 하고 세종을 다음 임금으로 세우는 중차대한 과업이 진행 중이었으므로, 이 사건은 점차 잊혀갔다. 태종은 동이에게 자기가 좋은 신랑감을 찾아주겠으니 결혼하지 말라고 했다. '혹시?' 하는 사람도 있겠지만, 태종이 동이를 후궁으로 삼는 일은 없었다. 태종은 자기만의 미의식이 확고했다. 음, 직접 설명하기보다는, 《조선왕조실록》을 그대로 인용해보련다.

—

"임씨는 곧 관음보살의 상 같아서 애교와 태도가 없고, 여씨는 입술이 넓고 이마는 좁으니, 그게 무슨 인물이냐?"

_《태종실록》, 1408년(태종 8년) 10월 11일.

—

중국에 공녀貢女를 바쳐야 해 양반의 딸 중 몇 명을 골랐는데, 그들을 보고는 저렇게 품평한 것이다. 중국에 끌려가는 것도 괴로운데 외모 평가까지 당하다니, 당시 여인들의 서러움이 오죽했을꼬.

아무튼 태종은 모든 사건이 홍여방의 잘못이라고 잠정 결론지었다. 장양수도 잘못했지만, 그를 처벌하면 이원 또한 허물을 쓴다는 이유만으로 훈계하고 석방하는 정도로 끝냈다. 가장 크게 처벌받은 사람은 김내은달이었다. 딸 하나를 친척 사이인 윤향과 홍여방에게 추천해 천륜을 어지럽혔다는 이유에서였다. 하여 김내은달은 곤장 50~60대를 맞고 말았다. 정작 싸움을 벌여낸 장본인들은 그냥저냥 경고만 받고 넘어간 것에 비하면 정말 무거운 벌이었으니, 그의 낮은 신분 때문이었을 것이다.

"이利만 탐하고
의義는 모르는 신하"

세종의 즉위 5년째인 1422년 태종은 동이의 신랑감을 찾아주겠다는 약속을 지키지 못한 채 세상을 떠났다. 사실 자기 자식(양녕대군)의 일만으로도 골머리가 아픈데, 남의 자식 챙겨주기가 쉽지 않았을 것이다. 그렇다면 이후에는 어떻게 되었느냐. 태종의 졸곡卒哭이 끝나자마자 이제는 좌의정이 된 이원이 날래게 동이를 채가 첩으로 삼았다. 졸곡은 사람이 죽고 나서 석 달 정도 지나 지내는 제사이니, 이원은 태종이 세상을 떠나고 한 계절이 지나자마자 동이를 첩으로 들였던 셈이다. 그만큼 돈에 눈이 뒤집힌 것인데, 이원은 이 일로 자기 무덤을 판 꼴이었다. 아무리 정승이 높다고 한들 임금의 심기를 불편하게 해서야 어찌 화를 피할 수 있겠는가.

원래 국상 중에는 결혼할 수 없었다. 물론 졸곡이 끝나면 가능했지만, 그동안 벌인 짓도 있었거니와, 이원은 동이를 데리러 갈 때 성묘하러 간다고 거짓말까지 했다. 나쁜 짓은 반드시 꼬리가 밟히는 법이고, 1426년 사헌부는 이 사실을 밝혀 이원을 비판했다. 세종은 웬만하면 신하들을 버리지 않는 사람이었지만, 이번만큼은 화를 참지 못했던 것 같다. 게다가 이원은 이 문제로 추궁받자 태종이 동이를 첩으로 들이지 말라고 명령한 적 없다며 오리발을 내밀었다. 결국 괘씸죄가 적용되어 이원은 벼슬은 물론이고 공신의 직위까지 잃은 채, 전라도 여산礪山(오늘날의 전라북도 익산시)에 귀양을 가서 4년 만에 세상을 떠났다. 아마 그렇게 탐내던 돈은 별로 써보지도 못했으리라.

세종의 앙금은 오래 갔다. 《조선왕조실록》의 1431년(세종 13년) 9월

8일 기록을 보면, 신하들과 이야기를 나누던 중 "(이원은) 이利만 탐하고 의義를 모르는 신하였다"라고 평가하며 잔잔한 뒤끝을 보여줬다. 궁금한 것은 어느새 스무 살을 넘은 동이의 운명인데, 이후로는 기록을 찾을 수 없다. 다만 아버지의 재산을 오롯이 누리며 혼자 잘 먹고 잘살았기를 바랄 뿐이다.

그래도 이 추잡한 사건 덕분에 한 가지 좋은 일이 있었다. 이원이 잘리며 정승 자리가 비자 인사를 담당하는 이조吏曹의 수장이 승진하게 되었다. 그가 누구냐고? 바로 황희다! 이원이 유배지로 떠나고 두 달 정도 지난 1426년 5월 13일 황희는 우의정에 제수되었다. 돈에 눈이 먼 이원의 바보 같은 짓 때문에 황희가 정승이 되었으니, 뭐 이것도 나름 인간 역사의 긍정적인 면이 아니겠는가.

7

유통업체 '㈜경강'의 횡포가
선을 넘으니

순조 때인 1833년 3월 한양의 분위기가 크게 뒤숭숭해졌다. 쌀값이 크게 올랐기 때문이다. 아니, 가격이 문제가 아니라, 쌀이 아예 자취를 감췄다. 한양의 쌀집들은 모두 문을 닫았고, 돈을 가진 사람조차 쌀을 살 수 없었다. 전쟁이 벌어졌는가. 아니었다. 흉년이 들었는가. 그것도 아니었다. 그런데도 쌀이 없어 사람들이 굶주리기 시작했으니, 이 무슨 변고란 말인가.

정말 알 수 없는 점은 정작 상인들의 창고에는 쌀이 가득했다는 것이다. 다만 그 쌀이 풀리지 않아 문제였으니, 바로 돈 때문이었다. 더 비싸게 팔아먹기 위해 누군가가 창고의 문을 붙들어 매고 있었다!

상황이 이런데도 임금과 고위 관리들의 반응은 미적지근했다. 그들은 사실 별로 불편함을 느끼지 못하고 있었다. 그깟 쌀이야 이미 넉넉히 쟁여둔 상태였고, 또한 아무리 쌀값이 오른다고 한들 충분히 살 수 있었으니까.

하여 모든 피해는 '하루 벌어 사흘 먹고사는' 가난한 사람들에게 돌아갔다. 형편이 궁했던 그들은 쌀을 살 수 없었다. 그런데도 조정은 아무것도 하지 않았고, 날이 갈수록 백성의 신음은 커져만 갔다.

한양을 들썩인
쌀 실종 사건

—

"울부짖는 사람이 길가에 가득 찼고 분하여 꾸짖는 사람들이 거리를 메웠으며, 굴뚝에서는 연기가 나오지 않아 경색景色이 참담하였으니, 또한 예전에 없었던 변고이었습니다. 무지한 백성이 굶주림을 참고 분한憤恨을 머금었으니, 무슨 변고인들 생기지 않겠습니까?"

_《순조실록》, 1833년(순조 33년) 3월 12일.

—

그리고 정말로 변고가 터지고 말았다. 빈 쌀자루를 든 채 터덜터덜 돌아다니던 사람들이 하나둘 모여 잘못된 일을 바로잡으라고 소리를 높였다. 그렇게 분노가 폭발했으니, 느닷없이 시작된 들불처럼 걷잡을 수 없이 번져나갔다. 3월 8일 수많은 사람이 너나 할 것 없이 쌀집들로 몰려가 불을 질렀다. 공격을 지휘하고 독려하는 사람, 방울을 흔들어 무리를 모으는 사람, 정말 아무것도 모른 채 소동에 휘말린 사람이 뒤섞였다. 분명한 것은 이들 모두가 몹시 배고팠다는 것이다. 한양에 쌀이 떨어지고 벌써 2주나 지났기 때문이다. 3일 굶어 도둑 되지 않는 사람 없다는 말이 있는데, 하물며 2주나 굶으면 아무리 선량한 사람이라도 폭도가 될 테다. 유럽을 뒤흔든 프랑스혁명이나 러시아를 무너뜨린 피의 일요일 사건이 그랬던 것처럼. 그리고 사람들은 누가 적인지 잘 알고 있었다. 그들의 외침을 그대로 옮겨 적은《조선왕조실록》의 기록을 살펴보자.

—

"쌀값이 뛰어오른 것은 오로지 저자의 장사치들이 조종했기 때문이다."

《순조실록》, 1833년(순조 33년) 3월 8일.

—

폭도들은 쌀집뿐 아니라, 한강 변에 잔뜩 있던 상인들의 창고까지 습격했다. 그 안에는 2주간 구경조차 못 한 쌀과 각종 곡식이 가득했으니, 마구 훔쳐 가족들을 먹였을 것이다. 그러면서 창고에 지른 불이 다른 집으로 옮겨붙거나, 처음부터 아예 엉뚱한 집을 습격하는 통에 가옥 15채가 불탔다. 폭동의 기세가 얼마나 대단했던지 포졸들로는 도저히 막아낼 수 없었다. 하여 병조판서가 어명을 받아 임금의 친위대인 금위영禁衛營을 동원하고, 오늘날의 경찰청장에 해당하는 좌·우포도대장과 한양 방위군의 핵심인 훈련도감訓鍊都監과 어영청이 모두 출동한 끝에 가까스로 폭도들을 해산시킬 수 있었다. 이 사건은 반란이나 음모가 아닌, 굶주린 백성이 벌인 소요이자 폭동이었다. 이 일로 체포된 이들은 모두 52명이었는데, 김광헌金光憲, 고억철高億哲, 홍진길洪眞吉, 강춘득姜春得, 우범이禹範伊, 유칠성劉七成, 노비 범철範哲 등이었다.

이 중 김광헌은 궁궐을 지키는 호위청扈衛廳의 군인이었다. 그는 사람들을 지휘해 쌀집을 불태운 혐의를 받았다. 저 일곱 명은 체포된 즉시 목이 날아갔다. 조정이 재판조차 열지 않고 저들을 즉결 처분한 것은 분노해 날뛰는 민중을 해산하고자 '시범 케이스'로 삼기 위해서였다. 그 외에 방조범 격인 11명은 최전방의 군대로 보내버렸다. 그보다는 가볍지만 분명 죄를 저지른 27명은 곤장을 치고 풀어줬다. 아무것도 모른 채 소요에 휘말린 것으로 판명된 일곱 명은 그냥 집에 보내줬다. 물론 폭동에 적극적으로 참여했지만, 체포되지 않은 사람들이 훨씬 더 많았을 것이다.

지방의 농민 반란도 아니고 수도 한양에서 이처럼 큰 폭동이 일어난 것은 전무후무한 일이었다. 처음에 설명했듯이, 과한 돈 욕심이 그 원인이었다. 즉 욕심 많은 자들이 돈을 더 벌겠다고 쌀이 한양 안으로 들어가지 못하게 막아버렸던 것이다. 양심을 팔아도 이렇게까지 몽땅 팔 줄이야!

한양 사람
20만 명의 목구멍

이 모든 사태는 소수의 상인이 쌀 유통망을 꽉 쥔 데서 비롯되었다. 한양은 한강에 밀접한 도시였다. 인천 앞바다에서 한강 줄기를 거슬러 계속 올라가다 보면 바로 한양이 나왔다. 하여 500년 넘게 이곳 사람들의 목을 축여줬던 한강은 곧 교통과 물류의 요충지가 되었는데, 광나루(오늘날의 광진구 광장동)부터 양화진(오늘날의 마포구 합정동)까지를 특별히 경강京江이라고 불렀다. 이곳에 한양으로 들어갈 온갖 곡물이 모여들었으니, 각지의 백성이 대동법大同法에 따라 납부한 대동미부터 지방의 노비들이 한양의 양반 주인들에게 보내는 곡물까지 종류도 다양했다.

그래서 한강 변에는 창고가 많았다. 가령 오늘날 수많은 기차의 경유지인 용산은 당시만 해도 전국에서 세금으로 거둬들인 온갖 물품이 모이는 종착지였다. 실제로 이곳에는 군수품을 관리한 군자감軍資監의 창고와 대동법의 시행을 관리한 선혜청宣惠廳의 창고인 만리창萬里倉이 있었다. 또 근처 서강에는 관리들의 녹봉을 관리한 광흥창廣興倉의 창고와 한양 외곽을 지킨 총융청摠戎廳의 창고, 조정의 온갖 현물 재원을 보관하는 강창고江倉庫가 있었다. 이처럼 나라에서 관리하는 창고 외에 개인이 운영하는 창고는 훨씬 더 많았을 것이다. 한마디로 한강 변, 특히 경강 일대는 조선에서 곡식이 가장 많이 모이고, 또 쌓이는 곳이었다.

또한 조선 후기가 되어 화폐 제도가 차츰 자리 잡는 상황에서도 나라의 가장 중요한 재산은 여전히 곡식이었다. 비록 운반이 힘들다는 단점이 있지만, 그래도 곡식은 화폐와 비교해 크나큰 장점이 있으니 바로 먹을 수 있다는 것이다. 하여 경강에 쌓인 곡식은 세금인 동시에 한양 사람들을 먹일 양식이었다. 앞서 설명했듯이 조선 후기가 되면 한양 인구는 20만 명까지 치솟았다. 그런데 도성 안에서는 경작이 불법이었기에, 한양 사람들은 밥그릇을 든 채 한강을 향해 입을 쫙 벌리고 있을 수밖에 없었다. 그렇게 한양 사람들이 먹는 쌀의 양만 1년에 100만 석 정도였다.

돈에 눈이 뒤집힌 호송지민

이때 쌀의 유통을 담당한 자들이 바로 경강상인들이었다. 이름 그대로 한양과 한강을 아우르며 물건을 파는 사람들. 이들은 그냥 쌀만 실어 날랐던 게 아니라, 한양 안의 쌀 유통을 독점했다. 게다가 조정이 가난한 백성에게 나눠 주는 진휼미賑恤米, 물가 조절을 담당한 상평창常平倉에서 사고파는 쌀, 화매和賣라 해 어쩌다 남아 민간에 파는 나라 소유의 쌀 등을 모두 이들 경강상인이 관리했다. 오늘날로 치면 기획재정부와 거대 유통업체를 하나로 합친 듯한 세력이었던바, 그 영향력이 엄청났다. 어째서 이런 카르텔이 생겨날 수 있었을까. 그 이유야 당연히 돈 때문이었다. 앞서 말한 대로 조선의 곡식들은 경강을 거쳐 한양으로 들어왔고, 그것을 주물럭거릴 수만 있다면 막강한 부와 권력은 자연스레 따라왔다. 이 앞에서 초연할 수 있는 사람은 그리 많지 않았으니, 너나 할 것 없이 게거품을 문 채 콩고물이라도 주워 먹고자 달려들었다.

경강상인들은 이익 앞에서 눈을 까뒤집는 사람들이었고, 워낙 싸움을 많이 벌이다 보니 호송지민好訟之民, 즉 '소송을 좋아하는 사람들'이라고 불릴 정도였다. 그들은 판결이 나와도 결과가 자기 마음에 들지 않으면 끊임없이 소송을 걸고 격쟁하는 등 소동을 일으켰다. 뭐,

여기까진 이해해줄 수 있다. 문제는 이권을 독점한 경강상인들이 부는 물론이거니와 권력도 쥐며 마피아처럼 행세했다는 것이다. 나라의 법은 안중에도 없었고, 자기 말을 안 듣는 사람을 두들겨 패는 일도 많았으며, 심지어 죽이기까지 했다. 그뿐이랴! 살인 사건을 조사하러 온 관리들 앞에서 자기네 깃발을 휘두르며 으스댈 정도였으니, 그 오만함이 하늘을 찔렀다.

하여 조정은 이들을 견제하기 위해 경강어사를 파견했다. 경강상인들만을 조지는 암행어사랄까. 그렇다고 이들이 몰래 다닌 건 아니었다. 1757년부터 모두 아홉 차례 대놓고 경강을 순시했는데, 늘 경강상인들의 시비에 시달렸다. 이처럼 욕망과 암투가 소용돌이치는 무법천지이자 복마전이 바로 이곳 경강이었다.

밥의 민족에게
먹는 거로 장난치다

앞서 반인들과 마포 사람들이 염해전의 이익을 놓고 치열하게 다툰 일을 이야기했는데, 경강상인들의 스케일에 비하면 새 발의 피다. 경강 일대에는 엄청나게 많은 사람이 오갔고 따라서 막대한 돈이 흘렀다. 이에 순조 때 이르러 김재순金在純을 위시한 경강상인들이 한데 뭉쳤다. 그들은 한양으로 들어갈 쌀을 매점매석해 값을 높이려고 했는데, 어째서인지 쌀값이 내려가 손해를 볼 참이었다. '어떻게 하면 손해를 보지 않을까?', '무슨 수를 쓰면 이익을 낼 수 있을까?' 고심 끝에 경강상인들은 쌀을 아예 팔지 않기로 했다! 이처럼 경강상인들이 한통속이 되면 큰일을 저지르는 것이 가능했고, 무엇보다 통제할 방법이 없었다.

곧이어 경강상인들은 한양 내의 쌀집들을 장악했다. 가게 주인이 유통업자에게 밉보일 수 없으니, 다들 찍소리도 못 하고 시키는 대로 했다. 그리하여 한양 안의 쌀이 모조리 증발했다. 이것이 바로 독점의 폐해다. 《허생전》의 허생이 한 일도 이런 식이었다. 하지만 허생이 사들인 것은 말총과 과일이었고, 경강상인들이 사들인 것은 쌀이었으니, 무엇이 더 사람들을 괴롭게 했을지는 자명하다.

우스갯소리로 우리 보고 '밥의 민족'이라고 한다. 만날 때는 "밥 먹었니?"라며 안부를 묻고, 헤어질 때는 "언제 밥 한번 같이 먹자"라며 다음을 기약한다. 바쁠 때는 "밥 먹을 시간도 없다"라고 구시렁거린다. 한국전쟁과 이후 가난했던 시기의 기억 때문이라고 하기에는 훨씬 옛날부터 그래왔다. 조선 중기의 문신 이덕형李德馨은 친구가 사신으로 중국에 간다는 소식을 듣자 시를 지어 보내며, "밥 많이 먹으란 약속을 잊지 말라"라는 구절을 넣었다. 사람은 안 먹으면 죽으니까 어느 나라, 어느 문화권에서나 먹는 일을 중히 여기기는 하는데, 우리는 특히 심한 듯싶다. 굳이 상대를 찾자면 전쟁 와중에도 맛있는 밥을 챙겨 먹었다는 이탈리아인 정도가 있을까.

이렇게 밥을 좋아한다는 말은, 뒤집어 생각하면 먹는 일에 몹시 진지하다는 말이기도 하다. 어린 시절 "음식으로 장난치는 것 아니다"라는 잔소리를 누구나 한 번쯤은 들어봤을 것이다. 이 말은 이중으로 해석할 수 있는데, 첫째, 말 그대로 장난감처럼 음식을 가지고 놀지 말라는 것이고, 둘째, 남이 먹는 음식에 나쁜 짓 하지 말라는 것이다. 조선 말기의 임오군란 때처럼 말이다. 이건 그래도 피해자가 군인들로 한정되었지만, 순조 때 경강상인들이 한 짓은 불특정 다수, 즉 모든 백성을 대상으로 했기에 더욱 질이 나빴다.

폭동을 진압한 후 비변사와 병조가 사태 파악에 나섰다. 수사 결과 경강상인들의 쌀 매점매석 공작은 대략 2주에 걸쳐 진행되었는데, 그 수법이 악랄하고 인정사정없었으니, 정말 돈에 눈이 뒤집힌 사람들이나 할 수 있는 짓이었다. 《조선왕조실록》의 기록을 토대로 사건 일지를 구성하면 이렇다.

—

- 2월 10~15일: 쌀값이 쌌다.
- 2월 20~30일: 한양 안으로 쌀이 유입되지 않고, 대부분의 쌀집이 문을 닫았다.
- 3월 6~7일: 쌀값이 두 배로 상승했다.
- 3월 8일: 한양 안의 모든 쌀집이 문을 닫고, 폭동이 일어났다.

—

이즈음 쌀값이 정확히 얼마였는지는 알 수 없지만, 고작 10일 만에 두 배가 되었다. 사실 이 정도에서 그만뒀어야 했는데, 이익 앞에 경강상인들이 '정신줄'을 놓았던 것 같다. '조금만 더 하면 제대로 한탕해 먹을 수 있다!', '이미 부자지만 더 큰 부자가 될 수 있다!' 같은 생각들에 판단력을 잃었을 테다. 그런데 경강상인들이 잘못 생각한 게 하나 있었다. 쌀은 먹는 밥이기도 했지만, 조선 경제의 중심이었다. 즉 쌀값만 오른 게 아니라 물가 자체가 폭등했으니, 평범한 백성으로서는 그냥 굶어서 버틸 수 있는 문제가 아니었다.

"그 죄는
죽여도 부족합니다"

폭동 당시 경강상인들이 어디서 무얼 했는지는 알 수 없지만, 아마 안전한 곳에 잘 숨어 있지 않았을까. 한양의 쌀 유통을 쥐락펴락한다는 점에서 이들은 오늘날의 재벌 저리 가라 할 정도로 막강한 영향력을 행사했다. 따라서 신분만 중인일 뿐이지, 고위 관리들과 튼튼한 연줄로 이어졌을 테다. 게다가 폭동 전 2주간 벌어들인 엄청난 돈으로 경호원도 많이 두었을 것이고. 정작 봉변당한 이들은 경강상인들이 시키는 대로 움직일 수밖에 없었던 힘없고 가난한 일꾼들이나 쌀집 주인들이었다.

어쨌건 폭동은 진압되었다. 김재순은 '자, 이렇게 되었으니 다시 쌀을 팔아 돈을 벌어야지'라고 편하게 생각했겠지만, 상황이 영 이상하게 돌아갔다.

—

"경강상인과 쌀집 사람들이 곡식을 파는 것을 아주 막아버려
백성의 먹는 길을 끊어버림으로써 저자에서 소동이 일어나
게 하였으니, 그 죄는 죽여도 속죄하기에 부족한 것입니다."
_《순조실록》, 1833년(순조 33년) 4월 10일.

—

형조가 내린 결론은 이러했다. 꼬리가 길면 밟히는 법이고 정도가 심하면 된서리 맞는 법이다. 한양 안의 모든 사람이 진짜 주범은 경강

상인이고, 백성은 먹고살기 힘들어 들고일어난 것뿐임을 알았다. 그런데 정작 처벌받은 것은 배고프고 가난한 백성뿐이고, 원인을 제공한 경강상인들은 털끝 하나 다치지 않았다. 이 때문에 백성의 불만이 끓어오르고 있음을 알아차린 형조가 드디어 경강상인들도 처벌하자고 보고했다. 그들을 내버려둔다면 불만이 고조될 것이라는, 즉 폭동이 다시 한번 일어날 수 있다는 경고와 함께 말이다.

"그깟 폭동쯤이야 진압하면 되지 않냐?"라고 되묻는 사람이 있다면, 그건 잘못된 생각이다. 사회에는 정의가 있어야 한다. 나라의 수도에서, 그것도 주식인 쌀로 농간을 벌여 백성이 굶주렸다. 나라를 우습게 본 것도 정도가 있고, 사회 질서를 어지럽혔다는 데서 용서받지 못할 죄였다. 게다가 아직도 분노를 가라앉히지 못하는 백성의 눈앞에 정의의 실현을 보일 필요가 있었다.

—

"이것은 신의 말이 아니라, 곧 도성 안의 천만 사람의 말인 것입니다. 강가의 상인 가운데에서 곡식을 가장 많이 가졌으면서도 감추어두고 내지 않은 사람과 저잣거리의 백성 가운데서 문을 닫고서 팔지 않아 난민들을 북돋우어 일어나게 한 자는, 청컨대 깊이 살피고 조사해서 일곱 놈에게 이미 시행한 율 律을 적용하게 하소서."
_《순조실록》, 1833년(순조 33년) 3월 12일.

—

탐욕스러운 경강상인과
무능한 조정

이때 경강상인들에게 적용된 죄목이 하나 더 있었다. 쌀의 양을 속였다는 것이다. 지금이야 정해진 규격대로 수량을 표시해 쌀을 팔지만, 옛날에는 그렇지 않았다. 일단 볏짚을 엮어 만든 탓에 방습이 전혀 안 되는 가마니에 쌀을 담았고, 당연히 습기를 머금어 무게가 늘어났다. 때로는 쌀 껍질을 벗기지 않는 방식으로 무게를 늘리기도 했다. 더 못된 자들은 쌀에 물을 부었다. 이것을 화수和水라고 했는데, 그것 말고도 다양한 속임수가 있었다.

—

· 투식偸食: 곡식 일부를 빼돌린다.
· 고패故敗: 곡식 운반용 배를 일부러 침몰시킨 다음, 그 안에
  곡식이 있었다고 속여 그만큼 빼돌린다.
· 방납防納: 싸게 들여온 곡식을 비싸게 판다.

—

이러한 사기도 눈을 감아줄까 말까 한데, 쌀값을 올리겠다며 한양 안의 모든 쌀집을 닫아버렸으니, 어찌 용서받을 수 있겠는가.

—

"시정배는 오로지 이익만 취하고, 장사치는 곡식을 감춰놓고
때만 기다리면서 갖은 방법으로 농간을 부려서 욕심만 채우

려 하기 때문입니다. 그들에게만 그냥 맡겨둘 수 없습니다."

_《순조실록》, 1814년(순조 14년) 6월 5일.

—

폭동이 일어나기 20여 년 전에 영의정 김재찬金載瓚이 순조에게 이렇게 아뢰었는데, 사태를 제대로 파악하고 있었던 셈이다. 쌀을 가지고 장난치는 건 오직 이익 때문이었다. 팔지 않고 숨겨 쌀값만 올릴 수 있다면, 사람들이 굶는 건 신경 쓰지 않았다. 이는 사람을 사람으로 보지 않고 돈으로 보았기에 할 수 있었던 악행이다.

김재순은 쌀 매점매석으로 큰돈은 벌었을지 몰라도, 덕분에 목이 달아났다. 당시에는 여러 사형법이 존재했는데, 밧줄로 목을 졸라 죽여 몸을 상하지 않게 하는 교형絞刑이 그나마 '선호'되는 방법이었고, 목을 잘라버리는 참형이 최악의 방법이었다.

조선 시대에 중인의 죽음 따위는 길게 기록할 만한 일이 아니었기에, 김재순의 사형 날 풍경은 자세히 알 수 없다. 다만 굶주렸던 한양 사람들의 원한이 갑자기 사라지진 않았을 테니, 그가 사형장으로 끌려 나오자 구름같이 모여든 인파가 온갖 욕설과 저주, 비난을 퍼부으며 원한을 터뜨렸을 성싶다. "저 도둑놈이 모든 쌀을 가져갔다!", "돈에 눈이 뒤집혀도 사람이 어찌 그럴 수 있냐!" 사람들의 분노는 김재순의 피가 흙바닥 위에 뿌려질 때까지 활활 타올랐을 것이다.

그런데 무언가 찝찝하다. 김재순이 사형당함으로써 정말 모든 문제가 해결된 것일까. 사실 정말 근본적인 원인은 나라 차원의 곡물 유통 인프라가 제대로 마련되지 않아, 민간인인 경강상인들이 그 일을 대신한 데 있지 않은가. 하지만 이후로도 이 문제를 해결하고자 노력한 흔적은 보이지 않는다. 게다가 당시 임금은 정열이 넘쳐 온갖 데 끼어들고 참견하던 아버지(정조)와 다르게, 무기력하고 축 늘어져 할 일을 내팽개치고 신하들에게 떠맡겨 그 이름도 빛나는 세도정치의 기틀을 옴팡지게 닦아놨던 순조였다. 결국 이날의 폭동은 경강상인들의 욕심과 무능력한 공권력이 빚어낸 '환장의 콜라보'였다.

명탐정 정조와
흐지부지된 정의

어쨌든 정의는 승리하고 악은 패배했다! 음, 과연 그러할까. 목숨으로 죗값을 치른 이는 김재순과 어느 쌀집 주인 한 명뿐이었다. 다른 경강상인 두 명도 잡혀 들어갔으나, 도량형을 속였다는 얼토당토않은 이유로 가벼운 처벌만 받고 풀려났다. 폭도들은 일곱 명이 사형당하고, 수십 명이 처벌받았는데 말이다. 물론 폭도들이 사회 질서를 파괴한 건 맞지만, 애초에 원인을 제공한 건 경강상인들이었거늘. 이처럼 김빠지는 조치에서 조정이 경강상인들의 눈치를 볼 수밖에 없는 상황이었음이 잘 드러난다.

사실 경강상인들의 횡포는 이미 오래된 일이었다. 정조 때인 1783년 경강상인인 임지욱林枝郁은 대단한 부자로 위세를 떨치고 있었다. 그런데 어느 날 이웃인 박순돌을 장작으로 때려죽였다. 집에 쌓아둔 쌀 한 섬이 사라졌는데, 별다른 증거도 없이 그가 도둑이라며 매타작한 끝에 벌어진 일이었다.

뭐, 여기까진 '평범한' 과실치사라 볼 수 있다. 그런데 다른 이웃들이 모두 임지욱의 편을 들고 수사가 엉터리로 진행되며 문제의 양상이 달라졌다. 즉 개인 간의 문제에서 공권력이 제대로 집행되지 않는 공적인 문제가 되어버렸다. 마침 당시 임금이 집요하기로는 조선 왕조에서 둘째가라면 서러워할 정조였으니! 그는 사건 보고서를 반나절 내내 읽었는데, 격무에 시달리는 임금이 그 정도의 시간을 할애했다는 것은 정말 흔치 않은 일이었다. 곧 '명탐정' 정조가 조작된 정황을 속속들이 밝혀냈다.

일단 보고서에 허점이 너무 많았다. 용의자의 이름도 제대로 적혀 있지 않았고, 참고인 수사도 제대로 진행되지 않았다. 《심리록》의 1784년(정조 8년) 3월 기록을 보면, 정조가 "각 항이 다 잘못되어 사실대로 거론하기도 어렵다. …… 이로 보나 저로 보나 해당하는 형률로 처벌하는 것은 그만둘 수 없을 듯하다"라고 지적했음이 눈에 띈다. 결국 어명을 받은 형조가 재수사에 착수했다.

그러면 이번에야말로 정의가 바로 섰을까. 기가 막히게도 흐지부지되었다. 6년 뒤인 1790년(정조 14년) 8월의 《심리록》 기록을 보면, 진범으로 박감동이란 자를 지목하고는, 임지욱은 곤장을 친 뒤 풀어주라고 되어 있다. 특별 사면을 받은 것이다. 임지욱이 마음을 고쳐먹었거나, 무언가 공작을 벌였던 것은 아니다. 단지 두 달 전 정조의 후계자가 될 순조가 태어났을 뿐이다. 효명세자孝明世子를 잃은 뒤 내내 후계자가 없던 정조로서는 더할 나위 없이 기쁜 일이었고, 따라서 대대적인 사면을 거행했는데, 여기에 임지욱도 포함되었다. 사건의 실태를 속이려 한 그의 간사함에 화냈던 게 무색하게도 말이다.

1784년부터 1790년까지 임지욱이 감옥에 갇혀 있었는지, 아니면 귀양 가 있었는지는 기록이 없어 알 수 없다. 다만 그가 죗값을 받았다고 한들 박순돌이 살아 돌아오는 것도 아니고, 무엇보다 임지욱의 빈자리는 또 다른 경강상인이 차지했을 테니, 이것이 순조 때의 난장판으로 이어졌다면 너무 과도한 해석일까.

　정조 때이든 순조 때이든, 조선 시대이든 오늘날이든, 돈은 좋다. 돈이 있으면 맛있는 것을 먹거나, 좋은 옷을 입거나, 책을 마음껏 사는 등 많은 일을 할 수 있으니까. 하지만 돈에 눈이 멀어 사람 귀한 줄 모르면 패가망신하게 된다. 많은 사람이 이를 알지 못한 채 끊임없이 실수를 저질러왔다. 오직 내 이익을 위해 한 도시의 경제와 그곳 사람들의 목숨을 쥐락펴락한 경강상인들의 무도함은 용납할 수 없다. 다만 한 가지 애석한 점은, 주식이나 부동산 등에 영혼을 끌어다가 투자하고, 성공과 실패를 오가며 온갖 험한 꼴이 벌어지는 요즘 세상을 보면, 그때나 지금이나 크게 다르지 않다는 것이다.

8

보에 담긴
피, 땀, 눈물

지금까지 양반과 중인, 심지어 천민의 돈 버는 이야기를 살펴봤다. 그렇다면 실질적으로 조선을 떠받친 농민들은 어떠했을까. 농자천하지대본農者天下之大本의 기치를 따라 묵묵히 농사만 지었을까.

 사실 조선의 농민들은 매우 역동적인 존재였다. 조선의 마지막을 장식한 동학농민운동(또는 혁명)을 보라. 농민들 스스로 사회 개혁과 부패 척결을 부르짖으며 봉기하지 않았는가. 소위 지배 계급인 임금이나 양반이 아니라 논밭에서 땀 흘리며 일하는 농민 자신이야말로 역사의 주인공임을 자각한 일이었기에, 100년이 지난 지금까지도 그 역사적 의의가 반짝반짝 빛난다고 하겠다.

 그런데 동학농민운동의 전개를 찬찬히 살펴보면, 녹두장군 전봉준을 중심으로 농민들이 똘똘 뭉친 계기에 눈길이 간다. 모든 일은 전라도 고부古阜(오늘날의 전라북도 정읍시)의 만석보萬石洑에서 시작되었다. 그곳의 군수 조병갑趙秉甲은 악질 탐관오리로, 백성을 쥐어짜 자기 배를 채우기에 급급했다. 만석보는 대형 치부 프로젝트로, 군수가 닦달해 어쩔 수 없이 쌓기는 했지만, 그러면서 원한마저 크게 쌓였다. 하여 농민들은 봉기를 일으키며 가장 먼저 만석보를 터뜨렸으니, 지금은 터만 남았다.

그렇다면 조병갑은 왜 만석보를 쌓게 했을까. 또 농민들은 힘들여 쌓은 걸 굳이 왜 허물었을까. 여기에 제대로 답하려면 당시 보가 어떤 의미였는지 알아야 한다. 농사의 'ㄴ' 자도 모르는 우리는 짐작하기조차 어렵지만, 보를 쌓는 일은 한탕주의와 불가분의 관계였다. 뭐, 굳이 따지자면 오늘날에도 보는 종종 문제의 원흉이 된다. 강물의 자연스러운 흐름을 막아 환경을 오염시킨다거나, 지으면서 건설비를 착복한다거나 하는 식으로 말이다. 이와는 다른 이유로, 조선 시대의 보는 탐욕의 상징이었다.

김매기 지옥에서
벗어나는 법

원래 대지의 생명력은 왕성하므로, 모든 식물은 그냥 두어도 잘 자라기 마련이다. 다만 사람이 농사짓는 이유는 만물을 생육하기 위해서가 아니라 자기 배를 채우기 위함이다. 다시 말해 먹을 수 있는 것만 가능한 한 많이 경작해야 한다. 즉 몸을 굴려 일해야 하는데, 한 번이라도 식물을 키워본 사람은 알겠지만, 일이 끊이지 않는다. 하여 그 옛날 농사는 고되고 힘든 일이었다. 오늘날처럼 트랙터니 이앙기니 온갖 도구가 있어도 고된 게 농사인데, 소와 사람의 힘만으로 모든 일을 해야 했으니까. 특히 잡초가 문제다. 우리가 원하는 작물들은 언제나 허약해 빠졌는데, 잡초들은 물 한 번 안 줘도 쑥쑥 자란다. 그대로 두면 양분을 잡초들에 빼앗긴 작물들이 모두 죽고 만다. 하여 수시로, 틈틈이 잡초를 뽑아줘야 하는데, 이것이 바로 김매기다. 뙤약볕 아래에 쭈그리고 앉아 김매는 일은 너무나 고될 뿐 아니라, 사실상 농사에서 시간과 노력을 가장 많이 잡아먹는다. 잡초는 1년 365일 자라므로, 몇 뿌리 뽑는다고 끝날 일도 아니고, 하루 이틀 한다고 끝날 일도 아니며, 일손(모두 돈이다!)도 많이 드는 일이다. 이황조차 아들에게 보내는 편지마다 김매기를 강조하지 않았던가.

그런데 벼농사 한정이기는 하지만, 이처럼 귀찮고 힘든 김매기를 혁신적으로 줄여주는 방법이 있다. 앞서 이황의 재테크 비법을 소개하며 설명한 이앙법이 바로 그것이다. 모(벼의 싹)를 따로 키워 물을 가득 채운 논에 옮겨 심으면 되는데, 그러면 많은 물 때문에 잡초도 덜 생기고 벼와 벼 사이의 간격도 일정해져 잘 자라게 된다. 게다가 벼는 원래 열대 지방 식물이다. 이것을 억지로 '멱살 잡고' 북쪽 땅인 한반도로 가져와 경작하는 것인데, 논에 물을 많이 대면 꼭 비가 많이 온 것 같은 효과를 낼 수 있다. 여러모로 벼에 최고의 환경을 만들어 주는 것이다.

이앙법이 개발되기 전에는 논에 바로 씨를 뿌렸다. 이를 직파법이라고 하는데, 생산량이 적었고, 무엇보다 김매기가 너무나 힘들었다. (사실 농사에는 훨씬 심오하고 복잡다단한 이야기가 있지만, 다 말할 수 없으므로 줄인다.)

농민도 사람이다,
고로 욕망한다

흔히 국사 교과서를 보면 조선 후기에 이앙법이 도입되며 부유한 농민이 늘어 사회, 경제가 크게 달라졌다고 나온다. 하지만 사실 이앙법은 고려 때부터 존재했고, 직파법과 함께 쓰였다. 다만 이앙법이 자주 금지되었을 뿐인데, 《조선왕조실록》의 기록을 살펴보자.

—

영의정 김재찬金載瓚이 아뢰기를, "근년에 논농사가 특히 한재旱災를 입는 것은 이앙 때문입니다. …… 대개 지금 논농사에 있어서 전체를 10분이라고 하면 모내기가 그 7, 8분이 넘습니다. …… 옛날에는 법을 만들어서 금했기 때문에 '이앙'이란 두 글자가 감히 조정에 들릴 수 없었습니다."
《순조실록》, 1815년(순조 15년) 2월 20일.

—

이앙법을 정말 싫어한 듯한데, 다 이유가 있었다. 직파법에 비해 이앙법은 정말 많은 장점이 있지만, 단 한 가지 치명적인 단점이 있다. 바로 물이 아주 많이 필요하다는 것이다. 만약 모를 옮겨 심는 모내기 때 비가 오지 않거나 적게 오면 벼가 다 죽어서 그대로 한 해 농사를 망치게 되는데, 그러면 옛날에는 정말 굶어 죽었다. 또한 너도나도 이앙법으로 농사지으면 필요한 물의 양이 기하급수적으로 늘게 되니, 물 공급 시설이 제대로 갖춰져 있지 않은 옛날에는 한정된 물을 차지하기 위한 분란이 벌어지기도 했다. 여기서 진 사람은 한 해 농사를 망치게 되어 목숨 부지하기가 힘들었다. 하여 조정에서는 쪽박을 차느니 그냥 중박만 하자는 생각이었다. 물론 대박을 노리는 농민들은 기를 쓰고 이앙법으로 농사지었지만 말이다.

김재찬을 비롯한 관리들은 게으른 농민들이 김매기를 싫어해서 이앙법이 유행한다고 보았지만, 사실 그리 간단한 문제가 아니었다. 농민들은 김맬 시간을 절약해, 그동안 다른 일을 했다. 농사를 잘 짓기 위해 퇴비를 마련하거나, 담배나 메밀, 감자 같은 돈이 되는 다른 작물을 키웠다. 그러면 겨우 끼니나 때우는 상황에서 벗어나 사고 싶은 물건도 여유롭게 사고, 비상금도 모을 수 있었다. 그때나 지금이나 농민도 사람이다. 누구나 힘 적게 들여 돈 많이 벌고 싶고, 횡재를 누리고 싶다. 이러한 마음이 모이면 대세가 된다. 조선 후기의 경제 발전은 이앙법이라는 대세의 결과였다. 김재찬도 말하지 않았는가. 이앙법으로 농사짓는 농지가 전체의 70~80퍼센트에 달한다고.

탐관오리만 배 불린
보와 모

이처럼 이앙법은 거스를 수 없는 대세였고, 그렇다면 물을 충분히 확보하는 게 당면 과제였다. 지금이야 펌프도 있고 급수차도 있다지만, 조선 시대에는 그저 하늘을 바라보며 비가 내리기만을 기도하는 수밖에 없었다. 비가 오더라도 양이 충분치 않으면 내 논의 물이 남의 논에 흘러가지 못하게 틀어막느라 바빴고, 그러다가 종종 싸움이 벌어졌다.

　이런 문제들을 해결하고자 만든 것이 바로 보였다. 강을 둑으로 막아 고인 물을 보에 보관해두면, 설령 가물더라도 걱정 없이 농사지을 수 있었다. 그런데 말이 쉽지, 그만큼 큰 보를 만들려면 정말 많은 사람이 고생해야 했고, 그래도 실패하는 경우가 종종 있었다.

　조선 후기인 영조(또는 정조) 때 안명관安命觀이란 사람이 살았다. 뭐, 위인은 아니었고, 대신 엄청나게 쪽박 찬 사람이라 역사에 이름을 남겼다. 세상에 실패하고 싶어 하는 사람은 없겠지만, 안명관은 유난히 운도 없고 실수도 잦았다. 그러면서도 행동력 하나만큼은 굉장한 사람이었다. 원래 안명관은 부족하지 않은 삶을 살았다. 종2품 벼슬도 했고 모아놓은 재산도 그럭저럭 있었으니까. 그런데 여기에 만족하지 않고 큰돈을 벌고 싶어 했다. 이건 잘못이 아니다. 어쩌면 당연한 일인데, 문제는 워낙 충동적인 인물이라 절제를 못 하고, 손대는 일마다 실패했다는 데 있었다.

　당시 조선은 보 열풍으로 뜨거웠다. 일단 보만 만들면 걱정 없이 이앙법으로 농사지을 수 있어 소출이 늘어났고, 그것이 곧 돈이었다. 오늘날의 기준으로 보면 몇 년짜리 '장투'이지만, 당시에는 가장 확실히 성공할 수 있는 방법이었다. 이런 와중에 안명관은 '강원도 관동의 침수지에 제방을 쌓고 논을 만들면 쌀 500곡斛을 얻을 수 있다더라!' 하는 소문을 들었다. 이에 눈이 뒤집힌 그는 인맥을 '풀가동'해 영조의 딸인 화협옹주和協翁主의 궁방宮房이나 호조 등에 빚을 얻어 보 건설에 뛰어들었다. 그래도 혼자만으로는 역부족이라 지역의 유명한 부자들을 공동 투자자로 모아들여 어찌어찌 보를 쌓는 데까지는 성공했는데, 하필 동네 사람들의 조상 묘가 물에 잠기고 말았다. 지금도 그렇지만 그 옛날에 조상 묘가 변고를 당했으니, 얼마나 큰일이었겠는가. 곧 피해를 본 사람들이 관아에 신고했고, 결국 안명관은 야밤에 달아나야만 했다. 게다가 부실 공사를 했는지 얼마 뒤 홍수가 나자 보는 대번에 무너졌다. 그렇게 돈만 잔뜩 날렸다. 그래도 안명관은 자기 돈 들여 자기만 망했다는 데서 그나마 피해가 적은 편이라고 하겠다.

만석보를 무너뜨린
동학농민운동

제일 나쁜 놈은 역시 남의 피땀으로 보를 세워놓고는 자기 배만 채우려 했던 탐관오리 조병갑이었다. 그가 오늘날 다시 태어난다면 투자의 귀재 소리를 들었을지 모른다. 그는 안명관처럼 어설프지 않았다. 남에게서 돈 짜내는 데 참으로 기상천외한 창의성을 발휘했으니, 백성에게 세금으로 거둔 질 좋은 햅쌀은 자기 주머니에 잘 챙겨 넣고 조정에는 일부러 질 낮은 쌀만 보내 배를 불렸다. 그런 데다가 만석보까지 쌓게 했다. 보를 만들고 이앙법으로 소출이 많아지면, 세금을 늘려 더 많은 쌀을 꼬불치려고! 물론 이때 보를 쌓는 것도, 농사짓는 것도, 세금 내는 것도 다 백성의 몫이었지만, 목민관이 아닌 탐관오리 '테크'를 성실히 밟아온 조병갑에게 문제 되지 않았다. 핑계도 그럴듯하지 않은가. 보를 쌓으면 소출이 많아지니 백성을 위한 일이 아니냐고. 그런데 굴착기도 덤프트럭도 없던 시대, 소와 사람의 힘만으로 땅을 파고 흙을 날라 보를 쌓는 게 얼마나 힘든 일이었겠는가. 안명관과 비교하자면, 조병갑은 남을 피땀 흘리게 해 자기 배를 채웠다는 점에서 질이 매우 나빴다.

어쨌거나 만석보는 만들어졌고, 조병갑은 여기에 모은 물을 이용해 이앙법으로 농사짓게 했다. 당연히 소출이 늘어났을 것이다. 여기에서 이야기가 끝났다면 해피엔딩까지는 아니더라도 그럭저럭 괜찮은 마무리였을지 모른다. 실제로 조병갑은 보를 쌓기 시작할 때, 동원된 사람들에게 한 가지 약속을 내걸었다. 이렇게 고생하니, 공사가 끝나고 첫해만큼은 세금을 거두지 않겠다고. 그러나 탐관오리가 무슨 약속을 지키겠는가. 조병갑은 어김없이 무거운 세금을 거뒀고, 그 상당 부분은 그의 주머니로 들어갈 것이 뻔했다. 이처럼 조병갑은 국가권력을 등에 업고 백성을 부려 사욕을 알뜰하게 챙긴 대단한 인물이었다.

심지어 이걸로도 부족했던지, 조병갑은 불효한 죄, 화목하지 않은 죄, 음란한 죄 등 갖가지 기상천외한 죄를 만들어 벌금을 뜯어냈다. 자기 어머니가 돌아가셨을 때는 백성에게 부조금 명목으로 2000냥을 내놓으라 했는데, 그럴 수 없다고 반항한 농민을 때려죽이기까지 했다. 한마디로 조병갑에게 백성은 사람이 아니라 그저 돈을 짜낼 대상이었다. 결국 횡포를 참다못한 백성이 들고일어났고, 조병갑에게 부당함을 항의하다가 맞아 죽은 전창혁全彰赫의 아들이 선두에 섰으니, 그가 바로 전봉준이었다. 이제 우리는 전봉준과 그를 따른 농민들이 어째서 만석보를 터뜨렸는지 이해할 수 있다. 만석보는 남의 피땀을 짜내 대박을 노린 조병갑의 욕망을 상징했다. 그리하여 농민들은, 한 해 농사의 귀중함을 누구보다 잘 알면서도, 만석보를 직접 무너뜨렸던 것이다.

한 번 악당은
영원한 악당

결국 조병갑은 본인을 불쏘시개 삼아 전봉준이라는 대형 스타를 탄생시켰다. 덧붙여 조선의 역사도 크게 움직였다. 케케묵은 그 옛날, 농민이 봉기를 일으켜 조정과 맞붙은 것 자체가 혁명이었다. 이후로도 '전봉준' 이름 석 자는 사람들의 뇌리에 남아 수많은 역사책과 논문, 소설과 영화에서 다시 탄생하고 있다.

자, 그렇다면 조병갑은 어떻게 되었을까. 사실 그는 생전 딱히 망하지 않았다. 동학농민운동의 방아쇠를 당겼는데도, 정승의 친척이라는 화려한 배경 덕분에 1년 정도 근신한 게 전부였다. 이후 꾸준히 출세해 대한제국의 고등재판관 자리까지 올랐고, 동학의 제2대 교주 최시형崔時亨에게 사형을 선고하며 '복수'했다. 자식 복도 있어 자손이 꽤 많았다. 하지만 이후 조병갑은 탐관오리의 대명사가 되어 오늘날까지 욕먹고 있다. 물론 조선 후기는 꼭 그의 존재 때문이 아니더라도 정말 썩어빠진 시대였다. 하지만 조병갑은 그런 잘못된 세태에 맞서기는커녕 적극적으로 영합해 탐욕의 아이콘이 되었으니, 앞으로쭉 욕먹는 것도 어쩔 수 없는 노릇이다. 웃기게도 그렇게 욕심을 부린만큼 조병갑이 어마어마한 부자가 되었는가 하면, 또 그렇지도 않았다. 하여 그의 탐욕은 단지 업보만을 쌓았을 뿐이다.

비록 동학농민운동이 실패했다곤 하나, 그 의의마저 퇴색하는 것은 아니다. 특히 아무리 욕심에 눈이 뒤집히더라도 해선 안 될 짓이 있고, 어떤 경우라도 인간다움을 잊지 말아야 함을 알려줬다. 자칫 잘못했다가는 조병갑처럼 부자도 못 된 채 욕만 먹어야 할 테니까.

3장

야수의 시대, 야수의 심장

1

조선판
골드러시의 풍경

조선 후기를 다룬 책들을 보면 공통으로 나오는 이야기가 있다. '이앙법이 널리 퍼지며 소출이 늘어 사회, 경제가 발전했다.' 틀린 말은 아니지만, 이상하게도 가난한 사람들이 계속 증가했다. 정말 기가 막힌 일이다! 벼의 생산량은 늘고 먹을 건 풍부해졌는데, 정작 사람들은 궁핍해졌다니. 사실 이런 일은 조선에서만 벌어진 것도 아니고, 또 그때만 벌어진 것도 아니다. 인클로저운동과 산업혁명부터 주식 열풍과 부동산 광풍까지, 언제 어디서고 큰 부자들이 생기면 덩달아 가난한 사람들도 느는 법이다.

신기한 일이다. 세상은 그토록 끊임없이 발전했건만, 더 많은 사람이 행복해지기는커녕 불행해질 뿐이니! 그러나, 그렇지만, 가난한 사람들이라 할지라도 계속 빈티 나게 살고 싶어 하지는 않는다. 그들도 나름대로 살길을 찾아 부자가 되고 싶어 한다. 조선 후기, 그 열망의 끝에서 금광과 은광에 다다른 사람들이 있었다.

일확천금이라는 말이 있다. 한 번 휘둘러 천금을 얻어낸다는 뜻이다. 금광이 바로 그랬다. 힘들게 1년 내내 농사지을 것 없이 곡괭이질 한 번에 엄청난 부자가 될 수 있었다. (확률이 대단히 낮기는 했지만.) 그러나 사람들이 하나둘 모여들고 욕심이 커지며 조선 팔도의 금광들은 미어터질 정도가 되었고, 무엇보다 돈을 버는 사람보다 가진 것을 모조리 말아먹는 사람들이 많아져서 사회문제로 번지게 되었다. 결국 나라가 관리를 파견해 금의 생산량을 조절하는 등 국유화하니, 그리된 금광, 은광을 금점金店, 은점銀店이라 불렀다. 사실 금과 은이 다른 것만큼이나 금광과 은광의 성격도 많이 달랐는데, 너무 자세히 설명하면 복잡해지니 공통점 위주로 단순화해 이야기하도록 하겠다.

금은이 있었는데요,
없었습니다

자, 예부터 조선에는 금광과 은광이 있었다. 그러나 채광량이 그리 많지 않았다. 매장량이 적어서가 아니라, 금이고 은이고 발견되면 죄다 중국에 바쳐야 했기 때문이다. 실제로 세종은 중국에 바치는 금은의 양을 줄이기 위해 백방으로 애썼다. 1429년에는 배다른 형제인 공녕군恭寧君을 중국에 보내 금은을 조공품에서 제외해달라고 요청했다. 다행히 황제가 이를 받아들여 마필과 옷감 등을 더 보내는 것으로 정리되었으니, 중국 사료에 그 기록이 남아 있다.

—

조선은 멀리 있는 나라인데 조공 사신은 여러 차례 온다. 공물
은 금은을 보내오니 어찌 작은 나라가 늘 갖출 수 있겠는가.
국왕에게 칙유하노니 앞으로 공헌함에 토물로써 성의를 보
이면 족하다.

《명선종실록明宣宗實錄》, 1429년(선덕 4년) 10월 18일.

—

여하튼 마음대로 쓸 수 있는 것이 아니기에, 조정은 금광이든 은광
이든 개발에 대단히 소극적이었다. 다시 세종을 예로 들면, 조공품에
서 제외된 금은이 조선에 많이 있으면 외교 문제로 비화할 수 있다는
이유로 아예 금광과 은광을 폐쇄했다.

상황이 달라진 것은 선조 때였다. 이때 조선은 은이 아주 많이 필요
해졌다. 왜냐? 임진왜란을 계기로 은이 화폐의 기능을 하게 되었기
때문이다. '전쟁 중에 저럴 정신이 있었다고?' 하며 놀라겠지만, 오히
려 전쟁 중이기 때문에 가능한 일이었다. 명나라는 조선에 원군을 보
냈지만, 보급선은 길게 유지하지 않았다. 대신 현지에서 필요한 물건
(대부분 식량)을 사라며 급여(은화)를 듬뿍 주었다. 아, 그런데 웬걸!
그 은화라는 게 그냥 은덩어리인지라, 조선 사람들이 크게 당황하는
것 아닌가. 그때까지만 해도 조선은 여전히 물물교환이 경제의 중심
이었기 때문이다. 뭐, 그렇다고 주는 은화를 마다할 이유야 없으니,
조선은 곧 명나라 군대(그리고 일본 군대)를 손님으로 받는 국제시장
이 되었다. 그러면서 전체적으로 은화가 돌게 되니, 조선 내의 은 수
요 자체가 늘어났던 것이다.

임진왜란이 끝난 뒤에는 명나라 사신들에게 뇌물로 줄 은이 필요했다. 특히 큰형인 임해군臨海君과 적자인 영창대군을 제치고 임금이 된 탓에 정통성이 약했던 광해군은 거의 '호구'였다. 조선은 사대의 질서에 따라 세자를 책봉하고 임금이 즉위할 때 중국에 허락을 구했다. 하여 무조건 명나라에 잘 보여야 했던 광해군에게 사신들은 빨대를 꽂고 조선의 은을 쪽쪽 빨아먹었다. "조선의 임금으로 인정받고 싶다고? 그럼 내가 황제께 잘 말해줄 테니 은을 내놔라" 하는 식이었다. 그렇게 사신 염등冉登은 6만 냥을, 유홍훈劉鴻訓과 양도인楊道寅은 각각 8만 냥을 받아 갔다. 그냥 얌전히 받아 간 것도 아니고, 은으로 다리를 만들어달라고 요구할 정도였다. 이렇게 선을 넘어 탐욕을 부려대는 자들이 있었으니, 명나라가 망하는 것도 당연했다. 이후 조선에 온 청나라 사신이 명나라 기준으로 맞춰놓은 뇌물을 보고 기절초풍했다는 야사가 있다.

은이라는
글로벌 스탠더드

이처럼 각종 이유로 은이 필요해지자, 즉 수요가 생기자 공급이 뒤따랐다. 미리 은광 개발에 뛰어들었던 일본에서 수입하기도 했고, 함경도 단천에 큰 은광을 개발하기도 했다. 그래도 부족했기에 인조는 한양 근처에, 효종은 파주, 교하, 춘천, 공주, 곡산에 은광을 개발하라 명했다. 이 은광들에서는 일반 백성도 은을 캐낼 수 있었는데, 다만 세금을 내야 했다. 숙종 때는 아예 호조가 직접 은의 일부를 공납으로 거둬들였다. 한마디로 국가 기간산업이 되었던 셈이니, 당시 전국의 은광 수는 68개까지 늘어났고, '은광에만 가면 부자가 된다더라' 하는 소문에 사람들이 미쳐 돌아가기 시작했다. 그렇다고 조선 사람들을 탓하지 말자. 이는 16세기 이후의 '글로벌 스탠더드'로, 당시 많은 나라가 은을 기축통화로 삼는 은본위제를 채택했다.

세계가 은으로 하나 되는 데는 스페인의 역할이 컸다. 스페인은 아메리카대륙의 포토시Potosí나 누에바 에스파냐Nueva España 등에 거대한 은광을 짓고, 원주민들을 동원해 막대한 양의 은을 채굴했다. 이 은은 유럽 열강과 중국에서 화폐로 사용되었다. 일본도 이 흐름에 동참해 이와미石見의 은광에서 캐낸 은으로 서양 상인들을 끌어들였다. 이처럼 당시 은은 세상에서 가장 쓸모 많고 가치 있는 광물이었다. 덕분에 은의 가격은 고공행진을 이어갔고, 누구나 은을 캐내면 부자가 되었다. 그런고로 수많은 조선 사람이 은광에 코를 박았다.

그 대표적인 인물이 앞서 소개한 안명관이다. 우리는 그가 얼마나 부자 되는 일에 진심이었는지 잘 알고 있다. 그는 보를 짓는 데 뛰어들어 큰 실패를 맛보기 전에 사실 은광 개발로 쪽박을 찬 적이 있었다. 이 일로 그는 대부분의 재산을 날려 먹었고, 가족들도 그 고통을 분담해야 했다.

안명관이 왜 망했는지 이야기하기에 앞서, 당시 은 채굴이 어떤 식으로 이루어졌는지 간단히 설명하겠다. 일단 은맥을 처음 찾은 사람이 은광의 운영자인 혈주穴主가 되었다. 실제로 곡괭이를 휘둘러 흙을 파내고, 광물을 찾아 화로에 녹이는 일은 무리를 이뤄 불량한 짓을 하거나 노동일로 '하루 벌어 사흘 먹고사는' 무뢰배들이 맡았다. 그리고 이 모든 작업에 필요한 비용을 대는 물주가 있었으니, 안명관은 이 역할이었다.

이와미의 은광에서 캐낸 은으로 주조한 '어공용정은(御公用丁銀)'(왼쪽)과
'문록석주정은(文禄石州丁銀)'(오른쪽).

16~17세기 일본은 전 세계에서 은을 가장 많이 생산하는 나라였다. 이렇게 긁어모은 은으로 군사력을 증강한 도요토미 히데요시는 1592년 임진왜란을 일으켰다.

역설적인 점은 일본의 압도적인 은 생산이 전적으로 조선 덕분이었다는 것이다. 연산군 때 조선은 은 생산 효율을 획기적으로 높일 정제 기술인 연은분리법(鉛銀分離法)을 개발했다. 하지만 이후 조선은 은 생산을 극도로 줄였고, 이에 먹고살 길이 막막해진 기술자들이 일본으로 건너가 최신의 연은분리법을 전수했다. 마침 이와미의 은광이 막 개발되던 때와 맞물려, 이후 일본은 순식간에 세계 경제의 한 축을 담당하게 되었다. 한마디로 재주는 조선이 넘고 돈은 일본이 벌었다는 씁쓸한 이야기다.

은광을 짓고 사람들을 모으기 위해 안명관은 가지고 있는 모든 재산을 처분했다. 집은 물론이거니와 밭 200마지기, 말 두 마리, 가채 두 상자, 담비 가죽까지, 하여튼 팔 수 있는 것은 몽땅 팔았다. 이때 특이한 점은 부인들이 머리를 장식할 때 쓰는 가채가 처분할 만큼의 가치가 있는 재산으로 다루어졌다는 것이다. 이유는 간단한데, 당시에는 플라스틱 섬유가 없어 진짜 사람 머리카락으로만 만드느라 고가였기 때문이다. 어쨌든 안명관은 가산을 탈탈 털어 수천 금을 마련했으니, 이를 은광에 '올인'해 몇 배로 불릴 생각이었다.

처음에는 모든 것이 순탄해 보였다. 일단 고위 관리에게 청탁해 평양 근처의 어느 은광을 관리하게 되었다. 그곳의 무뢰배들은 안명관을 반가워했고, 은이 잘 나오는 광산을 소개했다. 모든 게 좋았다! 은이 나오지 않은 것만 빼고.

안명관은 3년 동안 돈을 쏟아부으며 은광을 파고, 또 팠지만, 은은 나오지 않았다. 아예 나오지 않은 건 아니었지만, 광석 여덟 석을 녹이면 겨우 은 한 냥이 나올 정도였다. 채산성이 극히 떨어지는 광을 골랐던 것이다. 속절없이 시간은 흐르는데, 은은 나오지 않고 무뢰배들마저 하나둘 도망가니, 결국 모든 것을 잃은 안명관은 거지꼴이 다 되어 빌어먹다가 겨우 가족의 품으로 돌아올 수 있었다.

너무나 전형적이라서 할 말이 없는 투자 실패담이다. 굳이 특별한 점을 꼽자면 먼 옛날인 1780년대에 벌어졌다는 것 정도랄까. 그러니까 수백 년 전에도 투자(또는 투기)로 인생 말아먹은 사람들이 여럿 있었다는 것이다. 심지어 이렇게 큰 실패를 겪은 이후에도 정신을 못 차린다는 점까지 닮았다. 실제로 안명관은 남은 재산을 박박 긁어모으고 빚까지 내서 보를 세우려다가 다시 한번 처절하게 실패했다.

'몸빵'의 달인,
무뢰배

이 정도로 실패했으면 아무 흔적 없이 역사의 뒤안길로 사라질 법한데, 안명관은 어찌어찌 기록을 남겼다. 그가 죽자 가족들이 당대의 문인이었던 남공철南公轍에게 비문을 써달라고 부탁했던 것이다. 보통 비문은 고인의 좋은 점을 이야기하지만, 남공철은 안명관의 '삽질'들을 속속들이 까발렸다. 덕분에 안명관 자신은 수치스러웠을지 몰라도, 후대의 우리는 재미있는 기록을 얻었다.

안명관은 비문이라도 있지, 사실 훨씬 더 많은 사람이 가진 걸 죄다 잃고는 아무런 흔적도 남기지 못한 채 쓸쓸히 생을 마감했을 것이다. 조선 후기의 문신 성대중成大中이 쓴 《청성잡기靑城雜記》를 보면 그렇게 살다가 떠난 이들이 짧게 소개되어 있다. 바로 평안도 강계의 은광 근처에서 살았던 무뢰배들 이야기다.

무뢰배는 한마디로 깡패였다. 제대로 된 직업을 가지고 있지 않았고, 그러려는 노력조차 하지 않았다. 대신 그들은 은광 근처를 서성이다가 틈을 보아 안으로 숨어든 다음, 구불구불한 갱도 안에 그득하게 쌓여 있는 은 조각 하나를 슬쩍했다. 일꾼들에게 걸려 흠씬 두들겨 맞아도 참고 버텨 끝내 도둑질에 성공했다.

하지만 은 조각을 훔쳤다고 해서 무뢰배가 부자가 되는 일은 없다. 쉽게 번 돈은 쉽게 사라진다는 말처럼, 무뢰배들은 훔친 은 조각을 돈으로 바꾸자마자 술 마시고 노는 데 다 써버렸다. 그렇게 고작 며칠 지나면 돈은 온데간데없어지고, 그럼 또 거지꼴이 되어 다시금 은광 근처를 어슬렁거렸다. 다시금 은 조각을 훔치기 위해!

이런 짓을 두세 번만 반복하다가는 돈 버는 것은 고사하고 골병들어 죽게 되지 않을까. 게다가 광석을 녹여 불순물을 제거하고 단련해야 비로소 쓸 만한 은이 된다는 것을 생각하면, 애써 은 조각을 훔쳐도 푼돈밖에 못 벌었을 것이다. 광산이 아니라 제련소에 숨어들었다면 또 달랐겠지만. 그렇다면 훔치는 것이 은 조각이 아니라 은괴가 될 텐데, 그렇게 비싼 걸 슬쩍하다가 걸리면 맞는 데서 끝나지 않고 정말 맞아 죽었을 테다. 살펴볼수록 허술한 것을 보아, 《청성잡기》의 무뢰배 이야기는 그냥 지어낸 것 같다. 다만 그 부정적인 '뉘앙스'를 보면, 당시 사람들이 은광 열풍을 못마땅하게 여겼음은 확실한 듯하다. '성실하게 농사지으며 먹고살면 될 일이지, 은광에 빠져 될지 안 될지 모르는 대박을 노린다고? 고얀지고!'

캐는 사람, 훔치는 사람, 뺏는 사람

은광보다 더 '핫'한 것이 바로 금광이었다. 아무리 은본위제가 도입되었다고 한들, 유사 이래 모든 귀금속의 '시그니처'였던 금의 입지는 변함없었다. 특히 금은 은보다 캐기 쉬웠다. 은을 캐려면 굴을 파 땅속으로 깊이 들어가야 했고, 광석을 정제할 시설도 따로 필요했다. 하지만 금, 특히 사금은 강가의 모래를 채에 담아 써레질만 해도 얻을 수 있었다. 이에 많은 사람이 농사를 포기하고 대박을 꿈꾸며 금광으로 향했으니, 당시의 정치가들이나 지식인들은 이런 행태를 강하게 비판했다. 정약용이 대표적인 인물로, 그는 기회가 있을 때마다 금광 열풍에 불편한 심기를 드러냈다. 다음은 그가 황해도 곡산의 부사로 부임했을 때인 1798년 정조에게 올린 상소〈응지론농정소應旨論農政疏〉의 일부다.

—

수안遂安의 금점은 과연 무슨 법을 따른 것입니까. 금 생산의 풍요롭기가 예전에는 미처 듣지 못한 바입니다. 날마다 금이 마치 기왓장이나 조약돌처럼 흔하게 나와 재물을 실어 오느라 수레가 폭주하고, 인민이 많아서 소매가 잇달고 땀이 비 오듯 하며, 금기錦綺·포백布帛·어염魚鹽·도미稻米 등 모든 물건이 전鄽마다 쌓여 있는 것이 도읍과 방불하니, 금의 풍산豐産은 이를 미루어서 알 수 있습니다.

_정약용,《여유당전서與猶堂全書》문집 9권.

—

곡산의 옆 동네인 수안은 금광으로 유명했으니, 금을 캐 부자가 되려는 가난한 사람들이 끊임없이 모여들었다. 돈 냄새 하나는 기가 막히게 맡는 장사치들도 험한 길을 마다하지 않고 음식과 생필품을 신고 와 팔았다. 그리하여 광산 근처에 사는 사람이 최소 1만 명, 좀 과장을 섞으면 10만 명 정도라고 했으니, 신흥 도시 하나가 뚝딱 만들어졌던 셈이다. 조선 초기의 인구가 550만 명 정도임을 고려하면 엄청난 숫자다. 정약용은 금광에서 금이 너무 잘 나와 주변이 몹시 풍요로워졌으나, 그런데도 세금을 제대로 내지 않으니 빨리 폐쇄해야 한다고 주장했다. 하지만 금광을 닫자는 주장이 정말로 실현된 적은 없었다. 때론 사회 정의보다도 사람의 욕망이 앞서는 법이니까.

실제로 금광에는 농사를 내팽개친 농민들과 무뢰배들만큼, 한몫
챙기려는 관리들도 많았다. 자기 돈 쏟아부었다가 망한 안명관은 그
나마 굉장히 신사적인 사람이었다. 순조 때 암행어사 서능보徐能輔는
평안감사 조득영趙得永이 조병갑 저리 가라 할 탐관오리가 되어 금광
을 짓고 백성을 동원해 수탈한 사실을 밝혀내기도 했다.

—

"성천成川 등 아홉 고을에 모두 금점을 설치하고 열화烈火같
이 급히 색금色金을 바치기를 요구하여 혹독한 형장刑杖을 날
마다 낭자하게 썼으며, 각 고을이 사민士民 가운데 조금이라
도 재산이 있는 자는 체포해서 옥에 가두고 속전贖錢을 거두
었는데, 미처 1년이 안 되어 속전이 3만 냥이나 되었으니, 이
는 전에 듣지 못하던 일입니다."

_《순조실록》, 1808년(순조 8년) 9월 7일.

—

아홉 마을에 금광을 짓고 금을 못 캐면 형장, 즉 몽둥이로 다스렸다
는 것이다. 칼만 안 들었지, 관리가 아니라 순 강도였다. 사태가 이러
할진대 소위 식자층은 여전히 비난의 화살을 잘못된 사회 구조, 탐욕
스러운 관리가 아니라 힘없는 백성에게만 쏘아댔다. 금광, 은광 이야
기마다 무뢰배가 빠지지 않았던 이유다. 무뢰배의 뜻을 풀면 믿을 수
없는無賴 무리輩다. 그들은 보통 광산 주변을 얼씬거리며 금이나 은을
훔치고, 물주를 꼬셔 헛돈 쓰게 하는 자들로 그려진다. 이런 이야기를

만들고 또 기록한 잘나고 높으신 분들의 생각은 명확했다. '금광, 은광만 없으면 이렇게 나쁜 일들이 생기지 않을 것이다!' 정말 그러할까.

금광의
성실한 사람들

이런 나이브한 생각에 (본의 아니게) 일침을 가한 인물이 있었으니, 바로 박지원이다. 그가 쓴 《열하일기》에는 어느 금 캐는 가족의 이야기가 실려 있는데, 당시의 평범한, 또 가난한 백성의 고된 삶을 여실히 보여준다. 박지원은 중국으로 건너가기 전 압록강 근처에서 잠시 쉴 때 그들을 만났다.

—

내가 압록강을 건너기 전에, 박천 땅에 이르러 말을 길옆에 세우고 버드나무 밑에서 땀을 들일 제, 남부여대男負女戴하고 가는 사람들이 떼를 지었는데, 모두 8~9세 되는 사내와 계집아이들을 데리고 마치 흉년에 유리하여 가는 것 같기에 이상히 여겨서 물은즉, "성천 금광으로 가는 것이옵니다" 한다.
_박지원, 《열하일기》, 1780년(정조 4년) 8월 11일.

—

남부여대는 남자는 지고 여자는 인다는 뜻으로, 가난한 사람들이 이리저리 떠돌아다니는 모습을 가리킨다. 이어지는 기록을 보면 그들의 짐이라고 해봤자, "나무바가지 하나, 포대 하나, 끌 하나"뿐이라고 했다. 끌로 파낸 흙을 포대에 담아 나르고, 이를 다시 나무바가지에 담아 흐르는 물에 일며 사금을 찾는 게 그들의 밥벌이 수단이었다. 어린아이들까지 딸린 가족의 행색이 딱해 보였는지, 박지원은 그걸로 과연 먹고살 수 있는지 물었다.

—

나는 그들에게, "온종일 하면 금을 얼마나 얻는 거요" 하였더니, 그들은, "그건 재수에 달렸지요. 혹은 하루에 여남은 알을 얻는 일도 있고, 재수가 없으면 서너 알에 그치며, 재수가 트이면 삽시에 부자가 된답니다" 한다.

_박지원, 《열하일기》, 1780년(정조 4년) 8월 11일.

—

사금 열 조각을 돈으로 바꾸면 두세 냥이었다. 정말 그렇게만 매일 벌 수 있다면 이틀만 일해도 말 한 마리나 쌀 한 가마니를 살 수 있었다. 확실히 할 만한 일이었다. 운이 좋다는 가정하에 말이다. 다만 저들의 남루한 행색을 보건대, 과연 몇 명이나 부자가 되었을지 미심쩍다. 어쨌든 박지원도 농사보다 금 캐는 일이 더 괜찮겠다고 인정했다. 즉 금광, 은광에는 무뢰배들만 득시글거렸던 게 아니라, 나름대로 성실하게 하루하루를 살아가는 사람들이 있었다.

진짜 문제는 금광이 계속 늘어나는데도 조선 내의 금값이 치솟았다는 것이다.

—

나는 알지 못하겠노라. 그 금이 어디로 가며, 그 캐낸 금이 많
은데도 그 값이 더욱 오름이 무슨 까닭일까.

_박지원, 《열하일기》, 1780년(정조 4년) 8월 11일.

—

박지원의 의문에 답해보자면, 그렇게 캐낸 금은 대부분 중국으로
팔려 갔다. 실제로 박지원은 중국에서 만나는 사람마다 인삼 외에 금
또한 가지고 있는지 물었다고 썼다. 조선에서 중국으로 금이 많이 유
입되니, 조선 사람들은 당연히 금을 많이 소지하고 있을 거로 생각했
던 모양이다. 하지만 정작 조선에서는 금을 찾아볼 수 없었으니, 심지
어 패물로 금붙이가 필요할 때면 빌려 쓸 정도였다.

금을 캘수록
가난해지다

물론 금값이 아무리 오른다고 하더라도 금을 캐는 사람들로서는 크
게 신경 쓸 일이 아니었다. 오히려 좋았다. 힘들게 캐낸 금에 더 비싼
값을 쳐줄 테니까. 하여 더 많은 사람이 금광에 몰려들었고, 그들을
못마땅하게 여기는 동시에 어떻게든 쥐어짜려는 탐관오리들 또한
늘었다. 그 와중에 누가 큰 금덩이를 캐내 부자가 되었다는, 실체 없
는 소문이 돌고 돌았다.

조정은 이처럼 미쳐 돌아가는 금광 열풍을 가라앉히지 못했다. 가

라앉힐 수 있을 리 없었다. 사람들이 금광으로 달려간 것은 단지 금이 돈이 되어서만은 아니었다. 이앙법이 퍼졌다고 모든 농민이 부자가 되었는가. 아니다. 애초에 가진 땅이 많아서 여기는 직파법으로, 저기는 이앙법으로 농사지어 위험을 분산할 수 있을 정도의 부자들만 더욱 부유해졌을 뿐이다. 그렇게 돈 번 부농들은 가난한 농민들의 땅을 계속해서 사들였으니, 결국 조선 후기가 되면 자기 땅을 농사짓는 사람은 10~20퍼센트에 그치고, 나머지는 모두 소작농이 되었다. (누가 자기 땅을 팔고 싶겠냐마는 가뭄이 들거나 보릿고개가 찾아오면 굶어 죽게 되니 어쩔 수 없는 노릇이었다.)

그런데 이렇게 소작농이 되면 소출의 10퍼센트를 나라에 세금으로, 50퍼센트를 지주에게 땅 임대료로 내야 했다. 힘들게 농사지어도 수확량의 절반 이상이 남의 손에 들어가는데, 어떤 보람을 찾겠는가. 차라리 때려치우고 금은을 찾아 흙을 파는 게 훨씬 나았다. 결국 조선 후기 금광, 은광에 몰려든 사람들은 정말 부자가 되고 싶었다기보다는, 그것 말고는 살아갈 길이 없었을 뿐이다. 즉 힘들게 농사짓고 수탈당할 바에 아무리 희박한 확률이라고 해도 금은을 찾는 데 인생을 걸겠다는 선택은 깊은 절망에서 비롯된 것이니, 이는 백성의 문제가 아니라 세상의 문제였다.

이를 단지 '일확천금을 노리는 어리석은 이들의 헛짓거리'로 보고 내버려두는 사이, 조선은 여러 모순을 끌어안고 차근차근 썩어 들어가고 있었다. 평안도를 들썩인 홍경래의 난도 금광에 모여든 사람들이 구심점이 되어 벌어진 일이었다. 당시에는 반란을 '성실하게' 농사짓지 않는 불순분자들의 소행으로 규정했지만, 이제 우리는 그것이 조선의 여러 모순과 불만이 폭발한 결과임을 알고 있다.

사실 이는 오늘날에도 똑같이 반복되는 일이다. 최근 '한강 뷰 보려다가 한강 물 간다'라는 우스갯소리가 유행 중이다. 이 말에는 투기에 가까운 모험 아니고서는 도저히 자산을 불릴 수 없는 평범한 '개미'들의 절망이 녹아 있다. 열심히 일해도 부자는커녕 가난에서조차 벗어날 수 없는 세상이란 얼마나 절망스러운가. 수백 년 전 개미굴 같은 금광, 은광 속에서 피땀을 흘린 수많은 백성을 생각하면 착잡해질 따름이다.

　그러나 조선 후기의 금광, 은광을 둘러싼 열풍은 그나마 '순한 맛'이었다. 일제강점기가 시작되고 태평양전쟁의 어둠이 짙어지면서 금을 둘러싼 '본게임'이 시작되니, 마음의 준비를 단단히 하시라.

2

나라는 망해도
금광은 남는다

오늘날 우리나라에는 10여 개의 금광이 남았다. 하지만 금을 대부분 파내어 채산성이 떨어진다는 이유로 하나둘 폐광되고 있다. 아쉽지만 어쩔 수 없는 노릇이다. 한반도의 금광은 이미 오래전에 싹싹 파헤쳐졌으니까. 대략 90년 전인 1930년대에 엄청난 금광 열풍이 불어, 사람들은 산을 파고 들판을 파고 심지어 살던 집의 구들장까지 팠다. 그렇게 엄청난 양의 금을 파냈으니 이제 남아 있는 게 없는 것도 당연하다.

　앞서 살펴본 조선 시대의 금광 열풍에 비하면, 일제강점기의 금광 열풍은 '매운맛'이었다. 이때는 정말 개나 소나 말이나 사람이나 금광으로 달려가 눈을 까뒤집은 채 땅을 팠다. 어딘가에 묻혀 있는 노다지만 찾아낸다면, 부자가 될 수 있다고 믿으면서 말이다. 그렇게 금에 미친 시기였기에, 황금광黃金狂 시대라고 불렸다.

바야흐로
황금광 시대

—

강원도에는 그 땅속에 황금이 안 든 곳이 없어 파기만 하면 쏟
아지는 것 보기만 해도 눈이 부시는 찬란한 금덩어리다.

_《조선일보》, 1933년 1월 28일.

—

뭐, 정말 땅을 파기만 해도 금이 쏟아지지는 않았겠지만, 당시 사람
들의 꿈과 소망을 적나라하게 밝힌 기사임은 분명하다. 일제강점기
라는 엄중하고 무서운 시대였지만, 그와는 별개로 많은 사람이 개인
의 부귀영달을 위해 애썼다. 금 캐기는 그중 하나로, 사람들은 노다지
를 발견하면 좋겠다는 일념 하나로 조선 곳곳으로 흩어져 땅을 파댔
다. 쏟아지는 금에 파묻히기를 꿈꾸면서. 물론 이는 이뤄질 리 없는
헛된 꿈이었고, 사람들은 자신이 일장춘몽을 꾸고 있다는 사실조차
깨닫지 못한 채 금광에서의 고된 노동을 감수했다.

자, 그러면 어째서 이렇게까지 금광 열풍이 불게 된 것일까. 물론
사람들이 금을 싫어한 적은 없지만, 1930년대에 특히 끓어올랐던 것
은 시대가 만든 흐름이었다. 당시 조선은 굳게 닫힌 쇄국의 문을 열고
세계 경제의 격렬한 흐름에 텀벙 뛰어든 상태였다. 물론 예전에도 아
예 영향받지 않은 것은 아니지만, 그때는 무릎이나 허리까지 담갔더
라면 이제는 목이나 코밑까지 잠긴 채였다. 무엇보다 태평양전쟁이
벌어지기 직전으로, 세계 경제는 그 어느 때보다 엄혹하고 치열한 시

기였다.

 시간을 조금만 앞으로 돌려 조선이 망하기 직전으로 가보면, 일단 조정은 돈이 많이 필요했다. 그것도 아주 많은 돈이. 경복궁을 재건하기 위해, 덕수궁 석조전을 짓기 위해, 헤이그 특사를 원조하기 위해, 독립협회나 황국협회를 지원하기 위해, 이런저런 학교를 세우기 위해, 와플 기계부터 자동차까지 왕실의 사치품을 사기 위해 돈이 필요했다. 조정은 돈을 마련하기 위해 광산의 채굴권을 외국인들에게 팔아넘겼다. 그렇게 평안북도의 운산이나 대유동 등에 있는 유명한 광산들이 미국과 프랑스 사람들 소유가 되었다. 이후 수백 년, 아니 수천 년 동안 잠들어 있던 한반도의 금이 마구 파내어졌다. 《한국민족문화대백과사전》에 따르면 운산의 금광에서 1935년 한 해에만 432만 원어치의 금이 채굴되었다고 한다. 쏟아지는 금 소식에 사람들은 앞다투어 삽을 들었다. 이후 시간이 흘러 결국 조선이 무너지고 수많은 사람이 "대한 독립 만세!"를 외치다가 스러져갈 때도 황금광들은 전혀 개의치 않았다. 그들은 나라가 어떻게 되든 금이 더 중요했다.

황금귀 최창학의
1000억 신화

그러다가 갑자기 대박이 터졌다. 지체 높은 양반도 아니고, 외국인도 아니고, 개뿔도 없는 무지렁이 가난뱅이가 금맥을 발견해 벼락부자가 되었다! 이는 '혹부리 영감이 도깨비를 꾀어 얻어낸 방망이로 부자가 되었다더라' 하는 식의 뜬소문이 아니었다. 정말 조선 땅에서 태어나 달랑 이름 석 자 가진 평범한 사람의 이야기였으니, 그가 바로 최창학崔昌學이다. 평안북도의 어느 가난한 집안에서 태어나 교육도 제대로 받지 못한 그는 노름판과 금광을 전전한 난봉꾼이었다. 그러다가 1923년 금맥을 발견해 삼성금광三成金鑛을 세운 뒤, 1929년 이를 일본의 미쓰이광산三井鑛山에 130만 원(오늘날 시세로 대략 1000억 원)을 받고 팔아 엄청난 부자가 되었다.

당시는 일제강점기로, 부자라 하면 대부분 일본 사람, 미국 사람, 프랑스 사람 등 외국인이었다. 조선 사람인데 부자다? 그럼 매국노였다. 비유가 아니라, 정말 나라를 팔아먹은 사람들이 조선에서 가장 부자였다. 민영휘가 그랬고 이완용이 그랬다. 이들은 나라 팔아먹은 돈으로 대저택을 짓는 등 흥청망청 사치를 부렸기에 곱지 않은 시선을 받았는데, 최창학은 달랐다. 맨손으로 시작해 굴지의 부자가 되었으니, 평판이 나쁘지 않았다. 그렇다고 그가 청빈했다는 것은 아니고, 사람들의 부러움을 살 정도로 돈을 아낌없이 썼다. 대부분의 조선 사람이 초가집에 살며 문에 붙인 창호지에 구멍이라도 뚫릴까 봐 안절부절못하고 있을 때, 최창학은 최신의 서양식 대저택인 경교장을 지었고, 서울 안의 자동차가 100대가 될까 말까 하던 시절에 최고급 리무진을 사 드라이브를 즐겼다. 사람들은 그의 극적인 성공담에 매혹되었고, 그렇게 최창학은 황금귀黃金鬼, 즉 황금 귀신이라는 별명까지 얻게 되었다. 귀한 집안 출신도 아니고 제대로 교육받지도 못했던 그가 하루아침에 백만장자가 된 것을 보면, '쟤도 부자가 되었는데 나라고 안 될 것 있나' 하는 생각이 안 들 수 없었으리라. 실제로 의사나 교수보다도 광부가 가장 촉망받는 직업이 되었고, 사람들은 "나도 최창학 같은 부자가 되겠다!"라는 말을 입버릇처럼 외치고 다녔다.

이렇게 해서 금을 찾지 않는 사람이 오히려 '미친놈' 소리 듣는 시대가 도래했다. 어딜 가든 "금을 찾아라!" 하는 소리가 들렸다. 우리가 알고 있는 당대의 유명한 인물들도 대세에 따랐다. 소설가 김유정과 채만식, 시인 모윤숙 등 초연하고 고매한 심성을 가졌을 것 같은 사람들마저도 낮에는 금을 찾아 땅을 파고 밤에는 글을 썼다. 물론 그 결과는 절대로 좋지 못했다. 김유정은 병들고 지친 채 토굴에 누워 닭 한 마리만 먹고 싶다고 신음하다가 죽었다. 그 직전에 자신처럼 금에 미친 사람들의 모습을 기가 막히게 묘사한 단편소설을 썼으니, 바로 《금 따는 콩밭》이다.

이 소설의 주인공은 노다지 발견의 꿈을 품고 콩밭을 파헤친다. 물론 자기 것이 아닌 지주의 밭이라서, 마름에게 다음 해에는 땅을 빌려주지 않겠다는 협박까지 듣지만, 들은 척도 안 한다. 그렇게 농사를 확실하게 말아먹고 사기까지 당한다. 이게 소설 속 이야기만은 아니었으니, 실제로 당시 사람들은 금을 찾는다고 어디나 파헤쳐댔다.

땅은 어디에나 있었다. 매년 빌려 부쳐 먹는 지주의 논밭도 땅이었다. 월세든 전세든 얹혀사는 남의 집도 땅이었다. 그렇게 사람들은 무언가에 홀린 듯 논밭부터 도로와 집까지 땅이라면 일단 파기 시작했다.

인플레이션이 만든
휴지 조각

금을 캘 때 반드시 고려해야 할 사항이 바로 채산성이다. 단지 금이 나온다고 끝이 아니다. 금을 캘 때 드는 비용보다 캔 금의 가격이 높은지가 더 중요한 것이다. 일제강점기 때 이야기는 아니지만, 금광의 채산성을 논하며 빼놓을 수 없는 사례가 바로 마포쌍용황금아파트다. 1998년 아파트를 세우기 위해 땅을 다지다가 금맥을 발견했다. 놀라운 행운이었지만, 감정해보니 금을 캐기보다는 아파트를 지어 분양하는 게 더 수익성이 좋다는 결론이 나왔다. 한마디로 채산성이 너무 나빴던 것! 하여 원래 계획대로 아파트를 짓고, 대신 아쉬운 마음을 담아 그 이름을 번쩍번쩍하게 지었다는 전설 같은 실화가 전해 내려온다.

그렇다면 황금광 시대에 파헤쳐진 금광들은 모두 채산성이 좋았을까. 그럴 수도 있었고 아닐 수도 있었다. 무슨 말이고 하니, 금의 가치가 이전보다 몇십 배, 몇백 배 뻥튀기되었다는 것이다. 즉 이전이라면 채산성이 나쁘다고 판정될 금광도 1930년대에는 캘 만하다고 인정되었다. 이처럼 금의 가치가 치솟았으니, 건전한 투자도 투기에 물들 수밖에 없었다. 주식시장에 거품이 낄수록 투기꾼들이 법석을 떠는 것처럼 말이다.

최창학이 부자가 된 것도 금광에서 금을 캐내다 팔아서가 아니라, 금광 자체를 팔았기 때문이다. 마치 음식점을 잘 키워 지역 맛집으로 만든 다음 대기업에 팔아넘겨 돈을 버는 것처럼 말이다. 그럼 어째서 미쓰이광산은 최창학의 삼성금광을 사들였을까. 그 이유를 알려면 시야를 조선을 벗어나 전 세계로 확장해야 한다.

당시 일본은 금본위제를 도입하기 위해 금의 보유량을 높이려고 했다. 금본위제란 간단히 말해 화폐의 가치를 일정량의 금에 고정하는 것이다. 화폐는 매매 수단으로 합의한 물건에 불과하다. 그래서 옛날에는 그 자체로 가치를 띠는 귀한 물건들을 화폐로 삼았다. 하여 시대에 따라 귀하게 취급받은 조개껍데기라든가, 청동이라든가, 금이나 은이라든가 하는 것들이 화폐로 쓰였다. 게다가 이것들은 다른 나라에서도 가치를 인정받았다. 만약 화폐를 만든 나라가 망해도 그 가치가 완전히 사라지지 않았다는 말이다. 그런데 근대에 들어서서 지폐가 등장하자 문제가 생겼다.

불을 붙이면 타고 물을 적시면 찢어지는 지폐는 그 자체로 아무런 가치가 없다. 오직 그것을 발행한 나라만이 가치를 보장해준다. 그런데 19세기 말과 20세기 초는 어떤 나라도 생존을 보장받지 못하는 혼란기였다. 제1차 세계대전의 포화가 걷히자 대공황이 몰아닥쳤다. 상품들의 가치가 출렁이고 작물들은 썩어가며 실업자들이 넘쳐났던 시대. 이런 시련을 견디지 못하고 나라가 무너지면, 그 나라의 지폐도 함께 휴지 조각이 되었다. 제1차 세계대전 이후 독일이 겪은 초인플레이션이 좋은 예다. 1919년 독일 통화의 가치가 너무나 떨어져서 지폐를 뭉텅이로, 아니 수레에 가득 담아 가져가도 감자 한 알을 살 수 없을 지경이 되었다. 조선 말기에도 인플레이션이 심각해 흥선대원군이 새로운 화폐인 당백전을 발행했지만, 큰 효과를 보지 못했다. 피땀 흘려 번 돈이 인플레이션 때문에 그야말로 휴지 조각이 되는 일을 경험한 사람들은 엄청난 충격을 받았다.

어느 날 갑자기
황금 거품이 터지다

하여 각국은 화폐의 가치를 지키는 데 사활을 걸었다. 그리하여 역사상 언제나 높게 평가받아온 금으로 화폐의 가치를 보장하는 방법이 고안되었으니, 이것이 바로 금본위제다. 이후 세계 각국은 금을 더 많이 가지기 위해 혈안이 되었다. 각국 지도자의 머릿속은 '금만 많으면 화폐의 가치는 걱정할 필요가 없다!', '금이 많아야 정말 부유한 나라다!', '금을 충분히 가지고 있으면 다른 나라들에 휘둘릴 필요가 없다!'라는 생각으로 가득했을 테다. 뭐, 여기까지는 이해할 수 있다. 자기 나라의 부국강병을 바라지 않는 사람이 어디에 있겠는가. 문제는 그다음부터였으니, 열강은 다른 나라의 금까지 눈독을 들였다. '금을 차지해라, 무슨 수를 써서라도!' 일본은 이를 산금정책産金政策이라는 이름으로 강하게 추진했다. 이에 일본 회사들이 조선의 금광을 마구 사들였고, 이 흐름에 올라타 금광을 팔아넘긴 사람들은 부자가 될 수 있었다. 다시 한번 말하지만, 최창학도 금을 팔아서가 아니라 금광, 정확히는 채굴권을 팔아 부자가 되었다.

그런데 조금만 생각해봐도 이런 식의 금본위제는 매우 비효율적이라는 것을 알 수 있다. 설령 지구의 금을 모두 캐낸다고 해도, 화폐를 계속 발행하는 한 부족할 수밖에 없다. 또 그만한 금을 둘 데도 없고. 하여 영국을 비롯한 많은 나라가 하나둘 금본위제를 그만뒀는데, 일본은 한발 늦게 금본위제를 시행하는 바람에 그 여파가 1930년대에 조선을 휩쓸었던 것이다.

더군다나 산금정책이 끝을 향해 갈수록 부자 되는 사람은 점점 줄어들었다. 조선에서 금 캐는 일은 이미 투기가 되어버렸다. 그렇게 되면 더 큰 거품이 끼고 더 과열되는 것이 세상의 이치 아닌가. 즉 최창학의 성공을 본 다른 금광 소유주들은 더 비싼 가격에 금광을 팔아치우려고 했다. 그가 130만 원을 받았다는 이유만으로, 300만 원은 불러야 팔까 말까를 고민했다. 비록 그 당시의 시세가 요즘과 다르고, 또 물가라는 게 워낙 오락가락하므로 300만 원이 지금으로 따져 얼마라고 콕 짚어 말하기는 어렵지만, 대충 3000억 원은 될 것이다.

다시 한번 말하지만, 이때 중요한 것은 금값은 아니었다. 실제 금보다는 그것을 파낼 수 있는 권리 자체가 중요했고, 그래서 투기가 되었다. 오늘날 주거가 아니라 수익을 목적으로 아파트를 거래하는 바람에 그 값이 크게 오른 것과 마찬가지였다. 좀 어렵게 말하면 사용가치와 교환가치는 꼭 같지 않다는 것. 그리고 마침내 꿈에서라도 보고 싶지 않았을 일이 현실이 되었다! 금본위제는 서서히 종말을 맞았고, 아무도 비싼 값을 주고 금광을 사려 하지 않았다. 그렇게 시대의 톱니바퀴는 수많은 개인의 삶을 으깨버렸다.

꽝! 꽝!
다시 한번 꽝!

실제로 최창학조차 생전 자신의 부를 지키지 못했다. 이유는 투자 실패였으니, 일본에 모든 것을 걸었던 탓이다. 1924년 그는 독립군이 보낸 편지 한 통을 받았다. 조국의 독립을 위해 군자금 10만 원을 내놓으란 내용이었다. 최창학은 콧방귀를 뀌며 그대로 경찰에 신고했다. 이런 민족 반역자를 그대로 둘 독립군이 아니었다.

—

무장한 독립단이 들어와 그때 경계하고 있던 주재소 순사와

충돌해 총소리가 나는 중에 김용정金用貞이라는 순사가 탄환
에 맞아 죽고 우치다內田 순사는 혼이 빠져 도망가므로 독립
단은 이에 총을 거두고 근처의 유명한 최창학의 금광을 습격
해 사무소에 불을 지르고 금궤를 파쇄한 후 그 속에 든 현금과
금덩어리를 집어내는 등 큰 소동이 일어났는데……
_《조선일보》, 1924년 8월 13일.

—

최창학은 어떻게 되었을까. 그는 숲으로 달아나 겨우 목숨을 건질
수 있었다. 이렇게 호되게 당한 후에도 그는 일본에 비행기 여덟 대를
헌납하는 '통 큰 기부'를 하는 등 열심히 친일했다. 그리하여 친일 문
인들의 찬사를 받았으니, 친일파 중의 친일파였다고 할까. 뭐, 어쩌겠
는가. 사실 최창학 말고도 많은 사람이 조선은 절대 독립 못 하리라
생각하고 열심히 일본에 부역했는걸. 아무리 그렇다고 해도 역시 비
행기 여덟 대는 과했다는 생각이 든다. 그 비행기가 어디에 쓰였을지
생각하면 더욱 그렇다. 아니, 하여튼 여덟 대는 심했다니까.

이처럼 잔뜩 퍼준 투자였건만, 그 결과는 우리가 잘 알다시피 꽝이
었다. 일본은 패망했고 조선은 독립했으며 최창학과 척진 독립군이
귀국했다. 그러자 최창학은 재빨리 김구에게 줄을 댔다. 돈이야 많았
으므로 잘 보이기엔 좋았다. 우선 김구를 비롯한 임시정부 인사들이
머물 곳을 제공했으니, 바로 자신의 대저택인 경교장이었다. 나름대
로 머리를 굴려 김구가 큰 인물이 될 것으로 판단했기에 그리한 것이
겠지만, 이번 투자도 꽝이었다. 김구는 경교장에서 안두희에게 암살
당했고, 대한민국의 초대 대통령은 이승만이 되었다. 그리고 이승만

은 그리 너그러운 인물이 아니었다. 최창학은 김구의 유가족에게 경교장을 다시 빼앗는 치사한 짓을 감행했지만, 그 정도로는 만회되지 않을 만큼 투자 실패의 여파가 컸다. 게다가 남북이 분단되자 압록강 근처에 있던 최창학의 재산이 몽땅 날아갔다. 이렇게 가세가 기우는데도, 최창학의 씀씀이는 줄지 않았고 크고 작은 사업 실패가 이어졌다. 그 와중에 경교장도 팔아버렸다. 그리하여 최창학의 막대한 부는 15년 만에 먼지처럼 사라졌다. 조선의 모든 사람이 그의 이름을 연호하던 때가 꿈처럼 느껴졌으리라.

이처럼 금광으로 막대한 돈을 번 사람도 별로 없었지만, 그걸 또 오래도록 유지한 사람은 더더욱 없었다. 어쩌면 이것이야말로 최창학의 이야기에서 우리가 배울 만한 유일한 점 아닐까. (그렇다고 너무 불쌍해할 필요는 없다. 최창학은 친일파로서 재판받지도 않았고 한국전쟁에도 끌려가지 않았으니, 세금 문제로 재판받은 것 빼고는 말년이 그리 비참하지 않았다.)

3

팔도 유일의
여성 광산주

그래도 최창학은 명과 암이 분명하다고 하겠다. 여기 그보다도 처절하게 황금광 시대의 풍파를 온몸으로 맞은 한 여인이 있었으니, 바로 김정숙金貞淑이다. 나름대로 성공을 거뒀고, 그리하여 약간의 기록이나마 남은 것이지만, 사실 그녀는 매우 답답한 삶을 살다 갔다. 원래 간호사였던 김정숙은 우연한 기회에 미쓰비시三菱 기업에서 전화 교환원으로 일하게 되었다. 이는 당시 여성으로서 가질 수 있는 최고의 경력이었다. 남녀 불문 학교 문턱에도 가보지 못한 사람들이 대부분이었던 시절, 일본말을 잘하는 데다가 최신 기기인 전화를 다룰 수 있다는 점에서 업무 능력이 여간하지 않았다는 뜻이니까. 하지만 결혼과 동시에 그녀의 인생은 나락으로 떨어졌다. 김정숙은 19세에 결혼했는데, 신혼을 다 즐기기도 전에 남편 최응주崔應柱가 금광 열풍에 몸을 던졌던 것이다.

남들은 "대한 독립 만세!"를 외치며 일본의 총칼 앞에 스러져갈 1919년, 최웅주는 나라도 가족도 신경 쓰지 않은 채 금광으로 훌쩍 떠났다. 김정숙은 남편을 찾아 강원도 정선까지 흘러갔고, 그곳에서 부부는 상봉했다! 하지만 김정숙은 끝내 남편을 데리고 나오지 못했으니, 오히려 본인도 광부가 되어 23세부터 전국의 금광을 떠돌아다녔다. 땅만 판 것도 아니고 아이도 연년생으로 9남매나 낳았다. 흙투성이가 되어 집에 돌아와도 쉬지 못하고 아이들 뒤치다꺼리하는 하루하루가 이어졌을 것이다. 틀림없이 엄청나게 고생했겠지만, 이때의 기록은 남아 있지 않아 자세히 알 수 없다. (별로 알고 싶지도 않다.) 그런데도 고생은 끝날 기미가 보이지 않았다. 운 좋게 금 조각이라도 찾아내면, 어떻게 알고 귀신같이 나타난 시아주버니가 빼앗곤 했던 것이다.

울 수도
웃을 수도 없다

참으로 눈물 없이는 들을 수 없는 인생이다. 남편도 남편이지만, 저 시아주버니가 정말 나쁜 놈 같다. 그의 정체는 과연 무엇이었을까. 시아주버니라고는 했지만, 정말 남편의 친척이었을지는 분명하지 않다. 남편이 형님이라 부르며 따랐을 뿐, 사실은 호구를 잘 빨아먹고 사는 사기꾼이었을 가능성이 훨씬 컸으리라 본다. 그렇게 김정숙은 몇 번이고 금광을 옮겨가며 질긴 목숨을 이어갔다. 지쳐 쓰러져 죽어버린다고 해도 전혀 이상하지 않았다. 하지만 하늘이 굽어보셨는지 행운이 따랐다. 그것도 전혀 예상치 못한 곳에서. 김정숙에게는 시아주버니가 도저히 금이 안 나오겠다 싶어서 그냥 준 금광이 하나 있었다. 동생네가 가진 것은 무엇이든 족족 빼앗는 사람이었으니, 좋은 마음에서 주었을 리 없다. 정말로 가망이 없어 보여서 쓰레기 버리듯이 준 금광이었을 테다. 하지만 김정숙은 가진 게 오로지 그것뿐이라 간절한 마음에 파고 파고, 또 팠다. 그런데 바로 그곳에서 엄청난 금맥이 발견되었다!

이번 것은 목숨을 걸고 사수해 빼앗기지 않았다. 무엇보다 금광의 주인을 남편이 아닌 김정숙 본인으로 등록했으니, 이토록 장할 수가! 실제로 1933년 11월 2일 《동아일보》가 발표한 '1만 원 이상 금과 은이 나오는 광산' 목록을 살펴보면, 정선의 천포광산泉浦鑛山이 '김정숙 외 1인'의 소유로 되어 있다. 같은 해 10월 발행된 월간지 《삼천리》의 5권 10호는 한술 더 떠 금광의 주인으로 김정숙만을 콕 짚었다. 당시 조선의 금광과 은광은 일본과 서구 열강 출신의 인물들이 독점해, 광산주 중 오직 24명만이 조선 사람이었다. 비율로 따지면 36퍼센트 정도였는데, 그중 여자는 김정숙 하나였다. 이처럼 김정숙이 금광의 주인으로 당당하게 이름을 올린 것은 그녀의 능력과 수완이 대단했다는 뜻 아니겠는가.

김정숙이 천포광산을 1928년 쇼와昭和 기업에 20만 원 받고 팔았다는 기록도 있어, 정확히 언제 매각했는지는 분명하지 않다. 다만 그녀가 최창학처럼 금광을 팔아 부자가 되었던 것만은 확실하다. 금광을 팔아넘기는 데는 김정숙의 의사가 강하게 작용했을 것이다. 10년 가까이 죽도록 고생했는데, 금광을 계속 운영하고 싶겠는가.

'그리하여 김정숙은 지긋지긋해진 금광을 팔아버리고 그 돈으로 평생 행복하게 살았습니다. 그뿐 아니라 가난한 사람들도 돕고 교육 기관에도 아낌없이 기부했습니다'라고 당시의 많은 기사가 전했다. 그러나 현실은 언제나 소설보다 구질구질하고 추악하며 잘 끝나지도 않는다. 그로부터 몇 년 후 전해진 이야기를 보면, 김정숙과 광산의 인연은 계속되고 있었다.

"황금광 시대의
진기한 소송"

1934년 5월 2일 자《조선일보》를 보면, 김정숙의 남편 최응주가 소송에 휘말렸다는 기사가 눈에 띈다. 그가 소유한 정선의 추동금광楸洞金鑛에서 벌어진 일 때문이었다. 금광이라 해도 순수한 금덩어리가 채굴되는 것은 아니다. 특히 한반도의 금맥에는 석영이 섞여 있다. 따라서 광석을 캐낸 다음 필요한 광물을 뽑아내는 작업을 추가로 해야 하는데, 그 결과 얻어지는 금은 사실 아주 조금이다. 나머지 광석 찌꺼기를 광재鑛滓, 광미鑛尾, 버력 등으로 부르는데, 결국 쓰레기다. 그런데 이런 쓰레기를 사는 사람들이 있었다. 대표적인 인물이 마리 퀴리로, 그녀는 피치블렌드 광석 찌꺼기 수십 톤을 사놓고 이런저런 실험을 한 끝에 라듐을 발견했다.

하지만 대부분의 사람은 숭고한 과학적인 이유가 아니라, 혹시 남아 있을지 모르는 금 조각을 찾아 광석 찌꺼기를 뒤적거렸다. 그런데 추동금광에서 나온 그 쓰레기의 양이 어마어마했다. 가마니 3만 3000개! 킬로그램이나 톤으로 무게를 재는 우리로서는 난데없는 단위라 솔직히 당황스럽지만, 80킬로그램짜리 쌀 한 가마니의 부피가 대략 70리 터인 것을 참고해 그 양을 측정해보면 이렇다. (쌀가마니의 부피는 조선과 일본이 다르니, 일단 중간 값으로 잡았다.) 우선 70리터는 0.07세제 곱미터이고, 그렇다면 가마니 3만 3000개는 곧 2310세제곱미터가 된다. 보통 방 셋에 화장실 둘 딸린 아파트 한 세대가 85제곱미터 정도 되므로, 한 층에 두 세대씩 있는 13층짜리 아파트 한 동만 한 크기의 통을 꽉 채울 정도의 광석 찌꺼기가 나왔다는 것이다.

그만한 광석 찌꺼기의 무게가 과연 어느 정도였을지는 가늠조차 못 하겠다. 다만 가마니에 쌀을 채울 때보다야 훨씬 무거웠을 것이다. 당시에 트럭이 아예 없었던 것도 아닌데, 굳이 가마니를 단위로 센 것을 보면, 금광의 설비가 낙후해 사람들이 일일이 날라야 했기 때문 아닐까 싶기도 하다. 아무튼 최응주는 광석 찌꺼기를 1만 8000원에 팔기로 했다. 구매자는 경상북도 봉화에 사는 김여화金麗華라는 인물로, 그도 필히 황금광이었을 게다. 여하튼 김여화는 계약을 맺고 선금을 낸 뒤 기한을 정해 나머지 돈을 가져오기로 했다.

그런데 최응주는 무슨 이유에서인지 다른 사람에게 광석 찌꺼기를 팔아버렸다. 더 비싸게 팔았냐고? 아니다. 오히려 더 싸게 1만 2000원에 팔았다. 왜 약속을 어겼을까. 자세한 사정은 기사에 적혀 있지 않지만, 가장 쉽게 생각할 수 있는 이유로 바로 '그' 시아주버니가 떠오른다. 통째로 빼앗을 수는 없더라도, 원래 값보다 더 싸게 살 수는 있었을 테니까. 아니면 최응주가 급전이 필요했을 수도 있겠다.

아무튼 일이 이렇게 되어 김여화는 소송을 걸었다. 선금까지 냈는데 계약이 이행되지 않았으니 당연한 대응으로 볼 수 있지만, 그 내용이 또 기가 찼다. 보상금으로 자그마치 6만 원을 요구했던 것인데, 그가 처음 지불하기로 한 금액의 네 배 가까이 되었다. 도대체 어째서? 김여화의 주장은 이랬다. 애초에 광석 찌꺼기를 사려고 한 이유는 혹시라도 남아 있을지 모르는 금을 짜내기 위해서였다. 그렇게 나올 금의 양을 계산해보니, 각종 부대 비용을 제외하고도 9만 750원의 이익을 낼 수 있'었'다는 것이다. 이런 기적의 계산법이 있나! 아무튼 김여화는 자신이 당연히 벌 수 있었던 9만 원에서 무려 3만 원이나 깎아줬으니, 냉큼 나머지 6만 원을 내놓으라고 요구했다.

상식적으로 어떻게 광석 찌꺼기에 9만 원어치의 금이 있겠는가. 그러나 소송을 건 김여화로서는 세상의 모든 금이 전부 자기 것처럼 보였을 테다. 한편으로는 괘씸하기도 했을 것이다. 어쨌거나 선금을 치르긴 했으니까. 물론 최웅주를 제대로 뜯어먹으려는 마음이 가장 컸으리라 본다. 이런 사기꾼들이 달려든 게 어디 이번 한 번뿐이랴. 그러게 왜 약속을 어겨서는 이 사달을 일으켰을까!

—

황금광 시대의 진기한 소송.

황금광 시대가 아니고서는 보지 못할 소송사건.

듣기만 해도 입맛이 당기는 소송.

《조선일보》, 1934년 5월 2일.

—

기사의 카피 그대로 금에 눈이 뒤집힌 시대였기에 볼 수 있는 일이었다. 사람들은 '팝콘각'이라며 열광했다. 남의 일인 데다가 진짜 흥미진진했으니까.

금광 재벌가의
검은 그림자

후속 보도가 이뤄지지 않아 소송이 어떻게 되었는지는 알 수 없지만, 2년 뒤인 1936년 5월 15일 자 《조선일보》에 최응주의 대리인인 김정숙이 취인정지取引停止, 즉 어떤 사업을 그만뒀다는 기사가 실렸다. 분명 금광이나 관련 사업을 그만둔 것일 테다. 그렇다고 부부가 모든 금광을 다 정리했던 것 같지는 않다.

—

강원도 정선의 경찰서 보고에 따르면 작년 1년간 최응주의 오창단吳昌段 등 네 곳의 금광에서 채굴된 분량이 대강 56관貫, 금액으로 따지면 대략 20여만 원에 달했다 한다.

_《조선일보》, 1933년 1월 26일.

—

이처럼 김정화와 최응주가 소유한 금광은 한둘이 아니었다. 한마디로 당대의 금광 재벌이랄까. 하지만 돈으로 행복을 살 수 없는 법이니, 1937년 큰딸 최명초崔明初가 자살을 시도했다. 참으로 안타까운 것은 김정숙이 금을 캐 번 돈을 딸에게 아낌없이 쏟아부었다는 점이다. 그녀는 근본적으로 선한 사람이라 재해를 당한 사람들이나 만주 동포들을 위한 기부금도 턱턱 내 기사에 자주 이름이 실렸고, 경성여자상업학교를 인수해 미래의 꿈나무들이 자라는 데도 이바지했다. 김정숙의 힘들었던 지난날을 생각해보면, 그녀가 사정이 딱한 사람들을 돕는 건 당연한 일이었다. 물론 그 마음의 중심에는 그녀의 딸이 있었고. "엄마처럼 살지 말라"라는 말을 들어본 이 땅의 모든 딸은 이해할 것이다.

실제로 최명초는 경성여자상업학교를 우수한 성적으로 졸업하는 등 집안의 귀한 딸이었으나, 어떤 이유에서인지 양잿물을 들이마시고 자살을 시도했다. 비록 목숨은 건졌지만, 소문이 퍼지게 되었다. 그 옛날에는 젊은 여성이 자살을 시도했다는 사실만으로도 구설에 오르고 형제자매들까지 피해를 보았다. 기사는 자살 시도의 이유는 알 수 없다면서, 다음과 같이 썼다.

—

3일 대낮 시내 한복판의 문벌 좋고 재산 많은 집에 태어나 겉 보기에 행복해야 할 꽃다운 처녀의 몸으로서 만물이 피어오 르는 여름의 햇볕을 등지고 자살을 도모한 사건이 있어 사람 의 행복이란 결코 재산과 문벌에 있는 것이 아니라는 진부한 진리를 다시 한번 새삼스럽게 느끼게 하고 있다.

《동아일보》, 1937년 6월 7일.

—

지금까지 돈에 환장한 사람들의 좌충우돌하는 이야기가 계속되다 보니, 그들이 어째서 그렇게까지 돈을 벌려고 했는지 그 이유가 희미 해진 느낌이다. 간단히 말해 너무나 가난해 그럴 수밖에 없는 환경이 었거나, 아니면 좀 더 행복해지기 위해서였다. 전자의 사람이라면 어 떤 도움이 필요하겠지만, 후자의 사람이라면 기사가 말하는 '진부한 진리'를 마음에 새겨야 하지 않을까. 참고로 기사는 딸의 자살 미수 소동이 최웅주가 경기도 양평의 금광에 가 있어 집을 비운 새 벌어진 일이라고 밝혔다. 다시 한번 말하지만 이들 부부는 여러 금광을 소유한 재벌이었다. 하지만 돈 버는 데 바빠 가장 가까운 딸의 아픔은 보지 못했다.

황금광 시대가
저물다

도덕 교과서에 나올 법한 이야기는 그만하고, 다시 김정숙의 이야기로 돌아가자. 부부 중 대박의 주인공은 김정숙이었지만, 그 돈으로 사회적 영향력을 행사한 것은 최웅주였다. 그는 정선 지방의회의 의원으로도 뽑혔다. 뭐, 여자의 사회 활동에 제약이 따르던 시대이니 어쩔 수 없었다. 중요한 점은 부부가 계속해서 대박의 꿈을 좇았다는 것 아닐까. 지금까지 살펴본 것처럼 최웅주의 명의로 된 금광은 여러 개였고, 때로는 김정숙이 대리인 자격으로 경영에 관여했다. 이 과정에서 으레 그러하듯 정계에도 진출해 작은 자리라도 하나 차지했으니, 사업 확장의 정석을 밟았다고 하겠다.

아무리 벌어도, 아무리 참아보려 해도 멈출 수 없는 것이 돈 욕심이렷다. 과연 김정숙과 최웅주는 '욕망이라는 이름의 전차'에서 뛰어내렸을까, 아니면 브레이크가 고장 난 열차와 함께 파멸을 맞았을까. 딸의 자살 시도가 보도된 이후로 이들 가족의 소식은 찾아볼 수 없는데, 과연 이후 해방과 한국전쟁의 파도를 잘 넘었을지 모르겠다. 솔직히 별로 기대되지 않는다. 또한 이들은 그나마 성공 비슷한 것이라도 해 냈기 때문에 기록이 남아 우리가 살펴볼 수 있는 것인데, 성공의 'ㅅ' 조차 이루지 못해 이름 석 자도 제대로 남기지 못하고 사라져간 사람은 훨씬 많았을 테다.

무엇보다 황금광 시대가 점차 저물고 있었다. 앞서 조선에서 금광의 가치가 치솟은 것은 일본이 금본위제를 적극적으로 시행해 금이 더 많이 필요해지리라는 기대 심리 때문이라고 설명했다. 실제로 금광의 주인들은 금을 팔아서가 아니라 금광 자체를 팔아 돈을 벌었다. 그런데 시간이 지나며 개인이 곡괭이 하나 들고 온갖 곳을 헤집다가 운 좋게 금맥을 찾아 큰돈을 버는 성공담 자체가 사라졌다. 다른 사업들처럼 금광 개발도 원래 돈 많은 사람들이 주식회사를 세워 투자하는 것으로 바뀌었기 때문이다. 대표적인 인물로 태극기의 도안자이자 친일파인 박영효朴泳孝가 있다. 그는 의주광산주식회사를 세워 금광 개발에 뛰어들었다. 상황이 이렇다 보니 별다른 기반이 없는 사람들은 아예 발도 붙이지 못했다.

뜻밖의 일은 아니었다. 사실 지금도 비일비재한 일 아닌가. 정말 배고픈 사람이 죽기 살기로 시장을 개척해놓으면, 돈 많은 사람이 막대한 자본력을 쏟아부으며 그 시장을 차지하는 것! 그때는 지금보다 더 정글 같은 시대였으니, 어찌 보면 당연한 일이었다. 게다가 큰 전쟁을 코앞에 두고 있어 사람 목숨마저 오락가락하는데 금광이라고 무사할쏘냐.

여전히, 계속
가난한 사람들

사실 금광 개발로 부자가 된 사람들은 최창학과 김정숙을 비롯해 극소수에 불과했다. 직접 갱도 안에 들어가 돌을 깨고 금 조각을 골라내는 노동자들은 여전히, 계속 가난했다. 이들은 오히려 금광이 잘될수록 더욱 가난해졌다. 가령 1929년 8월 최창학이 삼성금광을 미쓰이 광산에 팔아넘긴 이후 《동아일보》는 광부 수백 명이 쫓겨나 주변 마을이 황폐해졌음을 연속으로 보도했다. 그나마 조선 사람, 곧 최창학이 주인이었을 때는 이런저런 편의를 봐줬는데, 일본 회사가 운영하게 되자 경영상의 이유로 옛날부터 일하던 광부들을 구박하고 괴롭혀 하나둘 광산을 떠나게 했다는 것이다. '어라? 이거 어디서 굉장히 많이 본 전개다' 싶겠지만, 그만큼 사람 사는 세상이 잘 안 바뀐다는 것 아니겠는가. 결국 부자가 되고 싶어 금을 찾은 사람 가운데 정말 꿈을 이룬 이는 매우, 몹시 적었다는 말이다. 설사 꿈을 이뤘어도 해피엔딩이 아닐 때가 더 많았고 말이다.

'아니, 그러면 대체 뭐냐! 돈을 벌면 모두 불행해지는 거냐?'라고 화내는 독자가 있을지 모르겠다. 사실 나도 조금 의외였다. 어쩌면 이렇게까지 파란이 심했을까. 아무리 나라가 망하고 전쟁이 벌어지는 혼란의 시대라고 해도 너무한 것 아닌가. 그런데 사실 역사 속 이름난 인물들의 인생 궤적을 살펴보면 놀라울 만큼 고난이 많았다. 백의종군을 두 번이나 겪어야 했던 이순신은 물론이거니와 유성룡이나 이항복 등 이름만 대면 알 만한 인물들도 귀양은 필수과목이요, 좌천은 교양과목이라 할 만큼 영광과 오욕의 순간이 밀물처럼 몰려왔다가 썰물처럼 밀려 나가곤 했다. 인간의 삶이 그러하고 또한 그러하다. 대박의 꿈을 이뤄도 그것은 진실로 한순간이니, 이후 어떤 삶이 기다리고 있을지 아무도 알 수 없다.

황금광 시대에 몇몇 사람이 부자가 된 것은 뛰어난 수완이 있어서도 능력이 출중해서도 아니었다. (물론 전혀 없는 건 아니었지만.) 그들이 노력했던 것은 사실이지만, 그때 그들보다 더 노력했던 사람들 또한 얼마든지 찾을 수 있다. 대신 그들은 아무도 예측하지 못한 시대의 흐름이 지나는 곳에 마침 있었을 뿐이다. 또한 그 흐름에 올라탔고, 끝내 버텼다. 그렇게 부를 거머쥐었다. 따라서 그들이 누린 부는 본인의 능력보다는 행운에 기댄 바가 컸다. 그리하여 금광 열풍이 사그라졌을 때, 그 부를 유지할 수 있는 사람은 거의 없었다.

4

사람을 잡아먹는
미두시장

확실히 일제강점기가 되니 이야기들이 선명해진 느낌이다. 신문 기사, 사진 등 훨씬 많은 자료가 남아 있기도 하고, 투자이든 투기이든 당시 조선 사람들이 부자 될 일념으로 전력한 것들이 오늘날 우리의 관심사와 크게 다르지 않기 때문이기도 하다. 무엇보다 주식과 그 파생 상품인 선물先物이 그러하다. 요즘 뉴스를 보면 온갖 종목, 별별 층에서 물린 '개미'들의 눈물 섞인 이야기가 빠지지 않는데, 100년 전 또한 마찬가지였으니.

그런 점에서 '인간의 욕심은 끝이 없고 같은 실수를 반복한다'라는 우스갯소리가 전혀 우습지 않게 느껴진다. 그때나 지금이나 변하지 않는 것을 딱 하나 꼽자면 인간의 욕심일 테니까. 부자가 되고 싶어 하는 사람들의 욕망은 어느 시대나 존재했고, 커지면 커졌지 작아지진 않았으며, 그로써 온갖 추태가 벌어졌다.

시간이 흘러 오늘날에 가까워질수록 이 지옥도는 더욱 강렬해진다. "옛날에는 이랬다더라" 하며 웃을 수 있는 이야기가 아니라, 지금 내 목을 콱 조르는 생생한 섬뜩함으로 다가온다. '일확천금을 노리고 뛰어들었다가 한 푼도 못 건지고 알거지가 된 사람'은 먼지가 켜켜이 쌓인 오래된 사료의 한 귀퉁이에서 나와 어느새 우리 자신의 얼굴을 하고 있다. 그들은 우리가 저지르는 잘못을 답습하고, 우리가 망하듯이 나락으로 떨어진다. 그러니 참으로 비참하게 와닿을 뿐이다.

그래서 보기가 정말 괴롭다. 모두가 큰돈을 벌 요량으로 뛰어드는데, 정작 부자 되었다는 사람은 없고, 있다고 해도 순식간에 빛을 잃고 떵떵거리던 위세가 쪼그라들어 궁색하기 짝이 없는 모습으로 최후를 맞는다. 어차피 그리될 거면 애초에 왜 난리를 피웠는지 모를 일이다. 그런 의문과 한탄으로 가득했던 곳이 일제강점기를 대표하는 아수라장, 곧 인천미두취인소仁川米豆取引所였다.

아비규환이자
귀신 소굴

이제는 이름조차 들어본 사람이 거의 없겠지만, 한때 인천미두취인소는 전국에서 몰려든 사람들로 발 디딜 틈 없이 붐비는 곳이었다. 또한 하루아침에 부자가 된 사람과 역시 하루아침에 모든 것을 다 잃고 거리에 나앉은 사람이 공존하는 생지옥이었다. 어째서 지옥인가. 답은 간단하다. 이곳에서 돈을 벌거나 행복해진 사람이 거의 없었기 때문이다. '인천미두취인소에 가면 부자 된다더라!' 하는 소문에 혹해

집부터 숟가락까지 가산을 몽땅 팔아 만든 얼마간의 돈을 쥐고 의기 양양하게 인천에 도착한 사람들. 개중에는 몹시도 운 좋게 큰돈을 거머쥔 이들도 있었지만, 이내 모든 것을 잃고 전보다 더 가난해진 자들이 대부분이었다.

본격적인 이야기를 하기 전에 인천미두취인소가 정확히 무엇을 하는 곳인지 설명할 필요가 있겠다. 일단 '취인소'는 거래소의 옛말로, 그렇다면 '미두'라 하니, 곧 쌀을 거래하는 곳일 테다. 앞서 설명했 듯이 서울은 조선 팔도의 쌀이 모여드는 곳이었고, 이것은 일제강점기 때도 마찬가지였다. (물론 지금도 그러하다.) 그러다 보니 사방팔방에서 중구난방으로 들어오는 쌀의 가격과 품질을 어느 정도 규격화할 필요가 생겨 1896년 인천미두취인소가 만들어졌다. 이곳의 거래 방식은 조금 특이했는데, 일단 쌀값의 10퍼센트를 계약금 조로 먼저 낸 다음 정해진 결제일에 잔금을 정산했다. 이게 뭐가 특이하냐고? 일단 정가가 아닌 예상가를 기준으로 거래했고, 잔금을 치른 뒤에도 현물, 즉 쌀을 받아가지 않았다. 대신 예상가와 결제일의 시가 간 차액만큼 돈을 주고받았다. 가령 개똥이가 다른 누군가에게 쌀 한 가마니를 사는데, 예상가를 1000원으로 생각하고 계약금 100원을 제외한 나머지 금액은 한 달 뒤에 정산하기로 했다고 치자. 그런데 결제일에 보니 쌀 한 가마니의 시가가 1500원이 되었다. 그리하여 개똥이는 1000원에 사들였던 쌀 한 가마니를 1500원에 판매함으로써 500원의 차익을 남겼다! 이때 개똥이 주머니에서 실제로 나간 돈은 계약금 100원밖에 없으므로, 무려 500퍼센트의 수익률을 기록한 셈이다. 하지만 반대로 쌀값이 폭락한다면? 계약금이 날아가는 것은 당연하거니와 잘못하면 빚까지 졌을 테다.

'이거 혹시 선물 거래 아니야?'라고 생각한다면 바로 맞췄다. 즉 미두는 '현물 없이 쌀을 파고 사는 일'로, 지금의 선물 거래보다 훨씬 원시적이고 아무런 규제도 없어 야생에 가까운 투기장이었다. 아무것도 신경 쓰지 않고 오직 내 '뜨거운 머리와 차가운 심장'만 믿고 자유롭게 투자하며 이익을 얻는 세상. 이처럼 극한의 '자유도'를 자랑한 인천미두취인소는 아프리카대륙의 세렝게티는 저리 가라 할 정도로 아비규환이요, 돈이 사람을 잡아먹는 귀신 소굴이었다.

도박꾼의 놀이터
사기꾼의 천국

쌀값은 언제나 심하게 오르내렸다. 날씨가 좋으면 좋은 대로, 농사가 잘되면 잘된 대로 오르고 내리기를 반복했다. 심지어 바다 건너 오사카에서 거래되는 쌀값에 영향받기도 했다. 조선의 쌀이 일본으로 많이 빠져나갔기 때문인데, 가령 오사카에서 쌀이 비싸게 거래되면 일본 내 쌀이 부족하다는 뜻이므로, 조만간 조선의 쌀을 싹 사들일 것으로 예측되어 인천미두취인소의 쌀값도 덩달아 오르는 식이었다. 하여 하루에 17번씩 전보를 통해 오사카의 쌀값이 전해졌는데, 그때마다 인천미두취인소의 쌀값은 예측이 불가능할 정도로 출렁거렸다. 게다가 거래에 참여하려면 당시 기준으로 거금인 100원을 보증금으로 걸어둬야 했는데, 쌀값을 잘못 예측해 손해라도 나면 계약금과 함께 그야말로 눈 녹듯이 사라졌다.
　위험이 큰 만큼 많이 벌 수도 있는데, 너무 부정적으로만 이야기한다고 생각하는 독자도 있겠지만, 어쩔 수 없다. 돈을 날린 사람은 많아도 번 사람은 통 없었으니까! 앞서 설명했듯이 인천미두취인소의 원래 목적은 쌀의 가격과 품질을 규격화하는 것이었지만, 이미 돈 내고 돈 먹기 판이 되어버린 이상 그 누구도 쌀 자체는 신경 쓰지 않았다. 즉 진정한 의미에서 쌀 유통의 흐름과 주변 환경을 찬찬히 뜯어보기보다는, 숫자(가격)가 커지고 작아지는 데만 목을 매니 도박과 다를 게 없었다. 게다가 파란도 많았다. 일본 사람 아라키荒木가 오사카에서 전해지는 쌀값을 조작해 시장을 어지럽히더니, 어음 180만 원어치를 부도 처리하고 일본으로 도망가는 바람에 1898년 인천미두취인소는 문을 닫아야 했다. 당시 인천미두취인소의 전체 자본금이 고작 4만 원 남짓이었던 것을 생각하면 180만 원은 그야말로 천문학적인 금액이었다. 아라키 한 명 때문에 얼마나 많은 사람이 피눈물을 흘렸을지는 가늠조차 할 수 없다.

미두신 반복창의
처절한 몰락

그래도, 그런 복마전에도 성공을 거머쥔 사람이 있었으니, 바로 반복창潘福昌이다. 인천미두취인소의 총아였던 그는, 인생 전부를 미두와 함께했다. 워낙 유명한 사람이고 극적인 삶을 살았기에 생전부터 여러 매체에서 소개되었고, 2007년 출간된 전봉관 선생의 《럭키경성》이라는 책에서도 아주 자세히 다뤄졌으므로, 더 말을 얹을 필요는 없을 듯싶다. 다만 그의 처절한 실패담은 소개된 적이 없는 듯해 여기서 짧게나마 풀어본다.

　강화도에서 이방의 자식으로 태어난 반복창은 아버지를 일찍 여읜 탓에 어려서부터 돈 되는 일이라면 닥치는 대로 하며 살았다. 그러다가 인천미두취인소에서 심부름꾼으로 일하게 되며 인생의 전환점을 맞았다. 전환점 정도가 아니라 물고기가 물을 만난 격이었다. 제대로 교육받은 적은 없었지만, 스스로 일본어도 터득하고 선물 거래의 원리를 익힐 만큼 총명했으며, 대담한 데다가 운까지 따라줬으니 말이다. 여담이지만, 그를 고용해 일을 가르친 인물은 사기꾼 아라키였는데, 범상치 않은 인물끼리 만나 '포텐'이 터졌다고 해야 할까. 여하튼 1899년 다시 문을 연 인천미두취인소에서 반복창은 고작 몇십 원을 본전 삼아 30만 원 이상의 큰돈을 벌었다. 하여튼 그가 찍는 대로 쌀값이 움직였다! 귀신도 이런 귀신이 없었다. 사람들은 반복창을 '미두신米豆神'이라 부르며 추앙했다.

　부자가 된 반복창은 여기저기 땅을 사들이고 멋진 집을 지었다. 그리고 결혼에도 성공했으니, 잘 교육받고 음악에도 조예가 깊었으며 무엇보다 아름답기로 유명했던 김후동金後童을 아내로 맞았다. 결혼식 당일 반복창은 경인선 2등 기차를 통째로 빌려 하객들을 실어 나르고, 당시 최고의 호텔이었던 조선호텔에서 성대한 파티를 열었다. 그날 하루에만 오늘날 시세로 30억 원 가까이 썼다니, 배포가 정말 남달랐나 보다. 신혼집은 인천에 마련했는데, 1300제곱미터의 대지에 쌓은 대저택이었다. 그러나 새집이 다 지어지기 전에 그의 몰락은 시작되었다.

　이후 반복창은 투자 실패를 반복했고, 고작 2년 만에 수중의 돈을 거의 다 날렸다. 알랑방귀를 뀌어대던 사람들은 하나둘 그의 곁을 떠나갔고, 인천의 대저택은 점차 쪼그라들어 완공하고 보니 네 칸짜리 움막에 불과했다. 반복창은 자존심 때문에라도 이렇게 주저앉을 수 없었다. 하여 어떻게든 재기하기 위해 애쓰다가 1923년 사기 사건에 연루되고 말았다.

사건의 내용은 간단했다. 반복창을 포함한 몇몇 사람이 부잣집 외아들로 사리 판단을 잘하지 못하는 김동한金東翰이란 자에게 들러붙었다. 그리고 꼬드기기를 "돈을 가져오면 미두로 크게 불려주마!" 해, 정말로 2만 원짜리 어음을 뜯어냈던 것이다. 반복창은 주범은 아니었으나, 다시 미두에 뛰어들기 위한 밑천을 마련하고자 공모한 것으로 드러났다. 기사는 당시 그의 사정을 이렇게 설명한다.

—

피고 중의 한 사람인 반복창은 4년 전에 미두를 하여 …… 무한한 행복의 꿈을 누린 일도 있었으나, 근래에 …… 미두에 실패하고 생활이 곤경에 달했으므로, 이번 사건에 참가해 김동한에게 …… 돈을 받게 되는 때에는 상당한 보수를 받기로 약속하고 그와 같은 흉계를 꾸미던 중에 사실이 발각되어 체포하게 된 것이라더라.

_《조선일보》, 1923년 5월 26일.

—

반복창과 일당은 그해 겨울 보석금을 내고 겨우 풀려날 수 있었다. 한때 미두신으로 추앙받은 일이 다 무슨 소용이냐, 이리 날개 없이 추락하는데. 그렇다고 반복창에게 연민을 품고 싶지는 않다. 잘나가던 시절에도 그는 이런 일을 많이 저지르지 않았을까. 즉 순수하게 자기 돈만으로 부를 쌓았겠냐는 말이다. 주변 사람들을 꼬드겨 받아낸 돈으로 투기를 일삼았을 것이다. 물론 자기가 알아서 돈을 갖다 바치는 사람도 있었겠지만. 돈은 많이 벌고 싶은데, 자신도 없고 아는 것도 없으니, 무턱대고 남에게 맡겼다가 몽땅 사기당하는 사람이 그때도 없진 않았을 테다.

내 '뇌피셜'이 아니라, 반복창은 실제로 그런 일을 저질렀다. 사기꾼이 되기 1년 전인 1922년 9월 25일 자 《동아일보》를 보면, 그가 몇몇 사람과 짜고 쌀값이 어찌 될 것이라 떠들며 소동을 일으켰다는 기사가 실려 있다. 일종의 '블러핑'이었는데, 그러면서 특정한 방향으로 사람들의 거래를 유도했던 것이다. 얄은 수준의 시세 조작이랄까. 이처럼 반복창은 수단과 방법을 가리지 않고 돈을 버는 사람이었다. 마치 그의 스승 아라키처럼 말이다. 인천미두취인소에는 어떠한 규칙도 없었으므로, 이런 나쁜 놈들이 설치기에 딱 좋았다. 하지만 결국 반복창은 완전히 망해 알거지가 되었으니, 정의가 실현되었다고 할 수 있을지 모르겠다.

크게 벌어
더 크게 잃다

—

거지가 되다시피 한 그는 마침내 중풍으로 반신불수가 되고 정신이상이 되었으나, 오늘날까지 미두는 잊지 못하겠는지

시장 주위를 돌아다니면서 "쌀값이 오른다! 떨어진다!" 하고
중얼거리는 것이 미두꾼의 말로라 하기에는 너무나 애처롭다.

_《조선일보》, 1939년 5월 14일.

—

여기서 '그'는 당연히 반복창이다. 기사는 계속해서 설명하기를 인천의 집은 거의 다 허물어졌고, 미인으로 유명했던 아내는 일찍이 그의 곁을 떠났으며, 셋이나 있던 자식들 또한 소식이 끊겼다고 한다. 그런데도 반복창은 미두를 놓지 못했다. 헛소리를 중얼대며 그에게 영광과 오욕을 안겨줬던 인천미두취인소 근처를 어슬렁거렸다.

아마 도저히 잊을 수 없었을 것이다. 가난한 고아로 모두에게 무시당하며 살다가, 맨손으로 거부를 쌓고 미두신으로 추앙받던 인생 최고의 시간! 모두 지나간 일이 되었건만 반복창은 여전히 그때에 살았다. 마치 초등학교 때 받아쓰기 100점 맞았던 것을 나이 80이 되어서까지 자랑하는 노인처럼. 그러나 반복창은 그만큼 오래 살지도 못했는데, 기사가 나오고 얼마 지나지 않아 40세의 나이로 쓸쓸히 눈을 감았다. 그 직후 인천미두취인소 또한 43년의 역사를 뒤로하고 문을 닫았으니, 태평양전쟁이 격화되자 일본이 쌀을 개인이 거래할 수 없는 군수물자로 지정했기 때문이다.

도대체 반복창은 어찌 그리 빨리 망했을까. 순식간에 원금의 몇백 배인 30만 원이라는 거금을 벌어들인 것도 놀랍지만, 어떻게 2년도 채 지나지 않아 그걸 다 잃어버리고 파산하게 되었을까. 그냥 운이 없었다기엔 너무하지 않은가. 반복창이 제대로 교육받지 못한 사람이라 돈을 지키지 못했다고 할 수도 없다. 그보다 더 많이 배운 사람들

조차 빈털터리가 되는 게 미두였으니까.

사실 이유는 간단하다. 미두는 유동성이 너무 컸고, 반복창은 위험을 즐기는 성향이 너무 강했다. 그리하여 벌 때도 왕창 벌고, 잃을 때도 왕창 잃었을 뿐이다. 사실 반복창의 인생이 너무 극적이어서 그렇지, 당시 신문을 뒤적거리면 비슷한 군상들을 많이 볼 수 있다. 45만 원을 벌었다는 문명진文明眞과 심능덕沈能德, 30만 원을 벌었다는 안인규安仁奎 등도 모두 미두신 소리를 들었는데, 그들의 말년 또한 반복창과 크게 다르지 않았다.

100만 원짜리
담배 한 개비

물론 그들은 잠시나마 큰돈을 만져라도 봤지, 그러지도 못하고 더 비참하게 끝난 사람들이 훨씬 많았을 테다. 패가망신한 반복창의 소식을 전하기에 하루 앞서 《조선일보》는 당시의 미두 열풍을 이렇게 꼬집었다.

—

운수 다 뚫어지게 아는 점쟁이만 만나면 하룻밤 사이에 부자
가 된다는 것이 그 당시 똑똑하다는 젊은이들의 굳은 신념이
며 미두의 윤리였다.
_《조선일보》, 1939년 5월 13일.

—

기사는 옥간玉看이라는 점쟁이가 쌀값을 점치는 대로 사람들이 집 문서며 땅문서를 팔아 미두에 '올인'했다고 전한다. 분석에 분석을 거듭해도 벌까 말까 한데, 점쟁이 입만 바라보고 있었다니, 정말 모두 눈이 뒤집힌 상태였다. 그렇게 되면 정말 어쩌다가 돈을 번 사람만 살아남고, 그 외 돈을 잃은 사람들은 당장 입에 풀칠할 생각에 이번에는 자신이 점쟁이가 되어 멀쩡한 사람을 꼬드기는 것이다.

이처럼 미두는 투기를 넘어 중독이었다. 실제로 인천미두취인소가 잠시 문을 닫았을 때는, 그것이 원통해 바다에 뛰어들어 죽은 사람도 나왔다. 사태가 이러한즉 당시 신문에는 '미두 때문에 무수한 폐인과 자살자가 넘쳐난다'라는 내용의 기사가 하루가 멀다고 실렸다. 담배 한 개비 피우는 사이에 몇만 원, 몇십만 원이 물거품처럼 사라지니, 이에 절망해 수많은 사람이 스스로 목숨을 끊었다.

—

실성해 자살.

_《동아일보》, 1927년 8월 11일.

—

기사의 카피만 보아도 당시의 분위기가 짐작된다. 1924년 10월 2일 자 《조선일보》는 더 참담한 소식을 전하는데, 일가족 자살 사건이었다. 어떻게 된 일이고 하니, 엄문섭嚴文燮이라는 사람이 서울에서 아내 신씨申氏와 가족을 꾸리고 잘 살다가 미두를 알게 되었다. 인천미두취인소를 뻔질나게 드나들며 결국 모든 재산을 날리고 만 그는 아내에게조차 말 한마디 없이 야반도주했다. 막막해진 아내는 아이들을 데리고 한강으로 갔다. 이미 학교에 다니고 있었던 첫째와 둘째는 어떻게든 자기 살길은 찾으리라 생각했는지 그냥 두었다. 일곱 살이던 셋째는 엄마가 자신을 한강에 던지려고 하자 울며 살려달라고 애원해 겨우 목숨을 건졌다. 결국 신씨는 넷째와 다섯째를 안고 한강에 뛰어들었으니, 그 시체조차 찾지 못했다고 한다.

　이런 비극은 힘없고 가난한 사람들만 겪는 일이 아니었다. 순종의 계후이자 마지막 황후인 순정효황후純貞孝皇后의 아버지 윤택영尹澤榮도 미두 때문에 골치깨나 썩었다. 그는 일본에 후작 작위를 받은 친일파로 재산이 상당했는데, 그 이상으로 사치를 부렸으므로, 금방 빚더미에 올랐다. 1920년 12월 6일 자 《조선일보》에 그의 부채가 200만 원에 달한다는 기사가 실렸을 정도다. 쓸 줄만 알았지 벌 줄은 몰랐던 윤택영은 아들 윤홍섭尹弘燮과 함께 큰 한 방을 노리며 마지막으로 미두에 '베팅'했으나, 당연히 잘될 리 없었다. 하여 이 부자는 빚쟁이들을 피해 중국으로 도망가는 처지가 되었다. 이때 '논밭이 날개 달렸다'라는 말이 유행했는데, 가진 땅을 다 팔아 미두에 쏟아부은 돈이 그대로 날아갔다고 비꼰 것이다. 역시 해학의 민족이랄까.

　이 외에도 얼마나 많은 사람이 피눈물을 흘렸겠는가. 그런데도 미두 열풍은 식을 줄 몰라 1932년에는 군산에도 미두취인소가 들어섰다. 사실 쌀의 가격과 품질을 규격화한다는 미두취인소의 원래 목적에는 일본의 음흉한 계략이 숨어 있었다. 즉 등급별로 가격을 미리 정해놓아 조선의 쌀을 한층 쉽고 빠르게 수탈하려 했던 것이다. 그런데 조선 사람들이 이곳에서 가산을 탕진하고 스스로 인생을 하직할 줄이야! 여러모로 일제강점기는 곡소리 나는 시기였다.

'따고 배짱'으로
부를 지키다

분위기가 너무 어두운가. 그렇다면 이번에는 부자 되기의 꿈을 꺾지 않을 만한 인물을 소개해보겠다. 미두로 큰돈을 벌고, 또 끝까지 지켜낸 유영섭劉永燮의 이야기다.

원래 유영섭은 함경남도 함흥에서 경찰로 일했는데, 어느 날 때려치우고 미두에 뛰어들었다. 일본의 앞잡이 노릇을 하는 것에 회의감이 들어서였을까. 사실 그런 것은 아니고, 매우 구질구질한 사연이 있었다. 평소 좋아하던 기생을 첩으로 삼고 싶었으나, 경찰 박봉으로는 몸값을 치를 수 없어 큰돈을 벌 요량이었던 것이다.

사랑하는 여인과 결혼하겠다는 것도 아니고, 멀쩡히 본처를 둔 유부남이 첩을 얻기 위해 미두에 뛰어들었다니! 헛웃음이 나오는 것은 어쩔 수 없고, 그러면서도 당시에는 애틋하고 진실한 사랑이라는 평을 들었는바, 그 시대에만 가능했던 로망이라 하겠다. 차라리 독립운동에나 투신할 것이지. 하긴, 그럴 깜냥이었다면, 애초에 경찰도 되지 않았을 것이다.

아무튼 유영섭은 큰돈을 벌기 위해 인천미두취인소를 찾았고, 몇백 원으로 시작해 5년 만에 40만 원을 모았다. 그때가 1920년대 초임을 감안하면, 어마어마한 돈이었다. 돈 버는 재주 하나는 탁월했던 것이다. 물론 아주 순탄했던 것은 아니고, 처음에는 크게 손해를 봐 자살까지 생각했다고. 그때 유영섭을 붙든 이가 본처였으니, 참으로 속도 좋다.

미두판에서 재산을 날린 …… 그에게는 죽음의 길밖에 보이
지 않았다. 의관하고 나서는 남편의 모습에 불길한 예감을 느
낀 아내의 통곡과 만류를 뿌리치지 못하고 죽음을 단념했던
것이 오늘의 성과로 이어졌다. 칠전팔기 미두판의 파란을 겪
고 40만 원을 잡은 그는 씻은 듯이 미두판과의 인연을 끊고
착실한 사업을 시작했다.

_《동아일보》, 1939년 11월 19일.

여하튼 다시 한번 힘을 내 기어코 미두로 큰돈을 번 유영섭은 혜화
동에 공업사, 그러니까 카센터를 열었다. 기사에 보면 200만 원을 줘
도 안 판다고 했으므로, 작은 자동차 수리점이라기보다는 오늘날의
포르셰 판매 센터 정도 되었으리라. 물론 그렇게 사랑해 마지않은 기
생을 첩으로 들이기도 했고. 여하튼 수많은 미두의 별이 떴다가 먼지
가 되어 사라진 것에 비하면, 유영섭은 자기가 번 돈을 지켜냈으니,
나름대로 해피엔딩이라 하겠다.

재테크 100점
자식 농사 0점

음, 사실은 뒷이야기가 좀 더 남았다. 천하의 유영섭도 자식 농사만큼
은 쉽지 않았던 모양이다. 1953년 3월 2일 자《조선일보》를 보면 아

버지가 아들을 고소한 사건이 소개되어 있다. 이때 아버지가 바로 유영섭으로, 그 이야기가 참으로 속 터진다.

유영섭은 유삼세劉三世라는 아들을 두었는데, 변변찮은 인물이었던 듯싶다. 그는 아버지 소유의 공업사를 담보로 여기저기에서 돈을 빌렸다. 공업사는 위치가 위치인 만큼 굉장히 비쌌는데, 일제강점기 때 돈으로 2억 원에 달한다고 했다. 유영섭이 미두로 40만 원 벌어 부자 소리 들은 것과 비교해보면 그 가치를 대충 짐작할 수 있으리라. 여하튼 유삼세는 아버지의 인감증명서를 위조해 공업사를 담보로 잡고 3500만 원을 빌려 썼다. 과연 그가 유영섭이 본처와 낳은 자식인지, 첩과 낳은 자식인지는 분명치 않으나, 당대의 명문인 경성제일고보에 다녔다고 한 것을 보면 전자지 않을까 싶다. 반대로 첩과 낳은 자식이라면, 아무리 축첩은 있되 적서의 차별은 (대놓고는) 없던 시대라지만, 저렇게까지 밀어줬다는 것도 참 웃기는 일이다.

아무튼 크게 분노한 유영섭은 아들을 고소해 결국 구속시켰다. 3500만 원을 대신 갚아주지 않으리라는 결연한 의지였으리라.

—

도합 3500만 원을 빌려 썼다는 것인바, 분개한 부친의 고소로 아들은 드디어 종로경찰서에 구속되어 사기와 공문서 위조로 문초받게 된 것이라 한다. 그런데 이 사건에서 아들의 행위가 법적으로 유죄판결을 받게 되면 돈을 빌려준 것이 무효가 될 것이니만큼 사건 추이에 많은 관심이 모이고 있다.

《조선일보》, 1953년 3월 2일.

—

아들이 유죄판결을 받으면 대출 자체가 무효가 된다니, 돈을 빌려
준 사람들은 아닌 밤중에 홍두깨였으리라. 다만 후속 보도가 없어 정
말 그리되었는지는 알 수 없다. 확실한 것은 유영섭조차 가족의 평화
는 지키지 못했다는 사실이니, 이를 미두의 저주라고 해야 할까. 돈
때문에 별꼴 다 벌어지는 것은 옛날이나 지금이나 다를 바 없다. 여담
이지만 이후 기록을 찾아보면, 1960년대 들어 유삼세는 삼만물산三
萬物産이라는 회사의 대표가 되었는데, 1969년 2만 원짜리 어음과
45만 원짜리 수표 두 장을 부도냈으니, 그 장래가 그리 밝지는 못했
을 듯싶다.

모두 함께
가난해지다

유영섭의 부 또한 천천히 사라져간 꼴을 보니, 이제 정말 궁금해진다.
인천미두취인소로 모여든 그 많은 돈은 다 어디로 갔을까.

사실 선물이라는 거래 특성상 그 가치가 부풀려지기 쉽기에 돈이
정말 다 있었다고 보기는 어렵다. 아라키가 180만 원어치 어음을 부
도 처리하자 자본금 4만 원의 인천미두취인소가 폐쇄되지 않았는가.
반복창이 벌었다는 30만 원도 실체가 확인된 적은 없었으니, 그래서
빨리 망했던 것인지 모른다.

여하튼 미두에 뛰어든 사람들의 광기는 오늘날 주식이나 가상화
폐를 둘러싼 분위기와 비교해 절대 꿀리지 않았다. 그랬기에 조선총
독부는 한 번 닫았던 인천미두취인소를 다시 열 수밖에 없었다. 엄청

난 돈이 '삭제'되고, 수많은 사람이 신세를 망치는데도 불구하고.

그렇다면 왜 하필 쌀이었을까. 이유는 간단하다. 쌀은 물물교환으로 상품을 거래하던 때부터 화폐처럼 쓰였을 뿐 아니라, 동시에 식량이었기 때문이다. 특히 조선과 일본에서 그러했다. 게다가 20세기 들어 일본은 다른 나라들과 끊임없이 전쟁을 벌였다. 중국과 러시아 그리고 마침내 미국에 이르기까지. 그럴수록 쌀을 더 많이 확보해야 했고, 체계적으로 관리해야 했으며, 또한 돈이 필요했다. 그런 이유로 쌀은 인기 있는 투자 상품이 되었다. 나라가 직접 쌀의 가치를 보장한 꼴이었으니까! 역설적이게도 똑같은 이유로, 즉 너무나 중요하다는 이유로 막상 태평양전쟁이 벌어지자마자 쌀은 군수물자로 지정되어 민간 거래가 금지되었다.

이 모든 것이 조선의 자본을 빨아먹으려는 일본의 음모였을까. 그렇다고 말하기는 어렵다. 오사카의 미두취인소에서도 우리가 이제까지 보았던 것과 똑같은 지옥도가 펼쳐지고 있었으니 말이다. 사실한층 더 악랄했으니, 일본 미두꾼들은 조선으로 건너와 미구락부米俱樂部라는 모임을 조직해, 돈 좀 있는 조선 사람들을 꾀어 전주로 삼았다. 당연히 꼬임에 넘어간 호구들은 열이면 열 파산하고 말았는데, 어차피 일본 미두꾼들 또한 개털 되기는 매한가지였으리라고 자신할 수 있다. 반복창의 스승 아라키도 오사카에서 계속 미두를 하다가 빈털터리가 되었으니까!

어쨌든 미두 열풍으로 수많은 지주와 자산가가 알거지가 되어, 그들의 땅이 신탁회사에 맡겨졌다. 아주 좋게 말하면 부가 재편된 것인데, 솔직하게 말하면 모두 함께 가난해진 꼴이었다. 곧 태평양전쟁도 시작될 터였고.

결국 인천미두취인소에 모여든 사람들은 역사의 거대한 파도에 흔들리는 줄도 모르고, 자신이 부자가 될 수 있다는 착각에 빠져 몸이 부서질 때까지 춤춰댄 것이니, 슬프고도 무서운 일이었다. 뭐, 그들을 욕할 것도, 안타까워할 것도 없다. 오늘날 이런저런 투자에 열정을 쏟는 우리라고 해서, 사실 그것들이 개미지옥일지 모른다는 것을 어떻게 알아차릴 수 있을까.

5

100년 전 원조 개미들의
주식 잔혹극

미두 이야기를 읽으며 어떤 괴리감을 느끼지 않았는가. 일제강점기라 하면, 일본의 무자비한 탄압 속에 신음하는 민중과 해방을 위해 처절히 싸우는 독립운동가들, 음흉한 친일파들과 대동아공영이라는 미명하에 세계 정복을 꿈꾸는 제국주의자들로 가득했을 듯싶다. 그런데 좀 더 자세히 들여다봤더니, 꼭 그런 것만은 아니었던 것 같다. 앞서 황금광들의 이야기를 살펴볼 때도 마찬가지였다. 조선 팔도에서 "대한 독립 만세!"가 울려 퍼지는 그 순간에도, '나라가 다 무어냐, 금 조각이나 찾자'라고 생각하는 사람들이 있었다. 그리고 지금부터는 그와 비슷한 생각으로 주식에 몰두한 사람들을 만나보려 한다.

100년 전에도 주식시장이 있었는데, 그 치열함과 무시무시함이 지금과 전혀 다를 바 없었다. 사실 주식시장의 역사는 17세기까지 거슬러 올라가는데, 1602년 네덜란드 동인도회사가 주식을 팔아 자본

금을 모은 게 시작이었다. 그 돈으로 세계 곳곳에 식민지를 세우고 운영하며 이익을 냈으니, 서구 열강이 보기에 아주 좋은 모델이었으리라. 돈 놓고 돈 먹기였으니까.

하여 전 세계적으로 주식시장이 만들어졌고, 그러면서 각종 사건 사고가 이어졌다. 대표적으로 영국의 주식회사로 노예무역을 하던 남해회사The South Sea의 주가가 치솟자 너도나도 돈을 쏟아붓고 "가 즈아!"를 외쳤다가, 일순간에 거품이 꺼진 일이 있었다. 이 사건으로 '버블'이라는 용어가 유행해 지금까지 쓰이고 있고, 무엇보다 아이작 뉴턴이 여기에 휘말려 2만 파운드(오늘날 시세로 50억 원)가량을 잃었으니, 그의 말대로 "인간의 광기는 도저히 계산할 수 없다."

여하튼 이러한 주식시장이 일제강점기 들어 한반도에도 상륙해 1932년 조선취인소가 문을 열었다. 지금의 증권거래소와 똑같은 일을 했다고 생각하면 되는데, 주로 일본 사람들이 찾았다. 그래서 조선 사람들이 투자를 안 했냐 하면, 그건 아니었다. 당시 신문만 보아도 주식시장을 전망하고 투자를 자문하는 기사가 모두 우리말로 적혀 있었으니까. 하여 조선취인소에는, 약간의 편견을 섞어 설명하자면, 국적 불문하고 돈에 눈이 뒤집힌 사람들이 모여들었다.

나만 못 벌 수는
없으므로

왜 사람들은 조선취인소에 드나들었는가. 당연히 돈을 벌기 위해서였다. 1932년은 전 세계가 대공황을 앓을 때였고, 일본의 식민지로 경제가 취약했던 조선은 굉장한 인플레이션을 겪고 있었다. 그리하여 돈의 가치가 떨어지자, 은행 대신 주식시장에 넣어 그 가치를 재고하려는 사람들이 나타났다. 여기까진 괜찮았다.

그런데 주식시장은 온갖 상황에 영향받는다. 내 나라 사정뿐 아니라 외국의 사정에도 민감하게 반응한다. 그리고 우리 모두가 알다시피 1930년대는 큰 전쟁을 앞둔 시점이었다. 유럽에서 전운이 짙어지자 주식시장이 요동치기 시작했고, 그럴수록 사람들은 주식에 매달렸다, 전투적으로!

뭐, 이건 사실 놀라운 일이 아니다. 누군가가 고통당할수록 돈이 되는 주식을 '악마주'라고 하는데, 요즘도 어디선가 전쟁이 벌어지면 관련 종목으로 재미 보는 사람들이 있지 않은가. 그럼 또 너도나도 주식시장에 뛰어들기 시작하고, 그 한편에서 종종 어디 기업의, 또는 어디 은행의 직원이 따고 갚으면 된다는 안일한 생각으로 엄청난 액수의 돈을 횡령하는 사건도 일어난다. 이것 또한 100년 전에도 마찬가지였다!

1937년 4월 18일 자 《조선일보》를 보면, 어떤 사건이 대대적으로 보도되고 있는데, 동일은행東一銀行에서 무려 현찰 2만 원이 사라졌다는 것! 강도의 소행은 아니었고, 여러 명의 직원이 평상시처럼 업무를 보는 와중에 벌어진 일이었다. 곧 경찰이 출동해 은행을 샅샅이 뒤졌으나 2만 원의 행방은 오리무중이었으니, 4일간 강도 높은 수사가 이어진 끝에, 결국 범인이 잡혔다. 바로 출납계 직원 류인명柳寅明이었다. 그가 왜 이토록 대담한 짓을 저질렀냐고? 원인은 바로 주식투자 실패였다.

—

범인 유인명이가 출납계 주임이라는 은행 안에서 가장 신용 받는 자리에 앉아서 이 대담한 범죄를 저지르게 된 동기는 무엇일까. 탐문한 바에 의하면 그는 평소에 신분에 넘치는 생활을 호화롭게 하는 중에 주식으로 일확천금할 엉뚱한 꿈을 꾸기 시작하여 이 방면에 손을 댄 것이 고만 오늘의 망신을 하게 된 첫 동기라는 바, 수년 내로 은행 돈을 돌려가지고 주식에 투자를 했으나 번번이 실패를 크게 보았을 뿐. 이러는 중에 은행 돈을 축낸 것이 2만 원에 달했다 한다. …… 이 때문에 밤낮으로 번민과 괴로움으로 지내던 끝에 범행 당일에 출납계 직원 유신재兪信在가 큰돈을 찾아와가지고 자기 책상 위에 놓은 것을 보고 드디어 범의를 품게 되어 어리석은 범행을 한 것이라 한다.

_《조선일보》, 1937년 4월 18일.

—

기사가 설명하듯이 류인명은 굉장히 믿음직한 직원이었다. 그는 보통학교, 요즘으로 치면 초등학교만 나와 은행의 말단 직원으로 입사한 후 12년 만에 본점의 출납계 직원이 된 입지전적의 인물이었다. 출납계란 말 그대로 돈의 들어오고 나감을 관리하는 자리이니, 그가 얼마나 신용 받는 직원이었는지 알 수 있다. 그런 류인명조차 주식의 유혹만큼은 참아내지 못해 이런 대형 사고를 쳤다는 데서, 당시의 사회 분위기가 그려진다. 주식으로 나만 돈 못 버는 것은 아닐지, 다들 조급한 마음이었으리라.

전쟁 만세!
주식 만만세!

실제로 제2차 세계대전이 벌어지고 4일 뒤인 1939년 9월 5일 자 《조선일보》를 보면, 도쿄취인소의 주가(도쿄취인소 자체가 주식회사였다)가 174원에서 199원으로 14퍼센트나 올랐다는 기사가 실려 있다. 말이 14퍼센트지, 당시에는 주가의 10퍼센트에 해당하는 금액만 내면 주식을 거래할 수 있었으므로, 사람에 따라 거의 140퍼센트의 수익을 보았던 것이다. 그러니 도쿄취인소의 주식을 가지고 있었던 사람이라면 아마 미쳐 날뛰었을 테다.

해가 바뀌어 독일이 덴마크의 코펜하겐을 점령하고, 노르웨이가 독일에 선전 포고하는 등 전쟁이 격화되자, 시대의 비극은 나 몰라라 한 채 주식시장이 다시 들끓기 시작했고, 사람들은 열광했다.

—

천냥만냥꾼에겐 갈망의 희망의 비.

……

사고파는 사람의 손은 마주 부딪혀 벼락 치는 듯한 소리로 시장 안은 순간마다 희극, 비극을 자아내었다.
_《조선일보》, 1940년 4월 10일.

—

기사만 보아도 당시 사람들의 흥분이 느껴진다. 이렇게 주식시장이 달아오르니, 사람들은 차츰 제정신을 잃게 되었다. "전쟁! 전쟁이 벌어지면 주식이 오를 수 있다!" 정말로 조선의 투기꾼들은 전쟁을 부르짖었다. 당연한 것 아닌가, 돈을 많이 벌 수 있었으니까. 기사를 살펴보면, 제2차 세계대전은 지금의 번듯한 이름 대신 '구라파전쟁' 이라는 구수한 이름으로 불렸고, 노르웨이는 '노루웨라는 나라'라고 소개되었다. 뭐, 그러면 어떠하랴. 어찌 되든 상관없다. 전쟁으로 나라들이 쑥대밭이 되든, 이웃의 누군가가 징병당하든 주식이 오르기만 한다면! 전쟁 소식 하나하나에 주식시장은 출렁거렸다. 그런데 일본이 직접 전쟁에 뛰어들자, 경제가 철저히 통제되기 시작했다. 이때도 사람들이 궁금했던 것은 주식시장은 어떻게 되는 것인지, 돈을 어디에 투자해야 하는 것인지 따위였다. 실제로 이러한 문제를 다룬 기사가 쏟아졌다. 일제강점기에도, 전쟁통에도 가장 중요한 것은 내 돈이었다, 당연하게도.

망한 주식도
한 번은 튄다

그리고 전쟁이 끝났다. 조선취인소는 종전 이틀 전인 1945년 8월 13일 문을 닫았다. 그렇게 조선의 모든 주식이 휴지 조각이 되었나 하면, 그건 아니었다. 패전의 아수라장에서도 기민한 사람들은 돈 냄새를 맡았다.

조선이 식민지가 된 지 어언 36년. 그동안 많은 일본 사람이 조선을 삶의 터전이자 고향으로 삼고 살아왔는데, 패전과 광복으로 하루아침에 '낯선' 일본으로 쫓겨나게 되었다. 어쩔 수 없이 일본 사람들은 부랴부랴 조선 내의 재산들을 정리하고, 은행들로 몰려가 예금을 찾았다. 얼마나 많은 예금이 빠져나갔는지, 은행들이 파산 직전에 몰릴 정도였다. 그렇게 예금을 찾았다고 끝이 아니었다. 일본 돈으로 환전해야 했는데, 이때 불법 환치기가 판을 쳐 많은 조선 사람이 일본 사람들의 재산을 날로 먹었다는 소문이 전해진다. 그뿐 아니라, 일본 사람들이 재산을 서둘러 처분하기 위해 식량부터 가구까지 온갖 물품을 싼값에 내놓아, 전쟁통에 파리만 날리던 시장이 갑자기 풍성해질 정도였다.

이런 과정을 거쳐 일본 사람들의 집이나 심지어 공장까지 어영부영 조선 사람들의 손에 넘어가게 되었는데, 이러한 귀속 재산을 적산가옥, 적산기업이라고 했다. 이후 한국의 현대사를 빛낸 수많은 기업이 바로 이 적산기업에서 시작했다는 것은 공공연한 사실이다. 아무튼 다시 주제로 돌아가면, 주식도 비슷한 과정을 거쳤다. 우선 1947년 각종 귀속 재산을 관리하던 중앙관재처가 일본 사람들이 놓고 간 주식을 싸게 풀었다. 그야말로 땡처리였는데, 일본이 세운 조선생명보험주식회사의 주식 1만 주 가운데 1441주가 팔렸다. 다시 한번 말하지만, 당시는 전쟁 직후였다. 당장 먹을 것이 부족했고, 기업들은 내일을 기약하지 못했으며, 길거리는 불구가 된 사람들로 가득했다. 그런 와중에 어떻게 될지 모르는 주식을 사다니, 누구인진 몰라도 대단한 사람들이었다.

굳이 덧붙이자면 몇 년 뒤 한반도는 한국전쟁의 화염에 휩싸이고 만다. 그렇다면 1947년에 주식을 샀던 사람들은 어떻게 되었을까. 과연 3년 사이에 부자가 되었을까. 아니면 전쟁통에 겨우 목숨만 부지했을까. 꼭 전쟁이 아니더라도 귀속 재산은 또 다른 문제에 휘말렸

바이올리니스트였던 친일파 계정식(桂貞植)의 문화주택.

서구 문물이 들어오면서 주택 양식도 바뀌게 되었는데, 특히 붉은색 벽돌로 지은 양옥집은 근대화의 상징으로 여겨졌다. 집 내부도 서구식으로 꾸몄는데, 커다란 유리창과 벽난로, 응접실과 서재가 있었다. 이런 집들을 그 이름도 고상하게 문화주택이라 불렀다.

당연히 문화주택은 부유층의 전유물이었고, 하여 친일파나 일본 사람들이 주로 거주했다. 재미있는 점은 투자 목적이었는지 문화주택을 너무 많이 지어 사회문제가 되었다는 것이다. 실제로 1933년 5월 13일 자 《동아일보》 기사를 보면, 무려 2245채의 문화주택이 비어 있다고 고발한다. 여하튼 한 시대를 풍미한 문화주택은 해방 이후 대거 적산가옥으로 굴러 떨어졌고, 지금도 용산구 후암동에는 몇몇 문화주택이 원형 그대로 남아 있다.

으니, 본토로 돌아간 일본 사람들이 자기 재산을 내놓으라며 소송을 걸어댔다. 하긴, 조선에 많은 재산을 두었을 정도면 부와 권력을 충분히 가진 사람들이었을 테다. 심지어 1950년 1월 18일 자《경향신문》기사를 보면, 일본 정부 차원에서 1억 1200만 달러를 돌려달라고 소송을 걸었다고 하니, 이정도 규모의 법정 다툼을 감당할 만한 사람이 누가 있었을까 싶다.

'멘탈갑' 조준호의
승승장구

역시나 이번에도 계속 안 좋은 이야기를 하고 말았다. 하여 부자가 된 사람을 소개하며 마쳐보련다.

당시 모두가 주식왕으로 인정하는 단 한 사람이 있었으니, 바로 조준호趙俊鎬였다. 그는 뼈대 있는 가문 출신이었는데, 구한말의 관리이자 부자로 유명했던 조중정趙重鼎의 맏아들로, 일본 주오대학中央大學을 나오고 영국에 유학했다. 한마디로 초엘리트였다. 그랬던 그도 처음엔 실패를 겪었다.《시대일보》를 인수해 경영하다가 완전히 말아먹었던 것이다. 그래도 '백'이 든든한 만큼 무너지지 않고 다른 사업에 뛰어들었던바, 1934년 자본금 100만 원을 들여 동아증권주식회사를 세웠다. 이후 조준호는 주식으로 돈을 가장 많이 번 조선 사람으로 승승장구했다.

보통 주식시장에 뛰어든 사람들은 '돈줄'뿐 아니라 '정신줄'까지 혼미해지는 경우가 많은데, 조준호는 대범하면서도 치밀한 사람이었다고 한다. 그는 주식과 함께 당대의 '핫'한 투자처인 미두를 병행했는데, 자신의 회사에 오사카와 직통으로 연결되는 전화를 설치해 누구보다 빠르게 그곳의 쌀 시세를 전달받았다. 물론 정보가 아무리 신속해도 망할 때는 망하는 게 투자의 세계라지만, 조준호는 '폭망'의 지뢰를 요리조리 피하며 자신의 부를 유지했다.

—

동아증권의 사장인 조준호 씨 자신이 시장에 들어서서 호방하게 그 무수다액의 매매를 조종하고 있는 광경은 정말 호담하면서 기민한 바 있다 한다. …… 이것은 행운의 도움도 있다고 하려니와 조준호 씨 자신으로 말하면 그만치 상장도相場道의 극의를 통하였으며 국면을 달관한 것이라고 아니할 수 없는 것이다.

《동아일보》, 1938년 9월 27일.

—

기사의 표현대로 조준호는 정말 주식의 도를 깨우친 사람이었다. 1936년 일본의 군벌들이 쿠데타를 일으켜 주요 정치가들을 암살하고 정권을 차지한 사건이 벌어졌다. 시국이 불안정해지자 주식시장이 침체했는데, 이를 기회로 여긴 그는 모두가 매도에 급급할 때 홀로 초연히 매수에 집중했다. 그 결과 이듬해 주식시장이 반등하자 무려 20만 원의 이익을 실현했다. 이 일로 조준호는 살아 있는 전설이 되었다. 1938년에는 갑작스러운 전화 불통으로 주식시장이 혼란에 빠져 하루 만에 폭등과 폭락을 반복해 수많은 사람이 손해 본 일이 발생했다. 이때 조준호는 '(본인 포함) 손해 본 사람은 안되었지만, 어쩔 수 없다'라는 태도로 일관했다. 주식은 '멘탈 싸움'이라는데, 역시 천생 주식쟁이답달까. 이후 조준호는 조선 주식시장의 10퍼센트, 미두시장의 60퍼센트를 주무를 만큼 엄청난 부자가 되었다.

게는 모래성밖에
쌓지 못한다

조준호가 주식만 잘한 것은 아니었다. 그에게 주식은 다양한 돈벌이 수단 중 하나에 불과했으니, 시대의 흐름에 따라 끊임없이 투자처를 바꿔가며 성공 가도를 달렸다. 조준호는 광복과 한국전쟁을 겪으며 부동산이 돈이 되리라는 것을 꿰뚫고는, 건설회사인 조선기업과 벽돌 공장을 세웠다. 국토가 전쟁으로 쑥대밭이 되자 누구보다 빠르게 대응했던 것이다. 그러면서 최초의 민간 자본 호텔을 지었는데, 바로 사보이호텔이다. 지금은 작고 낡은 호텔이 되었지만, 한때 호텔 문화를 선도했던 곳으로, 한국 중식의 빛나는 별이었던 호화대반점이 입점해 있었다. 오늘날 조준호의 손자가 사보이호텔의 대표를 맡고 있으니, 대대로 부를 잘 지켜낸 듯싶다.

이처럼 조준호는 냉엄한 주식시장의 최후 승자였다. 그의 승리가 빛나는 것은, 다른 이들에 비해 그래도 양심 있게 돈을 벌었기 때문이다. 돈의 세계는 언제나 약아빠진 사람들로 가득하다. 제때 금광을 팔아넘겨 큰돈을 번 사람들이나, 적산가옥, 적산기업 등의 귀속 재산을 잽싸게 챙긴 사람들처럼 말이다. 다만 기간을 오래 두고 살펴보면, 그렇게 수단과 방법을 가리지 않고 그러쥔 돈은 게가 모래알을 그러모아 쌓은 성과 같았다. 물론 그것조차 없었던 사람들에 비하면, 그거라도 있는 게 대단한 일이었다. 하지만 갑자기 큰 파도가 밀려오면 그러한 모래성은 깨끗이 씻겨 흘러가 흔적조차 찾을 수 없게 되었다. 그 안에서 찰나의 성공을 만끽하던 게까지 함께 말이다.

이처럼 허무하게 돌고 도는 돈의 세계를 살펴보다 보면, 애써 모으고 벌어봤자 아무 소용이 없다고 초연해지게 된다. 그러면서도 정작 가계부를 쏠라치면, 그 돈 한 푼이 없어 비굴해지고 걱정이 깊어지니, 속세의 때는 어찌 이토록 벗기 힘든지 모르겠다.

6

만주 개척이라는
거대한 사기극

자, 이제 드디어 투기의 민족이 써내려간 이야기의 끝이 보인다. 그 시작이 땅이었으니, 마무리도 땅으로 해보련다.

앞서 몇 번 이야기했지만, 나라가 망했다고 한들 나와는 무관하다는 태도로 열심히 돈을 좇은 이들이 있었다. 친일파처럼 아예 그것을 기회로 한몫 단단히 챙긴 사람들도 나타났고. 물론 꼭 돈에 환장하지 않았더라도 당장 먹고사는 게 급한 사람들은 나라의 주인이 바뀌는 일에 신경 쓸 겨를이 없었다. 만약 당신이 산속 깊은 곳에 살며 땅을 부쳐 먹는다고 생각해보라. 나라가 망한다고 당장 삶이 달라지는 것도 아니므로, 늘 하던 대로 씨 뿌리고 김맬 테다.

하지만! 일본은 워낙 집요해 단 한 명의 조선 사람도 그냥 두지 않았으니, 곧 토지조사사업이 시작되었다. 조선총독부는 모든 조선 사람을 대상으로 각자 얼마만큼의 땅을 가졌는지 보고하라 명했다. '미개'하기 그지없던 조선의 토지제도를 근대화하겠다는 이유에서였다. 사실 조선 시대의 토지 문서는 오늘날의 토지대장에 지지 않을 만큼 철두철미해 소유 내력과 위치, 크기 등이 상세히 적혀 있었다. 하지만 열강의 눈으로 보면 뭐든 원시적이었을 뿐이다.

이러한 맹점을 떠나, 사실 더 중요한 문제는 토지조사사업이 제대로 진행되지 않았다는 것이다. 사람들은 왜 토지조사사업을 하는지 잘 이해하지 못했고, 심지어 자기 땅을 신고하면 세금만 왕창 문다는 소문마저 돌았다. 문중이나 마을 공통의 땅은 명의, 곧 주인을 정하는 것부터 문제였고. 무엇보다 인터넷도 전화도 없던 시기, 깊은 산속 외딴 시골에 사는 사람들은 기한 내에 신고하기가 무척 힘들었다.

그 결과 조선 땅의 50퍼센트가 '임자 없음'으로 되어 모두 조선총독부의 소유로 떨어졌고, 자연스레 수많은 농민이 소작농 신세가 되었다. 이러한 혼란을 틈타 몇몇 조선인 지주가 방대한 땅을 날름했으니, 조선총독부의 입안의 혀처럼 움직인 덕분에 토지조사사업의 진정한 목적을 누구보다 빨리 알아차린 덕분이었다. 한마디로 친일파였다는 소리다.

100년 전의
외국인 부동산 투기

소작농으로 굴러떨어진 조선 사람들은 순식간에 가난해졌다. 좋은 음식 못 먹고, 근사한 옷 못 입는 정도가 아니라 굶어 죽어갔다. 견디다 못해 고향을 떠나 도시로 가봤지만, 그곳에서도 다 무너져가는 판잣집에 살며 굶주릴 뿐 바뀌는 건 없었다. 바로 이때 절망에 빠진 사람들 사이에서 어떤 소문이 돌기 시작했다. 저기 머나먼 북쪽에 드넓고도 비옥한 땅이 있다고! 그곳에 가면 누구나 땅주인이 되어 마음껏 농사지을 수 있으니, 온 가족이 배고프지 않게 먹고살 수 있다고! 그 땅의 이름은 바로 만주였다. (기록에 따라 간도와 혼용되지만, 여기서는 만주로 통일하겠다.)

끝이 보이지 않는 가난에 시달리던 사람들에게 만주는 너무나 먹음직한 '떡밥'이었다. 아마 그들은 '일단 만주에만 가면 내 땅을 가질 수 있지 않을까? 그러면 부자가 될 수 있지 않을까?' 하는 생각에 밤잠을 설쳤을 것이다.

정말 만주가 젖과 꿀이 흐르는 땅이었는지는 차치하고, 수많은 조선 사람이 그곳으로 간 것은 사실이었다. 그 과정을 살펴보면, 우선 조선총독부가 눈 감은 사람의 코 베어 가듯 강탈한 땅을 관리하고자 동양척식주식회사를 세웠다. 이 회사는 국사 교과서에 악의 본산처럼 묘사되는데, 사실 일본 사람들을 한반도에 이주시키고 그들의 정착을 돕는 게 진짜 목적이었다. 하여 일본 사람은 일단 조선으로 간다고만 하면 이주 비용을 무담보로 대출받을 수 있었다. 당시 일본은 날로 늘어가는 실업자들로 골머리를 썩고 있었으니, 이로써 식민 지배 강화와 국내 문제 해결이라는 두 마리 토끼를 모두 잡고자 했다.

어차피 일본 본토에서 직업을 구할 수 없다면 조선으로 가는 것도 나쁘지 않았다. 문제는 조선이 오랜 농업국으로 모든 땅에 주인이 있었다는 것이다. 결국 일본 사람들의 조선 정착은 주인 없는 땅을 개척하는 게 아니라, 원래 주인에게서 땅을 빼앗는 방식으로 진행되었다. 게다가 대부분의 일본 사람이 조선에 건실하게 정착하는 데는 별 관심이 없었다. 그들은 동양척식주식회사에서 무담보로 빌린 이주 비용을 미두나 주식 등에 쏟아붓는 등 주로 투기하는 데 써버렸다.

결국 조선 이주 사업은 시작된 지 5년만인 1926년에 끝장났고, 이후 동양척식주식회사는 원래 목적에서 벗어나 조선인 소작농들을 부리는 대지주가 되었다. 그러면서 '좋은' 일도 있었다. 일본은 화학 비료를 비롯해 여러 근대화 농법을 도입했다. 그리하여 삼남(전라도, 충청도, 경상도)의 쌀 생산량이 획기적으로 늘었다. 하지만 이상하게도 정작 농민들은 더욱 가난해졌다.

어째서 가난해졌는가. 단순히 일본의 수탈 때문이라고 하기에는 상황이 꽤 복잡했다. 우선 일본이 1918년에 심각한 쌀 파동을 겪었다. 쌀값이 치솟자, 쌀을 매점매석해 투기하는 경우가 많아졌다. 결국 굶주린 사람들이 폭동을 일으켰으니, 일본 총리 데라우치 마사타케 寺內正毅가 사임할 정도로 상황이 심각했다.

다시는 이런 일이 벌어지지 않도록 고심한 끝에 일본이 내린 결론은 지극히 상식적이었다. 쌀을 많이 수입하자! 하지만 그럴 수 없었던 것은, 쌀을 수입할수록 돈이 유출되었기 때문이다. '그게 뭐 어때서?'라고 묻는다면, 앞서 설명한 금본위제를 떠올려보길 바란다. 당시 돈은 곧 금이었다. 경제의 근본이 되는 금은 반드시 지켜야 하는 것으로, 쓰느니 차라리 굶는 게 나았다. 그리고 조선은 (당하는 처지에서야 참 안된 소리지만) 이 딜레마를 해결할 수 있는 거의 유일한 카드였다. 식민지 조선에서 생산한 쌀은 아주 싸게(거의 공짜로) 가져올 수 있다!

쌀 플랜테이션이 된
조선의 운명

만약 환경 문제, 아동 노동 문제에 관심 있는 독자라면 플랜테이션이란 단어를 들어봤을 것이다. 한마디로 자본과 기술을 지닌 다국적기업이 저개발국가의 땅을 싸게 사들여 만든 대농장이다. 보통 현지인의 값싼 노동력을 이용해 돈 되는 작물만 재배하는데, 옛날에는 사탕수수, 고무나무 등이 인기였다면, 최근에는 커피나무, 카카오, 기름야자 등이 주요 품목이다. 얼핏 보아도 알겠지만, 플랜테이션은 다국적기업, 또는 지주만 이익을 보고, 정작 뼈 빠지게 농사짓는 현지인은 가난을 벗어날 수 없는 구조다. 게다가 플랜테이션은 대농장을 만드느라 환경을 오염시키고, 어린아이에게도 노동을 강요하며, 무엇보다 농업의 다양성을 떨어뜨려 재배하는 작물의 가격이 폭락하기라도 하면 그 일대를 초토화시킨다. 바로 이것이 일본의 쌀 플랜테이션으로서 조선이 겪어야 할 운명이었다.

그리고 마침내 큰일이 벌어지고 말았다. 일본의 쌀값이 폭등한 지 1년도 지나지 않아 폭락했다. 쌀값이 싸져 살기 좋아졌겠다고? 그건 하나만 알고 둘은 모르는 소리다. 당시 일본도 조선만큼이나 농업국이었다. 쌀값이 너무 싸지니, 일본에서 쌀농사 짓는 농민들이 망하게 되었다. 이들을 보호하기 위해 일본은 조선에서의 쌀 수입을 중단했다.

일이 이렇게 돌아가자 조선에서 일본으로 쌀을 실어 나르던 일본인 상인들과 친일파로 행세하며 '꿀 빨고' 있던 조선인 지주들이 비명을 질렀다. 그러나 이들보다도 더 큰일 난 것은 영문도 모른 채 급격히 가난해진 평범한 소작농들이었다. 쌀값이 떨어져 이익이 줄어든 지주들은 손해를 메꾸기 위해 소작료를 올렸다. 하여 소작농들은 소출의 70~80퍼센트를 모조리 지주에게 바쳐야 했다. 이래서야 도저히 먹고살 수가 없었다. 하여 전국 각지의 소작농들이 참다못해 쟁의를 일으켰는데, 대표적인 곳이 전라남도 무안(오늘날의 전라남도 신안군)의 작은 섬 암태도嚴泰島였다. 이곳의 대지주 문재철文在喆은 쌀값이 폭락하자, 소작료를 80퍼센트까지 올렸다. 하여 1923년 소작농들이 들고일어나 암태소작회를 결성하니, 온갖 탄압에도 굴하지 않은 끝에 소작료를 40퍼센트까지 내리는 데 성공했다.

—

전남 무안 암태소작인회는 작년 12월 상순경에 창립한 이래로 …… 여러 가지 지주에 대한 결의를 했는데 …… 우선 작년 소작료에서 실제로 감량코자 한 것이 6할인데 이에서 2할을 감해 4할만 받아들였다.

《조선일보》, 1924년 1월 18일.

—

사실 40퍼센트도 많은 편이었지만, 그래도 80퍼센트는 아니니까! 여하튼 이런 문제는 암태도뿐 아니라 조선 전역에서 벌어졌고, 쟁의의 불씨도 뜨겁게 타올랐다. 다시 한번 강조하자면, 이 모든 일은 소작료의 많고 적음 이전에 일본이 조선을 쌀 플랜테이션으로 삼은 데서 비롯되었다. 오로지 쌀농사만 지었기에 시장의 변동에 취약할 수밖에 없었다. 하여 소작농들은 열심히 일할수록 더욱더 가난해졌다. 아니, 그냥 굶어 죽게 되었다. 결국 한계에 몰린 이들은 땅을 버리고 정처 없이 떠돌아다니게 되었으니, 그들이 향한 곳은 그나마 일자리가 있는 도시였다.

만주 대박?
만주 탈출!

도시 중에서도 당연히 서울에 가장 많은 사람이 모여들었다. 그러면서 청계천과 마포구 아현동에 빈민촌이 들어섰는데, 어떻게 저런 데 사람이 살 수 있을까 싶을 정도의 지독한 슬럼이었다. 앞에 설명했듯이 조선 시대에도 가난한 사람들이 청계천과 마포 근처에 모여 살긴 했지만, 일제강점기의 빈민촌은 그 비참함의 질과 양에서 차원을 달리했다. 물론 나쁜 쪽으로. 그렇게 집도 땅도 직업도 없는 가난한 사람들이 자꾸 늘어났다. 그리고 조금 뜻밖으로 들릴 수도 있겠지만, 조선총독부는 가난한 사람들이 자꾸 늘어나는 상황을 대단히 큰 문제로 여겨, 해결하고자 갖은 애를 썼다.

일단 조선총독부는 조선 사람을 황국신민으로 개조해낼 의무가 있었다. 무엇보다 '가난한 데다가 불만까지 많은' 조선 사람들이 점점 늘어나면, 그것 자체로 식민지 통치에 애로 사항이 꽃필 수 있었다. 수상하고 나쁜 사상, 가령 공산주의나 민족주의에 빠져 나쁜 일, 가령 독립운동이라도 벌인다면? 조선총독부로서 이만큼 골치 아픈 일이 또 있겠는가. 따라서 식민지의 평화를 유지하기 위해서는 가난한 조선 사람들의 삶을 개선해줄 필요가 있었다.

이때 구세주처럼 등장한 기회의 땅이 바로 만주였다. 압록강과 두

만강 북쪽, 한때 고구려와 발해가 있었고, 거란족과 여진족 등 여러 민족의 터전이었으며, 요나라와 금나라 그리고 청나라의 요람이 되었던 땅! 1931년 일본은 만주사변을 일으켜 그 땅을 장악했고, 1932년 청나라의 마지막 황제였던 선통제宣統帝를 끌어들여 허울뿐인 통치권을 쥐어줌으로써 만주국을 세웠다. 물론 만주국은 제대로 된 나라가 아니라 만주에 영향력을 발휘하고 싶어 했던 일본의 허수아비였다. 자, 이제 가난한 조선 사람들을 만주로 이주시키기만 하면 일본의 식민지도 확장되고, 조선 통치도 수월해진다! 이것이 바로 조선총독부의 장밋빛 계획이었다.

—

> 간도는 천부금탕天賦金湯이다. 기름진 땅이 흔하여 어디를 가든지 농사를 지을 수 있고 농사를 지으면 쌀도 흔할 것이다. 삼림이 많으니 나무 걱정도 될 것이 없다. 농사를 지어서 배불리 먹고 뜨뜻이 지내자. 그리고 깨끗한 초가나 지어놓고 글도 읽고 무지한 농민들을 가르쳐서 이상촌理想村을 건설하리라. 이렇게 하면, 간도의 황무지를 개척할 수 있다.
>
> _최서해崔曙海,《탈출기》.

—

《탈출기》는 일제강점기 때 실제로 만주에서 유랑 생활을 한 소설가 최서해의 대표작이다. 인용한 부분은《탈출기》의 주인공이 만주로 가기 직전 마음을 다지며 내뱉은 혼잣말로, 당시 조선 사람들의 머릿속에도 꽃밭이 펼쳐져 있었음을 알 수 있다. 하긴 워낙 가진 게 없으니, '만주에 가면 무엇이든 잘되지 않을까?' 하는 얄팍한 기대감이라도 품어야 했을 테다.

당시 신문들은 고구려의 역사를 소개하며, 그래도 만주가 조선 사람들과 역사적으로 깊이 연관되어 있다고 군불을 땠고, 마침 누군가가 만주에서 큰돈을 벌었다는 소문도 돌았다. 1934년 8월 발행된 《삼천리》6권 8호를 보면, 운전기사를 하며 가난하게 살던 정씨가 우연히 금덩어리를 주웠고, 그걸 돈으로 바꿔 만주로 가 부동산에 투자해 엄청난 부자가 되었다는 근거 불명의 기사가 실려 있다. 이처럼 달콤한 이야기들이 가득할진대, 가뜩이나 밥까지 며칠 굶은 사람에게 만주는 엄청나게 춥고 건조해 정착이 쉽지 않을 것이라고 아무리 이야기해봐야 어디 씨알이나 먹히겠는가.

그리하여 정말 많은 조선 사람이 '만주 대박'을 노리며 북쪽으로 향했다. 기차역마다 만주행 열차에 몸을 싣고 가족과 눈물의 이별을 하는 사람들로 가득했다. 만주에 농사지으러 가는 사람도 있었고, 그곳의 부동산에 투자하려는 사람도 있었다. 무엇보다 이들은 절대로 어리석지 않았다. 만주행은 그들에게 최선의 선택이었다. 다만 안타까운 점은 이 모든 것이 일본과 조선총독부 그리고 관동군이 짝짜꿍해 짠 거대한 사기극이었다는 것이다. 아니지, 결국 일본도 망했으니까 그냥 모든 것이 처음부터 망할 판이었다고 해야 할까.

이런 부침을 겪으며 갈려버린 무수한 사람의 사정이 생각할수록 슬플 뿐이다. 특히 오래전 입시를 준비할 때 《탈출기》를 읽으며 느꼈던 괴로움이 도저히 잊히지 않는다. (공부라는 미명하에 한창 자라나는 청소년에게 트라우마를 안겨주는 근대문학 강제 독서는 나중에 비판하기로 하고) 분명 《탈출기》의 주인공은 성실한 사람이었다. 온 힘을 다해 어머니와 아내를 먹여 살릴 방법을 찾는 한편, 이 세상을 더 좋은 곳으로 바꾸기 위해 애썼다. 하지만 도저히 가난의 굴레에서 벗어나지 못했다.

화약고 만주와
완바오산의 비극

애초에 일본은 어떻게 만주를 손에 넣었는가. 바로 그 유명한 '21개조 요구'를 통해서였다. 1915년 일본은 황제가 되고 싶어 했던 위안스카이를 꼬드겨 21개 조항으로 구성된 불평등조약에 서명하게 함으로써 '합법적으로' 만주를 장악했다. 하지만 1928년 베이징을 점령한 장제스가 전 세계에 중국 통일을 선포하고 조약의 무효를 주장하며 상황은 급반전되었다. 당연히 일본은 들은 척도 안 했고, 전 세계의 압박이 거세지자 아예 국제연맹에서 탈퇴하는 초강수를 두었다. 이는 곧 태평양전쟁의 도화선이 되었다.

전후 사정이야 어떻든 일본이 만주에 손을 뻗칠 때 그곳에는 이미 중국인 원주민들이 잘 살고 있었다. 장쉐량張學良으로 대표되는 군벌들도 한발 앞서 만주에 자리 잡고 일본의 관동군과 대치했다. 이처럼 아수라장이 펼쳐지는 와중에도 사람들은 땅을 개간하고 농사지었다. 뭐, 여기까지는 그냥 평범했다. 정치가들과 군인들이 지지고 볶아도 삶은 이어져야 하니까. 하지만 그곳은 너무나 많은 갈등이 잠재되었던 탓에, 곧 만주국의 수도 신징新京(오늘날의 지린성 창춘시) 근처 완바오산萬寶山에서 큰 비극이 발생하고 말았다.

1931년 일본은 다소의 불법을 저지른 끝에 완바오산 일대를 차지했다. 이후 조선 사람 180여 명을 이곳으로 이주시켜 농사짓게 했다. 문제는 그들이 제방을 쌓다가 중국 사람들의 농지를 망가뜨렸다는 것이다. 중국 사람들 처지에서는 어느 날 갑자기 땅을 빼앗긴 것도 화나는 일인데, 농사까지 망쳤으니 두고 볼 수 있겠는가. 하여 제방으로 몰려가 거세게 항의하며 공사를 방해했다. 이에 깜짝 놀란 일본이 경찰을 투입해 해산시키는 과정에서 총격전이 벌어졌다.

이 완바오산 사건에서는 다행히 사상자가 발생하지 않았다. 그런데 중국 사람들 손에 조선 사람들이 살해당했다는 잘못된 소문이 퍼져나갔고, 이로써 조선 전역에서 화교들이 무차별적으로 린치당하는 사태가 벌어졌다. 인천 등지의 화교 거리가 폐허가 된 것은 물론이고, 중국 사람 130여 명이 죽고 400여 명이 다쳤다. 격동의 근대를 보내며 조선과 중국 사이에 쌓여온 나쁜 감정이 완바오산 사건을 계기로 폭발했던 셈이다. 그리고 피는 피를 부르는 법. 보복의 된서리를 맞은 것은 중국에서 활동 중인 독립운동가들과 만주로 이주한 농민들이었다. 이런 젠장맞을!

원래 만주는 조선, 중국, 일본의 여러 세력이 뒤엉킨 채 언제든 폭발할 수 있는 화약고였다. 완바오산 사건이 벌어지기 1년 전인 1930년에는 독립군이 만주에서 대대적으로 봉기하자, 관동군이 반격을 구실로 조선 사람들의 정착지를 몽땅 태워버린 일도 있었다. 연장선에서 일본은 완바오산 사건을 중국 침략의 빌미로 삼았고, 겸사겸사 만주 일대의 독립운동가들도 몽땅 조지려고 했다. 그야말로 도둑놈 심보가 따로 없었다고 하겠다.

7

나진 대박의
꿈

이처럼 우여곡절이 계속되는 와중에도 조선총독부는 조선 사람들을 꾸준히 만주로 이주시켰다. '별별 일이 다 벌어지고 있는 위험한 만주로 사람들을 보낸다는 게 말이 돼?'라고 생각하는 당신, 근대에 온 것을 환영한다. 보통 근대라고 하면 이성과 합리, 과학적 사고가 이끄는 시대라 생각하기 쉽지만, 그건 이론적으로나 통할 이야기이고, 실생활에서는 이처럼 우격다짐이 넘쳐났다.

게다가 이것저것 따지기에는 조선과 일본의 국내 사정이 별로 좋지 않았다. 실업자가 계속해서 증가했기 때문이다. 물론 이 와중에도 귀신같이 돈 냄새를 맡는 이들이 있었다. 특히 만주와 불가분의 관계였던 함경북도 나진(오늘날의 함경북도 나선시)이 그들의 코를 잡아끌었으니, 만주를 둘러싼 소동의 '프리퀄'이라 하겠다.

쥐도 안 가질 땅에서
금싸라기 땅으로

"그때 살걸!" 1930년대 조선 사람들이 나진을 바라보며 숨 쉬듯 뱉었던 말이다. "나진에 땅 좀 사뒀다면 엄청난 부자가 되었을 텐데" 하는 한탄이 끊이질 않았다. 왠지 오늘날에도 비슷한 레퍼토리가 반복되고 있는 것 같은데, 예나 지금이나 사람 사는 것은 비슷하지 않은가.

여하튼 조선 사람들의 나진 사랑은 일본의 남북종단항 건설로 시작되었다. 조선의 물자를 더 쉽고 빠르게 빼돌리기 위해, 한반도의 남과 북을 하나로 잇는 항구를 만들자! 여기에 당시 만주를 호시탐탐 노리던 관동군의 입김도 작용했을 듯싶고, 마침 지린성 옌지와 함경북도 회령을 철도(길회선吉會線)로 잇게 되어 그 종단항도 필요했던 차였다. 항구 후보지로는 세 곳이 꼽혔는데, 나진, 웅기 그리고 청진이었다. 하루에도 몇 번씩 항구가 어디에 들어서기로 결정되었다는 오보가 속출했다. 그러다가 1932년 8월 23일 나진으로 결정되었다. 문제는 이곳이 20~30가구가 옹기종기 모여 사는 낙후된 어촌으로, 즉 완전히 '깡촌'이었다는 것이다. 하여 원래는 쥐도 안 가질 땅이었는데, 항구가 들어선다고 결정되자 그 값이 미친 듯이 뛰었다.

—

나진에는 요새 또 토지 매매가 성행되는데 간의동間依洞 방면의 토지는 최고로 평당 29원까지 간다고 한다.
_《동아일보》, 1932년 12월 27일.

—

나진항 같은 데는 작년 한창 시절에는 1평에 최고 3원밖에 아니하던 것이 오늘에는 그보다도 더 올라서 3원 50전에 다수 토지가 매매되었다.

《조선일보》, 1933년 2월 10일.

나진의 원래 땅값이 평균 3전이었다고 하니, 얼마나 가격이 뛰었는지 놀랄 정도다. (참고로 100전이 1원이다.) 나진의 토박이들은 하루 아침에 돈방석에 앉게 되었는데, 물론 돈 냄새를 맡고 달려온 투기꾼들도 한몫 단단히 챙겼으리라.

그중 대표적인 인물이 바로 김기덕金基德이었다. 그는 평소 사업상 공직에 있는 일본 사람들과 친분이 있었는데, 그중 누군가에게 곧 항구가 들어선다는 정보를 들었다. 이후 직접 후보지들을 답사한 끝에 나진이 선정될 것으로 보고, 여기저기에서 돈을 빌려 그곳의 땅과 앞바다의 두 섬을 사들였다. 그리고 정말 나진에 항구가 들어섰다!

폭탄 돌리기의 끝은
개미들의 피눈물

물론 나진에 김기덕만 있었던 것은 아니다. 조선은 물론이고, 일본과 중국의 투기꾼들까지 몰려들었다. 국제적인 각축전이 벌어지는 통에 땅값은 하늘 높은 줄 모르고 치솟았다. 그런데도 사람들은 계속해서 투기판에 뛰어들었다. A가 산 땅을 B가 웃돈을 얹어 사고, 그것을 C가 또 웃돈을 얹어 사니, 땅주인이 하루에도 몇 번씩 바뀔 정도였다. 땅이 벼룩시장에 나온 잡화도 아닌데, 이런 일이 가능했던 이유는 오늘 땅을 사면 내일 더 비싸게 팔 수 있다는 강한 믿음이 있었기 때문이다. 1932년 11월 22일 자《동아일보》기사를 보면, 나진에 황금비가 내렸다며 개들까지 100원짜리 돈을 물고 다닐 정도라고 호들갑을 떨고 있다. (물론 정말 그랬을 리 없다!)

하지만 상승 뒤에는 하강이 따르는 법이니, 나진의 땅값도 마침내 꺾이는 날이 찾아왔다. 일본으로서는 이렇게까지 오른 땅값을 그대로 수용할 이유가 없었다. 결국 나진에 항구를 짓기로 결정한 지 3년 만에 땅을 원가로 사겠다는 충격적인 발표를 했다. 즉 가격이 뻥튀기되기 이전의, 나진이 원래 한적한 어촌이던 시절의 가격으로 땅을 사항구를 만들겠다는 것이다. 시장가격을 완전히 무시한 처사로 이런 폭거가 또 없었지만, 어쩌겠는가. 전 세계를 상대로 전쟁을 일으키고 있는 일본이 그리하겠다는데. 국가권력이 버젓이 폭력과 고문을 자행하던 시기였기에, 아무도 감히 토 달지 못했다.

사실 그 전에 이미 진짜 투기꾼들은 한몫 챙겨 빠져나간 상태였고, 남아 있는 것은 "나진 땅을 사면 부자가 된다!"라는 사탕발림에 낚인 가엾은 '개미'들뿐이었다. 그들이 겪은 좌절과 고통 그리고 쪽박은 기록으로 남아 있지 않지만, 오늘날 주변을 둘러보는 것만으로 충분히 짐작할 수 있겠다. (그래서 더 슬프다.) 이렇게 핵폭탄을 맞은 나진에는 성공한 자들의 이야기만이 신화처럼 남았고, 이에 사람들은 울부짖듯 외쳐댔으니 "그때 나진에 땅 좀 사둘걸"이라 하였더라.

물론 나진 말고 다른 후보지에 살았거나, 그곳들에 '베팅'했던 사람들도 속이 영 편치 않았을 테다. 아쉽게도 그들의 이야기 또한 전해지지 않지만, 얼마나 낙담했을지 눈에 선하다. 심지어 청진 주민들은 진정서를 여러 차례 제출하고, '종단항 탈환 운동'을 벌이기까지 했다! 여기에는 그럴 만한 이유가 있었으니, 나진은 사실 그리 좋은 입지가 아니었기 때문이다. 항구로서의 쓸모는 청진 쪽이 훨씬 나았다. 실제로 나진에 항구가 들어선 후에도 물류는 여전히 청진 쪽으로 쏠렸다. 이렇게 나진을 둘러싼 소동은 참으로 찝찝한 뒷맛만을 남긴 채 마무리되었다. 물론 이걸 뻔히 알면서도 나만 돈을 못 번 것처럼 느낀 사람들은 운 좋게 성공한 몇몇 경우만 보며 땅을 칠 뿐이었지만. 뭐, 이게 투자와 투기의 '묘미'지 않을까.

망상 위에 세워진
만주 이주 계획

그렇다면 돈을 버는 것은 고사하고, 엉뚱한 땅에 투자해 돈을 날린 사람들은 어떻게 되었을까. 바로 그들이 만주 이주의 선봉에 섰다. 다 잊고 새로운 곳에서 새 출발을 꿈꾼 사람들과 또 다른 대박을 노리는 사람들이 뒤섞였을 테다. 하지만 만주로 가는 것부터 쉽지 않았다. 사실 조선 사람들의 '공식적인' 만주 이주는 강력한 반대에 시달렸다. 누가 반대했는가. 바로 조선총독부의 상위 기관인 일본 정부였다.

　만주를 장악하기 이전부터 일본은 넘쳐나는 인구(특히 실업자)를 외국으로 보내고자 거듭 시도했고, 그 연장선에서 만주 이주 계획을 세웠다. 게다가 만주를 차지한다면 앞으로의 전쟁에서도 지정학적인 우위에 설 테니까. 하지만 이는 어디까지나 일본 사람들을 위한 계획이었다. 일단 만주를 안정적으로 지배하려면 인구의 10퍼센트는 일본 사람이어야만 했다! 그래서 20년 동안 500만 명의 일본 사람을 만주로 이주시키는 계획을 세웠다. 이때 조선 사람들은 '믿을 수 없다'라며 계획에서 배제했다.

그래서 조선총독부가 조선 사람들을 만주로 이주시키려고 하자 일본 정부가 줄곧 태클을 걸어댔다. 결국 조선총독부의 제6대 총독으로 취임한 우가키 가즈시게宇垣一成가 본토로 직접 가 일본 정부의 고위 관리들을 설득했다. "조선 사람들도 만주로 보내자! 훌륭한 황국신민만 골라 보내면 된다!" 무엇보다 조선의 실업자들을 그냥 내버려두면 일본으로 흘러 들어가 주택 문제가 심화하고 범죄가 증가하리라는 주장이 먹혀들었다. 당시 조선총독부의 관리들은 조선 사람 중 사상이 '올바른' 사람을 골라 지도자로 세우고, 나머지는 '양질'의 교육으로 황국신민으로 개조해 만주로 보낸다면 내선일체와 오족협화五族協和를 이룰 것이라고 진심으로 믿었다. (오족협화란 만주국의 기치로, 일본 사람, 조선 사람, 한족, 만주족, 몽골족이 협력해야 한다는 뜻이다.) 물론 오늘날 우리가 보기에는 어림 반 푼어치도 없는 생각이었지만. 여하튼 조선총독부의 노력에 감화한 일본 정부는 1934년 10월 조선 사람들의 만주 이주를 공식 허락했다. 이후 선발대 격으로 3000명이 이주했고, 실업자들이 특히 많았던 삼남에서 뽑은 1만 명이 그 뒤를 따랐다. 조선총독부는 이후 10년간 100만 명(그중 70퍼센트가 농민)을 보내 만주를 개척할 계획이었다.

조선총독부는 꽤 진심이었기에, 만주 이주자들에게 파격적인 지원을 약속했다. 우선 5년 이상 같은 땅을 경작해 소출이 괜찮으면(즉

딴짓하지 않고 착실하게 농사지으면) 해당 논밭을 싸게 살 수 있게 해줬다. 만약 땅 살 돈이 없으면 조선 사람의 만주 이주를 전담한 선만척식주식회사鮮滿拓殖株式會社에서 이율 6퍼센트로 대출해줬다. 계획대로만 굴러간다면 6년째부터 자기 땅을 가진 사람들이 생기기 시작해, 5년 뒤에는 자작농이 가진 땅만 30만 헥타르에 달할 것으로 보였다. 조선총독부는 이러한 유인책을 열심히 홍보했다. "만주로 가서 5년만 지금 내는 소작료와 비슷한 돈을 내면 내 땅을 가질 수 있다!" 음, 주택청약종합저축 20년만 유지하면 내 집이 생긴다는 꿈같은 소리처럼 들리는 건 왜일까. 물론 그 말을 철석같이 믿고 만주로 향할 만큼 절박한 조선 사람들이 분명 있었다. 한편 프로파간다도 착착 진행되어 1935년 1월 5일 자 《조선일보》를 보면, 치안이 안정되어 살 만해진 만주를 소개하는 기사가 실려 있다. (물론 틀림없는 '뻥'이다.)

다만 가고 싶다고 아무나 만주에 갈 수 있는 것은 아니었으니, 자격이 꽤 까다로웠다. 조선총독부는 강사를 파견해 만주국의 건국 정신인 오족협화를 가르쳤고, 배움이 미숙한 사람은 당연히 만주 땅을 밟을 수 없었다.

만주에 던져진
조선 사람들

우여곡절 끝에 1935년부터 매년 10만 명 정도의 조선 사람이 만주로 이주했다. 그들은 정말 꿈꾸던 삶을 살 수 있었을까. 하지만 인생은 '실전'인 법이니, 그들을 기다리고 있던 것은 처참한 현실이었다.

생각해보자. 빈 땅에 사람들을 던져놓는다고 이주가 아니다. 그들이 살 거처를 알아봐주고, 일거리를 마련해주는 것 등이 함께 진행되어야 한다. 하지만 이 부분에서 조선총독부는 손을 놓고 있었다.

—

만주에 들어오는 조선 이주민의 고난은 심지어 목도하는 사람도 필설로 형용할 수가 없는 것이다. …… 그들은 중국인의 토지를 빌려가지고 괭이와 호미질을 하여서 손으로 심고 손으로 거둔다. 그러나 흔히는 생명을 유지하기에 도저히 불능한 경우에 빠짐으로써 초근목피로 연명을 하다가 그도 없으면 영양부족으로 죽는 사람이 많다.

《조선일보》, 1937년 1월 6일.

—

이처럼 조선 사람들은 내 땅 네 땅은 고사하고, 굶어 죽지 않으려 몸부림쳤다. 설령 선만척식주식회사가 돈을 빌려준다고 해도, 보통 원래부터 가난한 사람들이었기에 굉장한 부담이 되었다. 가령 만주까지 가는 기찻삯의 절반을 할인해줘도 일가족이 움직이니 50원은 들었다. 만주에 도착해 집을 짓는 데는 80원이 필요했다. 농사지을 땅을 빌리는 데도 당연히 돈을 내야 했으니, 10제곱킬로미터에 7~8원 정도 했다. 이것이 다 빚이었다. 그런데 집과 논만 있다고 공동체가 유지될 수 있는가. 다양한 기관이 필요한데, 선만척식주식회사는 학교, 병원, 집회소 정도만 보조해줬다. (사실 이것만으로도 빠듯했을 것이다.) 심지어 지원금을 아예 한 푼도 못 받은 조선 사람도 있었다.

물론 이런 일은 조선 사람들만 겪었고, 일본 사람들은 혜택을 빵빵하게 누렸으니, 가족당 1000원씩 받았다. 1937년 3월 18일 자 《조선일보》에 실린 기사는 "얼마간의 차별이 없지 못할 것이라고는 해도 너무나 엄청나게 차이가 있음을 알 수 있다"라며, 조선 사람이 당하는 푸대접을 담담하게, 그러나 전부 까발린다. (이런 점만 보더라도 조선 사람이 일본의 식민 지배에 찬성했을 리 없다.)

어찌어찌 자리를 잡아도 문제는 이어졌다. 무엇보다 생활비가 너무 많이 들었다. 만주는 조선보다 추운 곳으로, 농사지을 수 있는 시기가 5월부터 9월까지로 매우 짧았다. 하여 재수 없이 10월에 만주에 도착하면, 내리 6개월을 먹을 것 없이 버텨야 했다. 그러면 반년 치 좁쌀, 석유, 간장, 채소 등을 사느라 또 90원이 들었다. 결국 조선 사람은 만주에 도착하자마자 가구당 200원이 넘는 빚을 졌다.

그나마 조선에서 성실히 농사짓던 사람들이라면 푼돈이라도 모아둔 게 있을 테니 괜찮았다. 반면에 잘못된 투자로 모든 것을 잃고 알거지가 되어 만주에 온 사람들은 정말 살길이 막막했다.

—

토지가의 급등 현상을 보는 무지한 촌민들은 자자손손이 자기들의 총자본으로 삼고 전 생명을 걸고 있는 소유 토지 전부를 일시에 매각해가지고, 또는 낭비해버리고 서북간도 등지로 유리 표랑하는 처참한 현상을 연출하고 있으며, 또한 토지 브로커들은 날로 활기를 띠고 있다.

_《동아일보》, 1932년 1월 17일.

—

이 기사처럼 만주는 괜히 부동산 투기에 뛰어들었다가 가산을 거덜 낸 사람들이 마지막 희망을 품고 찾는 곳이었다. 그런데 문제가 있었으니, 만주는 허허벌판이 아니었다. 일본이 조선을 식민지 삼을 때, 조선이 무주공산이었나. 그와 똑같은 상황이었다. '만주 벌판'이라는 말을 자주 쓰지만, 정말 만주가 텅 비어 있다고 생각한다면, 조선을 황무지 취급한 일본 사람들과 똑같은 실례를 저지르는 것이다. 그곳에는 원주민인 중국 사람들이 잘 살고 있었다. 물론 그중 일부는 중국이 힘을 잃고 일본의 입김이 심해지자 정든 만주를 떠났다. 그러나 그보다 많은 중국 사람이 남아 있었다.

가져본 적도 없는
땅을 팔다

누가 먼저 살았는지 따지는 게 유치하다고? 좋다. 그러면 이렇게 생각해보자. 여하튼 만주에서 중국 사람, 조선 사람, 일본 사람이 다 함께 살려면, 그 정도의 인구를 소화할 만한 인프라가 필요했다. 앞서 설명했듯이 사람이 돌도 아닌데, 그냥 만주에 던져놓는다고 끝이 아니었다. 거주지도 있어야 하고 도로도 닦아야 하며, 시장도 열어야 하고 상하수도까진 아니더라도 우물 정도는 파놓아야 했다. 문제는 그럴 돈이 없었다는 것이다.

조선총독부의 (정말로) '깜찍한' 계획대로라면 일본 정부와 조선총독부, 만주국이 공동으로 자금을 마련하고, 여기에 민간 투자가 더해져야 했다. 하지만 일단 만주국은 제대로 된 나라조차 아니니, 그럴 여력이 전혀 없었다. 일본 정부는 전쟁 준비로 가뜩이나 정신없는 상황에서, 일본 사람도 아닌 조선 사람까지 챙기려고 하지 않았다. 결국 조선총독부와 만주국의 철도회사였던 남만주철도주식회사가 영혼까지 끌어모은 끝에 애초 계획한 예산의 25퍼센트만 간신히 마련했을 뿐이다. 이런 상황이라 민간에서는 거의 투자받지 못했다. 물론 아예 없었던 것은 아니다. 다만 대부분의 투자가 불건전했으니, "어게인 나진!"을 외치며 만주의 부동산 시장을 어지럽히는 경우가 많았다. 이러한 투기는 종종 사기로 이어져 꽤 큰 사회문제가 되었다.

한번은 만주에서 모직물을 팔던 장지린張志麟이란 장사치가 평안북도의 부자들을 찾아다니며 감언이설로 돈을 뜯어내다가 걸렸다. 그는 "나는 만주의 굉장한 부자인데, (장쉐량의 아버지) 장쭤린張作霖이 살아 있을 때 내게 큰 빚을 져서, 그의 딸을 첩으로 맞이했고, 만주 귀한 분(맥락상 선통제)의 딸도 데리고 산다"라고 떠벌렸다. 이런 식으로 상대를 현혹한 후 가져본 적도 없는 만주 땅을 팔았던 것이다.

—

"만주국에서는 즉시 압수했던 장쉐량 소유의 토지 41만경耕, 시가 80만 원어치를 자기에게 불하하게 되었는데, 현재 돈이 부족하니, 몇 구□ 들지 않으려는가?"라고 그럴 듯이 수작을 하여 200원 내지 1000원의 돈을 받아 통째로 삼키고 도망하였다가 이번에 잡힌 것으로 피해자가 상당히 많은 모양이라고.
_《동아일보》, 1936년 6월 9일.

—

제삼자가 보기에는 정말 얼토당토않은 말이지만, 평안북도의 부자들은 홀랑 넘어가 줄줄이 돈을 갖다 바쳤으니, 장지린은 천생 사기꾼이었던 모양이다. 물론 애초에 어떤 욕망, 즉 '만주 땅을 사면 대박 나지 않을까' 하는 생각이 깔려 있었기에, 이런 일이 벌어졌으리라.

쉰 두부와 귤껍질도
감지덕지

이처럼 가난한 사람이나 부유한 사람이나 모두 '만주 대박'을 꿈꿨던 때였다. 하지만 만주국 자체가 급조된 나라였기에 마땅히 할 게 없었다. 그 당시 만주국을 방문했던 외국인들의 기록에 심심찮게 나와 있듯이, 신징은 번지르르하게 꾸며졌지만 딱 한 블록 크기여서, 그곳을 넘어가면 허름한 빈민가가 이어졌다. 한마디로 만주국은 일본의 꼭두각시였고, 신징은 껍데기뿐인 도시였다. 상황이 이러할진대 그곳에 이주한 사람들의 삶이야 말해 무엇 하랴. 대박은 고사하고, 살아갈 희망조차 품기 힘들었을 테다.

—

빈 땅은 없었다. 돈을 주고 사기 전에는 한 평의 땅이나마 손에 넣을 수 없었다. 그렇지 않으면 지나인支那人의 밭을 도조賭租나 타조打租로 얻어야 한다. 1년 내 중국 사람에게서 양식을 꾸어 먹고 도조나 타조를 얻는대야 1년 양식 빚도 못 될 것이고 또 나 같은 '시로도(아마추어)'에게는 밭을 주지 않았다. 생

소한 산천이요, 생소한 사람들이니, 어디 가 어쩌면 좋을는
지? 의논할 사람도 없었다.

_최서해, 《탈출기》.

—

《탈출기》의 주인공은 만주에 막 이주했을 때의 상황을 이렇게 묘
사한다. 살 만한 곳을 찾아 나섰건만, 그저 외진 땅에 던져진 신세다.
영하 20도까지 떨어지는 만주의 날씨는 살을 에는 듯이 춥기만 하고,
농사지을 땅은 없다. 중국 사람에게 땅을 빌리려고 해도 돈이 없으니,
주인공은 각종 잡일을 닥치는 대로 하며 겨우 입에 풀칠한다. 온몸이
숯검정이 되도록 열심히 구들을 고치고 나무때기를 줍지만, 그런 일
조차 없는 날이 더 많다. 어떻게 두부를 만들어 팔아보려 하나, 초보
자의 솜씨로는 쉬어버리기 일쑤다. 쉰 두부를 버리자니 아까워 그것
으로 끼니를 때운다. 아이를 가진 아내는 너무나 배고픈 나머지 길에
버려진 귤껍질을 주워 먹기까지 한다. (이 대목을 읽으며 마음의 충격을
받아야 했던 고등학생 시절의 나에게 위로를 보낸다.) 살길 찾아 도착한
곳에 더한 지옥이 있다는 것은 정말 비참한 일이다.

물론 《탈출기》의 주인공은 조선총독부의 검증을 거쳐 제대로 선
정된 이주자가 아니었다. 그러나 만주 이주 계획 자체가 제멋대로인
것은 분명했다. 엄선된 후에 별 이유 없이 덜컥 취소되기도 했고, 무
엇보다 만주 도착 이후에 약속된 원조를 제대로 받지 못했다. 열심히
일하는 사람을 이렇게까지 비참한 지경으로 몰고 가는 게 어떻게 제
대로 된 나라이겠는가.

애초에 만주는 낙원과는 거리가 먼 곳이었다. 춥고 메마른 데다가,

마적 떼가 횡행하고 러시아군, 관동군, 중국군, 독립군 등이 얽히고설 킨 채 싸워대는 곳이었다. 그런 곳에서 과연 농사지을 겨를이나 있었 을까. 전쟁과 약탈이 계속되자 조선 사람들은 그나마 가꿨던 논밭을 버리고, 경찰이나 민병대가 상주하는 집단농촌으로 다시 옮겨갔다. 열심히 가꾼 땅이 아무리 아까워도 목숨보다 귀하진 않았을 테다. 하 여튼 내 땅 마련이나 풍년은 상상조차 하지 못할 상황이었다. 물론 만 주 이주를 결정한 사람이 어리석다거나, 만주가 원래 살기 어려워서 이런 지옥도가 펼쳐진 것은 아니었다. 만주 이주 계획이 그냥 처음부 터 글러 먹었을 뿐이다.

고생은 길게
행복은 짧게

1936년 일본은 네 개의 척식주식회사를 한꺼번에 만들었는데, 각각 선만척식주식회사, 만선척식주식회사滿鮮拓殖株式會社, 대만척식주식 회사臺灣拓殖株式會社, 남양척식주식회사南洋拓殖株式會社였다. 이로써 만주와 타이완, 남양군도 등 세계 곳곳을 집어삼키겠다는 야욕을 뚜 렷이 드러냈다. 하지만 용두사미로 끝나고 말았으니, 앞서 살펴본 대 로 일본은 이주민들을 위해 아무것도 해주지 못했다.

만주 개척의 최전선에 섰던 선만척식주식회사는 1941년 8월 문 을 닫았다. 이제까지 일본을 괴롭혀왔던 실업자 문제가 해결되었기 때문이다. 즉 태평양전쟁이 발발해 사람들은 전쟁터로 가서 싸우거 나, 공장으로 가서 군수품을 만들어야 했다. 게다가 일본의 패색이 짙어지며 어느 순간부터 전쟁터든 공장이든 인력난에 시달렸으니, 만주 이주 계획은 자연스레 폐기되었다. 그 결과 일본 사람들은 전쟁터로 끌려가 하릴없이 "덴노 헤이카 반자이!"를 외치다가 목숨을 잃었고, 조선 사람들은 탄광으로 끌려가 강제 노역에 시달려야 했다.

끝으로 최서해의 《탈출기》는 1925년 작으로, 지어낸 이야기가 아니라 본인의 실제 경험담이다. 그의 아버지는 가족을 데리고 만주로 이주했는데, 이후 지독한 가난에 시달렸다. 그러는 와중에도 최서해는 네 번이나 결혼했으니, 만주에서 만난 첫째 부인은 가난에 질려 도망갔고, 귀국 후 만난 둘째 부인은 딸을 낳다가 죽었으며, 이후 만난 셋째 부인도 가난을 이기지 못하고 집을 나갔다. 다만 자전적인 작품이 빛을 보며 생활이 나아지는 와중에 만난 넷째 부인과는 순탄한 생활을 이어갔으나, 가난하던 시절에 얻은 병이 갑자기 악화해 32세의 나이로 요절하고 말았다. 한마디로 고생은 길게 행복은 짧게 누렸던 셈이다. 아, 도대체 가난이 무엇이기에!

최서해가 죽고 13년 후인 1945년, 만주국은 멸망했다. 조선 사람들이 살았던 집단농촌 등은 사라진 지 오래라 이제는 그 터조차 찾기 힘들다. 다만 그들의 피땀이 녹아 있는 땅은 여전히 남아 있으니, 바로 오늘날의 옌볜조선족자치주다. 무수한 풍파를 겪어온 그곳에 가보면 짐작할 수 있으려나. 수많은 사람이 환란 가운데서도 포기하지 않은, 인간답게 살겠다는 꿈을. 어쩌면 돈을 벌겠다는 강렬한 욕망 뒤에는 언제나 그처럼 소박한 이유가 있지 않을까 싶다.

글을 마치며, 다시는 100여 년 전 만주에서 벌어진 비극이 반복되지 않기만을 바랄 뿐이다.

참고문헌

본문에서 참조, 또는 인용한 《조선왕조실록》《경국대전》《매천야록》《비변사등록》《승정원일기》《삼천리》는 '국사편찬위원회 한국사데이터베이스' 웹페이지 (http://db.history.go.kr/)에서 공개된 것을, 《열하일기》《기재잡기》《대동야승》《성소부부고》《여유당전서》《일성록》《청성잡기》《퇴계집》은 '한국고전번역원 한국고전종합DB' 웹페이지(https://db.itkc.or.kr/)에서 공개된 것을, 《조선일보》는 '조선 뉴스 라이브러리 100' 웹페이지(https://newslibrary.chosun.com/)에서 공개된 것을, 《동아일보》는 '동아디지털아카이브' 웹페이지(https://www.donga.com/archive/newslibrary)에서 공개된 것을 따랐다. 쉽게 읽히도록 문장부호와 어미를 일부 수정한 곳은 있으나 최대한 그대로 수록했다. 그 외 참고문헌은 아래와 같다.

서적

- 강신항 외, 《조선 지식인의 생활사: 이재난고로 보는》, 한국학중앙연구원, 2007.
- 문숙자, 《68년의 나날들, 조선의 일상사: 무관 노상추의 일기와 조선후기의 삶》, 너머북스, 2009.
- 서울역사박물관, 《경강, 광나루에서 양화진까지》, 서울역사박물관, 2018.
- 윤기, 이민홍 옮김, 《조선조 성균관의 교원과 태학생의 생활상》, 성균관대학교 출판부, 1999.

- 이성무,《韓國의 科擧制度》, 집문당, 1994.

- 이정수·김희호,《조선후기 토지소유계층과 지가 변동》, 혜안, 2011.

- 전봉관,《경성 자살 클럽: 근대 조선을 울린 충격적 자살사건》, 살림, 2008.

- 전봉관,《경성기담: 근대 조선을 뒤흔든 살인 사건과 스캔들》, 살림, 2006.

- 전봉관,《황금광시대: 식민지시대 한반도를 뒤흔든 투기와 욕망의 인간사》, 살림, 2005.

- 최서해, 관극 엮음,《탈출기: 최서해 단편선》, 문학과지성사, 2004.

- 하영휘,《양반의 사생활》, 푸른역사, 2008.

- 허경진,《조선의 르네상스인 중인: 누추한 골목에서 시대의 큰길을 연 사람들의 곡진한 이야기》, 랜덤하우스코리아, 2008.

- 혼마 규스케, 최혜주 옮김,《조선잡기: 일본인의 조선정탐록》, 김영사, 2008.

논문

- 김건태,〈이황(李滉)의 가산경영(家産經營)과 치산이재(治産理財)〉,《퇴계학보》130권, 2011.

- 김상현,〈퇴계 가서의 실상과 가산경영에 관한 고찰〉,《퇴계학논집》25호, 2019.

- 김영진,〈17세기초 조선의 수도이앙정책과 건답육묘기술〉,《농업사연구》3권 2호, 2004.

- 김용섭,〈조선후기의 수도작기술-이앙법의 보급에 대하여〉,《아세아연구》7권 13호, 1964.

- 김주용,〈1930년대 간도지역 한인의 집단이주와 삶〉,《한국학연구》21호, 2009.

- 류승주,〈조선후기의 광업정책(鑛業政策) 연구-연은광개발을(鉛銀鑛開發) 둘러싼 논의를 중심으로〉,《민족문화연구》9권, 1975.

- 류승주, 〈조선후기의 광업정책(鑛業政策) 연구(二)-연은광개발을(鉛銀鑛開發) 둘러싼 논의를 중심으로〉, 《민족문화연구》 10권, 1976.

- 박기주, 〈개항기 조선인 금광업의 실태-징세인의 광산관리를 중심으로〉, 《경제사학》 20권, 1996.

- 배규범, 〈경강상인(京江商人)의 자본 축적 과정과 전개 양상〉, 《한국문화연구》 9권, 2004.

- 양정필, 〈19세기 전반 對淸 홍삼무역의 발전과 임상옥의 활동〉, 《민족문화연구》 69호, 2015.

- 이미나, 〈1930년대 '금광열'과 문학적 형상화 연구-《광업조선》소재 작품을 중심으로〉, 《겨레어문학》 55호, 2015.

- 이성환, 〈일본의 간도 정책: 일본외교문서를 중심으로(1906~1909)〉, 《대한정치학회보》 25권 1호, 2017.

- 이수건, 〈퇴계이황가문의(退溪李滉家門) 재산유래와 그 소유형태〉, 《역사교육논집》 13권, 1990.

- 이신우, 〈18세기 서울의 주거문제와 도시확장책〉, 연세대학교 대학원 석사학위 논문, 2006.

- 정해은, 〈조선 후기 무신의 중앙 관료생활 연구-《盧尙樞日記》를 중심으로〉, 《한국사연구》 143호, 2008.

- 조성윤, 〈기획 1: 서울 600년 서울사람의 신분분포와 주거지역〉, 《역사비평》 26호, 1994.

- 조성윤, 〈조선후기 서울 주민의 신분 구조와 그 변화: 근대 시민 형성의 역사적 기원〉, 연세대학교 대학원 박사학위 논문, 1992.

- 최승희, 〈조선후기 양반의 사환과 가세변동: 선산 무반가 노상추의 사례를 중심으로〉, 《한국사론》 19권, 1988.

쩐내 나게 벌어 부내 나게 살았던
500년 전 조선 개미들의 인생 역전 분투기

우리는 투기의 민족입니다

초판 1쇄 인쇄 2022년 6월 20일 **초판 1쇄 발행** 2022년 6월 29일

지은이 이한
펴낸이 이승현

편집2 본부장 박태근
지적인 독자 팀장 송두나
편집 김광연
디자인 김태수

펴낸곳 ㈜위즈덤하우스 **출판등록** 2000년 5월 23일 제13-1071호
주소 서울특별시 마포구 양화로 19 합정오피스빌딩 17층
전화 02) 2179-5600 **홈페이지** www.wisdomhouse.co.kr

ⓒ 이한, 2022

ISBN 979-11-6812-350-2 03900